U0836846

“十四五”职业教育国家规划教材

财务会计基础

（第二版）

主　编　高丽萍　吴丽娟
副主编　杨　萍　刘　辉

中国财经出版传媒集团
中国财政经济出版社

图书在版编目（CIP）数据

财务会计基础／高丽萍，吴丽娟主编．--2 版．--北京：中国财政经济出版社，2023．8

“十四五”职业教育国家规划教材

ISBN 978-7-5223-2369-5

Ⅰ．①财…　Ⅱ．①高…　②吴…　Ⅲ．①财务会计－高等职业教育－教材　Ⅳ．①F234．4

中国国家版本馆 CIP 数据核字（2023）第 135743 号

责任编辑：王佳欣　　责任校对：徐艳丽

封面设计：卜建辰　　通　　读：杨　波

财务会计基础（第二版）

CAIWU KUAIJI JICHU（DI ER BAN）

中国财政经济出版社 出版

URL：http：//www. cfeph. cn

E-mail：cfeph@ cfeph. cn

社址：北京市海淀区阜成路甲 28 号　邮政编码：100142

营销中心电话：010-88191522

天猫网店：中国财政经济出版社旗舰店

网址：https：//zgczjjcbs. tmall. com

北京鑫海金澳胶印有限公司印刷　各地新华书店经销

成品尺寸：185mm×260mm　16 开　20．5 印张　396 000 字

2023 年 8 月第 2 版　2023 年 8 月北京第 1 次印刷

定价：59．00 元

ISBN 978-7-5223-2369-5

（图书出现印装问题，本社负责调换，电话：010-88190548）

本社质量投诉电话：010-88190744

打击盗版举报热线：010-88191661　QQ：2242791300

前言

随着大数据、人工智能、移动互联网、云计算、物联网、区块链时代的到来，会计职业从工作手段、工作内容到工作组织都发生了根本性变化，传统会计正在向管理型、智能型会计转变。教育部先后发布了《职业教育专业目录（2021 年）》《职业教育专业简介（2022 年修订）》，本教材是在认真研读专业标准、进行企业人才需求调研基础上编写的。

本教材具有以下特点：

1. 坚持立德树人，注重职业素养教育

本教材贯彻落实党的二十大精神，坚持以习近平新时代中国特色社会主义思想为指导，德技并修，每一项目设计了素养目标，“学习提升”板块，将党的二十大精神融入教材，并通过案例、微课视频等以二维码的形式嵌入教材，突出“坚持诚信，守法奉公；坚持准则，守责敬业；坚持学习，守正创新”的会计职业道德规范教育，“诚信为本、操守为重、坚持准则、不做假账”的会计基本素养教育，“严谨细致”的会计工匠精神培育，将知识、技能与思想道德教育融为一体，培养学生具有扎实的专业知识、过硬的专业技能和良好的会计品格。

2. 三层递进、循环提升，创新教学内容的编排

本教材在教学内容的编排上，基于财务会计工作过程，采用三层递进、循环提升进行教学内容的编排。第一层从项目一至项目五，包括初识会计职业、设置会计科目和账户、运用借贷记账法、填制和审核会计凭证、登记会计账簿 5 个项目，主要学习财务会计基础的基本知识和技能；第二层从项目六至项目九，包括企业日常主要经济业务的核算、企业期末账项调整与财产清查、企业期末利润形成与分配的核算、编制财务会计报告 4 个项目，以天成电子设备有限责任公司财务会计典型工作任务为主线，主要学习财务会计日常会计处理和期末会计处理的操作技能；第三层项目十应用账务处理程序实例，以泰禾电子设备有限责任公司的典型经济业务为背景，主要学习三种账务处理程序下企业会计信息的形成工作步骤和流程，将前 9 个项目学习的知识和技能通过系统的案例编排来展现企业财务会计工作的全貌。这样的内

配套教学资源

课程标准

教学日历

课件

教案

案例库

实训与练习

微课

注：本书为用书学校任课老师提供了配套教学资源，请以电子邮件形式向中国财政经济出版社索取（请注明：学校、全书名、版次），Email：caijingjiaocai @ 163. com，亦可登录如下网址下载：http://jiaocai. cfeph. cn。

容编排，贴近企业财务会计工作实际，使学生更好地掌握财务会计工作原理、操作技能。

3. “做、学、教”一体化设计，创新教学项目的设计

本教材将理论知识、实际操作技能和职业素养教育融为一体，在教学项目的设计上，每个教学项目包含“知识目标”“能力目标”“素养目标”“思维导图”“教学模块”“专业能力测评表”。在教学模块设计上，每个模块按照“任务描述”“任务布置”“知识学习”“任务实施”来编排，并配有《财务会计基础实训与练习》，这一完整教学任务实施过程来组织教学内容。循序渐进，深入浅出，符合高职学生的认知规律和学习规律，有利于提高学生的财务会计职业素质，培养工匠精神，为学生毕业后从事会计相关工作奠定坚实的专业基础。

4. 以真实案例为背景，创新典型工作任务的表现形式

本教材选取了天成电子设备有限责任公司和泰禾电子设备有限责任公司的典型工作任务。由于在信息技术下，原始凭证的识别与审核已经成为财务会计最重要的基础工作之一，因此，在企业典型工作任务的表现形式上，本教材采用了仿真的原始凭证，来描述企业真实的业务内容。通过原始凭证让学生识别经济业务，增强了学生的感性认识，提升了学生对原始票据的识别能力，从而提高学生对票、账、表的处理等财务会计基础操作技能。

5. 基于“互联网＋”时代的教学设计理念，创新教学资源的呈现形式

本教材建有丰富的课程资源，配套出版了《财务会计基础实训与练习》，以及配套的课程标准、教学日历、课件、教案、案例库、微课等种类齐全的各类教学及学习资源，同时，配有获得山东省第六届“超星杯”高校教师教学比赛一等奖的吴丽娟老师录制的微课资源，各类资源直观、生动、形象，教学示范作用强，充分利用“互联网＋”时代的教学设计理念，多种终端应用，随时随地学习，为教师的教学和学生学习提供了极大方便。

本教材由淄博职业学院会计专业教学团队与校企合作单位新道科技股份有限公司、淄博祥顺财税俱乐部等行业企业的一线会计工作者以及其他高职院校骨干教师组成课程开发团队，在认真研究《高等职业学校会计专业教学标准》的基础上，依据企业财务会计工作岗位能力要求，共同研究制定课程标准，基于会计工作过程设计教学内容，在分析会计职业岗位典型工作任务的基础上，设计教学项目，每个项目下设置相应模块，在每一模块中，设计了仿真模拟教学素材，从而打通了理论知识与操作实务之间的通道。本教材参考学时为 80 学时，各项目的参考学时分配见下表。

课程内容		课时分配			
		合计	讲授	实训	机动
项目一	初识会计职业	4	3	1	
项目二	设置会计科目和账户	8	8		
项目三	运用借贷记账法	6	5	1	
项目四	填制和审核会计凭证	8	6	2	
项目五	登记会计账簿	6	4	2	
项目六	企业日常主要经济业务的核算	16	12	4	
项目七	企业期末账项调整与财产清查	8	6	2	
项目八	企业期末利润形成与分配的核算	6	4	2	
项目九	编制财务会计报告	6	4	2	
项目十	应用账务处理程序实例	8	4	4	
机动		4			4
合 计		80	56	20	4

本教材由高丽萍、吴丽娟担任主编，杨萍、刘辉担任副主编，参与本教材编写的有淄博职业学院高丽萍、吴丽娟、张桂春、刘辉、曹志华、刘云婕、邢雯、王谦，咸宁职业技术学院杨萍，新道科技股份有限公司张昭君，淄博祥顺财税俱乐部王敬春。高丽萍教授、张桂春教授对本教材进行了审定。

由于编者水平有限，加之时间仓促，教材中不足之处在所难免，恳请广大读者批评指正。

编者

2023 年 8 月

目　录

项目一
初识会计职业

知识目标

◆ 理解会计的概念，会计的产生、发展与未来；
◆ 熟悉企业会计机构设置和人员配备，牢记会计人员职业道德；
◆ 掌握会计的职能、会计的目标和基本假设、会计核算的方法体系。

能力目标

◆ 能结合自身实际，初步进行会计职业生涯规划。

素养目标

◆ 通过学习我国会计产生与发展，了解中华会计文化和我国会计向智能化发展的历程，培养爱国情怀、创新意识；
◆ 通过对现代企业会计岗位的认识，树立专业思想，培养爱岗敬业意识；
◆ 通过对会计职业道德的学习，培养诚信服务的良好会计职业道德。

思维导图

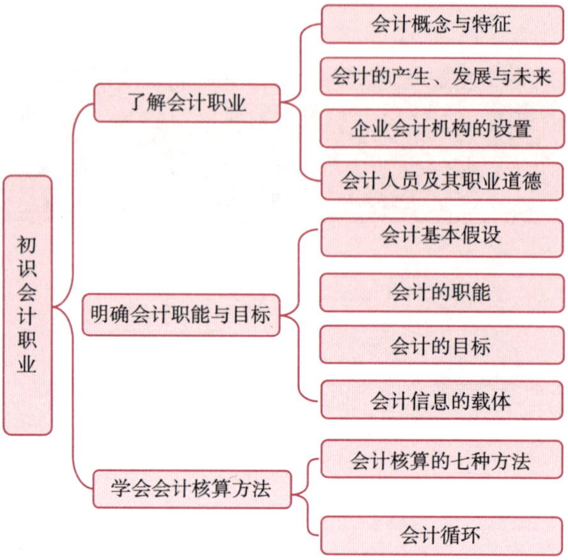

模块一　了解会计职业

任务描述

德技并修

从“会计”二字看会计诚信

说到会计，可以指会计工作或者会计职业，也可以指会计人员，还可以指会计专业或者会计学科。那么会计究竟是什么？它的过去、现在和未来如何？

任务布置

请根据你所了解的信息，谈谈对会计的认识，并进行个人职业生涯规划。

知识学习

一、会计概念与特征

会计是一项管理活动。会计是适应社会生产实践和经济管理的客观需要产生的，是社会经济发展到一定阶段的产物，并随着社会生产的发展而发展。“经济越发展，会计越重要”。经济的发展，企业规模的扩大，越来越依赖会计信息，因而促进了会计理论、方法和技术的进步；会计技术、方法的发展又推动了社会文明的进程，推动经济的进一步发展。

会计是以货币为主要计量单位，运用专门的方法，核算和监督一个单位经济活动的一种经济管理工作。单位是对国家机关、社会团体、公司、企业、事业单位和其他组织的统称。本书仅以企业作为会计单位。会计具有以下特征：

（一）会计是以货币作为主要计量单位

实物计量、劳动计量和货币计量是对经济活动的三种主要计量形式，实物计量单位存在较大差异，不能综合反映经济活动情况；劳动计量方法存在着复杂性，也难以广泛采用。在商品经济条件下，任何经济活动通常都可以表现为价值的运用，会计只有采用货币计量，才能对经济活动的各个方面进行综合、全面、系统地核算与监督，以取得反映经济活动情况的全面的会计信息资料。实物计量和劳动计量仅仅作为货币计量的辅助记录，这也是会计核算区别于统计核算和业务核算的特点。

（二）会计采用一系列的专门方法

专门方法是指会计工作特有的方法，也是会计工作区别于其他工作的方法。为了正确地反映会计主体的经济活动，会计在长期的发展过程中形成了一系列科学实用的专门方法，包括会计核算、会计监督和会计分析的方法，三者相互联系、相互配合，构成一个完整的核算和监督经济活动过程及其结果的方法体系。

（三）会计具有核算和监督的职能

会计的职能，是指会计在经济管理中所具有的职责、功能，即人们在经济管理中可以用会计干什么。会计要如实地反映经济活动情况，记录经济业务。会计基本职能是核算和监督，同时还具有预测、决策、评价等拓展职能。

（四）会计是一种经济管理活动

会计是社会生产发展到一定阶段的产物，是适应生产发展和管理需要而产生的，尤其是随着商品经济的发展和市场竞争的出现要求通过管理对经济活动进行严格的控制和监督。同时，会计的内容和形式也在不断地完善和变化，由单纯的记账、算账，主要办理账务业务，对外报送会计报表，发展为参与事前经营预测、决策，对经济活动进行事中控制、监督，开展事后分析、检查。会计无论是过去、现在还是将来，都是人们对经济进行管理的活动。

（五）会计是一个经济信息系统

会计将一个公司分散的经营活动转化成一组客观的数据，提供有关企业的经营业绩，以及企业资金、劳动、所有权、收入、成本、利润、债权、债务等信息。向有关方面提供有关信息咨询服务，任何人都可以通过会计提供的信息了解企业的基本情况，并作为其决策的依据。可见，会计是以提供财务信息为主的经济信息系统，是企业经营的记分牌，因而会计又被称为“企业语言”。

会计是现代企业的一项重要的管理工作。企业的会计工作要通过一系列会计程序，对企业的经济活动进行核算和监督，反映企业的财务状况、经营成果和现金流量，以及企业管理层受托责任的履行情况，为会计信息使用者提供对决策有用的信息，并积极参与经营管理决策，提高企业的经济效益，促进市场经济的健康有序发展。

学习提升

构建高水平社会主义市场经济体制。坚持和完善社会主义基本经济制度，毫不动摇巩固和发展公有制经济，毫不动摇鼓励、支持、引导非公有制经济发展，充分发挥市场在资源配置中的决定性作用，更好发挥政府作用。

——摘自党的二十大报告

在社会主义制度下，会计在发展社会主义市场经济中具有重要的意义。党和国家的路线、方针、政策、法律、法规和制度，是企事业等单位组织生产经营活动和各项工作的准则，通过会计工作据以贯彻执行，维护国家财政制度和财务制度，从而维护社会主义市场经济秩序。通过对会计的学习，同学们能够科学地认识会计工作的重要性，树立正确的价值观。

二、会计的产生、发展与未来

（一）会计的产生与发展

党的二十大报告指出，“中华优秀传统文化源远流长、博大精深，是中华文明的智慧结晶。”我国有着灿烂的历史文化，会计文化是其中的组成部分，中国古代会计文化同中国文化一样，历经各种历史朝代的发展，形成了独特的中式簿记。

1. 古代会计阶段

最初的会计只是“生产职能的附带部分”，不是一项独立的工作。在原始社会，为了把生产耗费和劳动成果记录下来，人们采用“结绳记事”和“契刻记数”来记录。打过结的绳或经过镌刻的木头就是最原始的“账簿”，它所记录的会计活动仅仅是收支数量和日期，并将其作为计算、分配劳动成果的依据且记录的数据仅仅是正整数，被称为会计的雏形。

会计的产生与发展

随着社会生产的发展，生产规模的日益扩大、复杂，会计逐渐从生产职能中分离出来，逐渐成为独立的职能和部门。

在我国西周时期，有“司书”“司会”等官吏专门从事会计工作。“司书”是记账的；“司会”是进行会计监督的。进行月计岁会，零星算之为计，综合算之为会，从而出现了“会计”一词。在奴隶社会和封建社会，逐步建立和完善了官厅的收付会计。官厅会计便成为我国古代会计的中心，主要计量、记录、计算和考核朝廷的财物赋税收支，这是古代会计的显著特点。

唐宋时期，随着生产力的发展，逐步形成了一套记账、算账的会计结算法，即“四柱结算法”，亦称“四柱清册”。所谓“四柱”是指旧管（相当于“上期结存”）、新收（相当于“本期收入”）、开除（相当于“本期支出”）、实在（相当于“本期结存”）四个部分。

明末清初，用以四柱为基础的“龙门账”计算盈亏。把全部账目分为“进”（相当于各项收入）、“缴”（相当于各项支出）、“存”（相当于各项资产）、“该”（相当于资本、各项负债）四大类，运用“进－缴＝存－该”的平衡公式计算盈亏，分别编制“进缴表”和“存该表”。在两表中计算求出的盈亏数应当相等，称为合“龙门”，以此勾稽全部账目的正误。

清朝，采用“天地合账”。在这种方法下，账簿采用垂直书写，直行分为上下两格，上格记收，称为“天”，下格记付，称为“地”，上下两格所登记的数额必须相等，即所谓“天地合”。

“四柱结算法”“龙门账”和“天地合账”充分显示了我国历史上各个时期传统中式簿记的特点。

2. 近代会计阶段

会计从实物计量到货币综合反映，经历了一个较长的过渡时期。19 世纪中叶以后，以借贷复式记账法为主要内容的“英式会计”“美式会计”传入我国。这对改革中式簿记，推行近代会计，促进我国会计的发展起到了一定的作用。

3. 现代会计阶段

中华人民共和国成立之后，国家在财政部设置了主管全国会计事务的会计司。实行高度集中的计划经济体制，引进了与此相适应的苏联计划经济会计模式，对旧中国会计制度与方法进行改造与革新。

为适应我国对外改革开放需要，与国际会计惯例接轨，1993 年我国财政部发布了《企业会计准则》《企业财务通则》及行业财务制度与行业会计制度（简称“两则两制”），拉开了我国会计改革的序幕。2006 年财政部印发《企业会计准则第 1 号——存货》等 38 项具体准则，自 2007 年 1 月 1 日起在上市公司范围内施行，鼓励其他企业执行。目前会计具体准则不断修订完善，正逐步与国际会计准则趋同。

1952 年，会计分化为财务会计和管理会计两个分支，“管理会计”在世界会计学会上获得正式通过。2014 年 11 月，财政部发布《全面推进管理会计体系建设的指导意见》，2016 年 6 月发布《管理会计基本指引》，2017 年 9 月，发布《管理会计应用指引第 100 号——战略管理》等 22 项管理会计应用指引。

财务会计和管理会计是会计的两大分支。财务会计主要是以会计准则为依据，对过去的交易和事项进行记录和反映，对外提供会计信息，满足外部信息使用者的需要，因而也称为“对外报告会计”；而管理会计主要是为了强化单位内部经营管理、提高经济效益服务，为企业管理者提供决策所需要的会计信息，因而也称为“对内报告会计”。

（二）会计的未来

（1）从技术手段看，随着大数据、人工智能、移动互联、云计算、物联网、区块链等技术的发展，会计工作的内容、方法及手段正在发生根本性的变化。2017 年德勤财务机器人的出现，对原有的会计方法和手段带来颠覆性变革，财务会计工作正在向智能化方向发展。会计技术手段从 20 世纪 90 年代完成了由“传统手工会计——会计电算化”向“会计信息化——会计智能化”的转变。未来的会计核算将很少需要人的判断和操作，通过标准化的流程，利用人工智能 RPA 财务机器人进行账务处理。会计人员需要做的就是在一开始把规则制定好，把定好的规则输入计算机，后续系统将按照制定的规则把所有的账务处理好。

（2）从会计工作的内容来看，会计不再是单纯的会计部门的事情，其与供应部门、生产部门、销售部门各个环节，以及筹资部门、投资部门的融合度越来越高，财务与业务部门的融合度也越来越高，业财税融合，大数据分析工具在财务会计中广泛应用，会计正从“核算型会计”向以大数据分析工具为基础的业财税融合“管理型会计”转型。

（3）从会计工作组织来看，由于跨国公司的出现，企业集团的形成，信息技术手段的催生，大型企业或企业集团原有的分散式财务工作组织，正在被集中会计业务处理的“财务共享中心”取代，如中石化、中石油、中兴通讯等大型企业均建有“财务共享服务中心”。中小型企业因成本等方面的原因，委托代理记账公司代理记账成为一种重要形式。

知识窗

财务共享服务中心

财务共享服务中心（Financial Shared Service Center，简称 FSSC）是近年来出现并流行起来的会计和报告业务的管理方式。它是将不同国家、地点的实体会计业务拿到 FSSC 来记账和报告，这样做的好处是保证了会计记录和报告的规范和结构的统一，而且由于不需要在每个公司和办事处都设会计，节省了系统和人工成本。

三、企业会计机构的设置

会计机构是由单位内部所设置的、专门办理会计事项的机构。会计机构和会计人员是会计工作的主要承担者。

企业应当根据会计业务的需要，设置会计机构，或者在有关机构中设置会计人员并指定会计主管人员；不具备设置条件的，应当委托经批准设立从事会计代理记账业务的中介机构代理记账。国有和国有资产占控股地位或者主导地位的大、中型企业必须设置总会计师。总会计师的任职资格、任免程序、职责权限由国务院规定。

企业会计工作岗位一般可分为：会计机构负责人或者会计主管、出纳、财产物资核算、工资核算、成本费用核算、财务成果核算、资金核算、往来结算、总账报表、稽核、档案管理等。随着会计数智化和管理会计的发展，企业可以根据需要设置相应工作岗位，也可以与其他工作岗位相结合。

会计工作岗位，可以一人一岗，一人多岗，也可以一岗多人。确定会计工作岗位，必须坚持内部牵制原则。例如，出纳人员不得兼任稽核、会计档案保管和收入、支出、费用、债权债务账目的登记工作。

企业应根据工作需要，配备相适应的会计人员，建立会计人员岗位责任制，明确每个会计人员的工作岗位和职责范围。企业工作要从实际出发，坚持高效率高质量，做到事事有人管，人人有专责，办事有要求，工作有检查，保证会计工作有序进行。各岗位的会计人员在明确分工的前提下，要从整体出发，发扬团队精神，紧密配合，共同做好会计工作。

四、会计人员

党的二十大报告指出，建设现代化产业体系，加快建设质量强国、数字中国。随着信息技术的发展，大数据时代到来，大数据技术的应用，使得企业的会计数据时刻处于变动之中，成为实时动态数据，通过大数据技术可以实现庞大会计数据和信息的收集处理，进而从中获取新的信息和知识。在此背景下，会计人员从收集和处理会计信息，转向会计信息的综合判断与分析预测。因此，作为新时代的会计人员除了具备会计的知识和技能外，还应该具备大数据分析工具的相关知识和应用技能。

（一）会计人员的含义

会计人员，是在企业从事会计工作的人员，其应当具备必要的专业知识和专业技能，熟悉国家有关法律、法规、规章和国家统一会计制度，遵守职业道德。担任单位会计机构负责人（会计主管人员）的，还应当具备会计师以上专业技术职务资格或者从事会计工作三年以上经历。

（二）会计人员的专业技术职务

会计人员是企业的专业技术人员，会计人员的专业技术职务一般有会计员、助理会计师、会计师、高级会计师、正高级会计师。目前，我国会计专业技术人员的专业技术职务是采取考试与评聘相结合的方式进行的。通过全国会计专业资格考试合格者，由各单位根据会计工作需要，在规定的限额和批准的编制内设置。

除这些专业人员以外，还有企业各部门的兼职核算人员，如果从参与会计工作的人员角度统计，也应列入会计人员。

温馨提示

会计专业技术资格考试，也称会计职称考试，是由财政部、人社部共同组织的全国统一考试，分为初级会计师、中级会计师和高级会计师职称三个级别。考试实行全国统一考试制度，每年考试一次，由全国统一组织，采用统一大纲、统一试题，统一评分标准。会计专业初级、中级资格考试合格者，即由各省、自治区、直辖市、新疆生产建设兵团人事（职改）部门颁发人社部统一印制，人社部、财政部印制的会计专业技术资格证书在全国范围有效。

（三）总会计师

总会计师，是单位行政领导成员，协助单位主要行政领导人工作，直接对单位主要行政领导人负责。按照规定，大中型企业、事业单位、业务主管部门应当根据法律和国家有关规定设置总会计师。总会计师由具有会计师以上专业技术资格的人员担任。总会计师行使《总会计师条例》规定的职责、权限。其任命（聘任）、免职（解聘）依照《总会计师条例》和有关法律的规定办理。

德技并修

会计职业道德

（四）注册会计师

注册会计师（Certified Public Accountant，CPA），是指取得注册会计师证

书并在会计师事务所执业的人员，是从事社会审计、中介审计、独立审计的专业人士。注册会计师需具备规定的学历，一定的会计实际工作经验，经全国统一考试合格，由财政部批准注册后方能执业。

五、会计人员职业道德

会计人员职业道德是会计人员在会计工作中应当遵循的与其特定职业活动相适应的行为规范和道德标准。“诚信为本、操守为重、坚持准则、不做假账”，加强会计人员的职业道德建设，是提高会计信息质量的有效保障。

党的二十大报告指出，“实施公民道德建设工程，弘扬中华传统美德”“推动明大德、守公德、严私德，提高人民道德水准和文明素养。”“弘扬诚信文化，健全诚信建设长效机制。”会计人员承担着生成和提供会计信息、维护国家财经纪律和财经秩序的重要职责，会计人员职业道德的水准和文明素养直接影响会计工作和会计信息质量。2023 年 2 月 1 日，财政部关于印发《会计人员职业道德规范》的通知（财会〔2023〕1 号），明确了“三坚三守”作为会计人员职业道德规范。

（一）坚持诚信，守法奉公

牢固树立诚信理念，以诚立身、以信立业，严于律己、心存敬畏。学法知法守法，公私分明、克己奉公，树立良好职业形象，维护会计行业声誉。

（二）坚持准则，守责敬业

严格执行准则制度，保证会计信息真实完整。勤勉尽责、爱岗敬业，忠于职守、敢于斗争，自觉抵制会计造假行为，维护国家财经纪律和经济秩序。

（三）坚持学习，守正创新

始终秉持专业精神，勤于学习、锐意进取，持续提升会计专业能力。不断适应新形势新要求，与时俱进、开拓创新，努力推动会计事业高质量发展。

任务实施

未来职业面向：会计专业四大职业方向

第一种是“做会计的人员”，即从事会计核算、会计信息披露的狭义上的会计人员，包括工商企业中从事财务会计等相关工作的人员；金融机构中，从事银行会计的人员；证券和其他金融机构中从事会计等相关工作的人员；行政事业单位中，从事会计工作的人员；代理记账公司从事代理记账业务的人员等。

第二种是“查会计的人员”，主要指注册会计师以及政府和企事业单位审计部门的审计人员、资产清算评估人员。

第三种是“管会计的人员”，主要指从事于与会计管理有关的政府部门的工作人员。

第四种是“研究会计的人员”，主要指从事会计理论研究和会计教学工作的人员。

模块二　明确会计职能与目标

任务描述

天成电子设备有限责任公司，是由东鲁钢铁集团有限公司和华盛板材有限责任公司两个单位共同投资成立的，根据公司章程，推选李佳韦为公司总经理，负责公司的经营和管理工作。

任务布置

如果你作为天成电子设备有限责任公司的会计，应具备哪些职能？工作目标是什么？

知识学习

一、会计基本假设

会计基本假设，又称为会计核算的基本前提，是企业会计确认、计量和报告的前提，是对会计核算所处时间、空间、环境等所做的合理设定。包括会计主体假设、持续经营假设、会计分期假设、货币计量假设。

（一）会计主体

会计主体又称为会计实体、会计个体，是指企业会计确认、计量和报告的空间范围，即会计核算和监督的特定单位或组织。会计主体应是一个独立经营、自负盈亏、责权利相结合的经济单位。

会计主体可以是独立法人，也可以是非法人；可以是一个企业，也可以是企业内部的某一单位或企业中的一个特定部分（如企业分公司）以及由几个企业组成的企业集团。

会计主体假设

会计主体不一定是法律主体，但法律主体一定是会计主体。

> **想一想**
>
> 会计主体与法律主体有什么区别？

（二）持续经营

持续经营，是指在可预见的将来，企业将会按照当前的规模和状态继续经营下去，既不会停业，也不会大规模削减业务，更不会进行清算、解散和倒闭。会计核算的一系列会计处理方法都是建立在持续经营的基础上，只有在持续经营的情况下，企业发生的借款才能在今后一段时期归还，但任何事物都有其产生、发展和灭亡的过程，企业也不例外，因此企业的持续经营是一种假设。在持续经营假设下，它要求会计人员以会计主体持续、正常的经营活动为前提，选择会计程序及会计处理方法，进行会计核算。

会计基本假设

（三）会计分期

会计分期，是指企业将持续不断的经营活动划分为一个个连续的、长短相同的期间，据以结算盈亏、编制会计报表。企业的经济活动是持续不断经营下去的，我们不可能等到经济活动结束后再去提供会计信息。因而，会计分期就是将企业持续不断的经营活动分割为一定的会计期间，据以结算盈亏、编制会计报表，从而及时向有关方面提供企业的财务状况、经营成果和现金流量情况的会计信息。这种分期的划分是人为的划分，而并非经济活动本身是分段的，因而会计分期是一种假设。我国企业会计准则规定的会计期间一般应从公历 1 月 1 日开始，12 月 31 日结束，又称会计年度。小于一个完整会计年度的报告期间称为会计中期。会计中期又分为半年度、季度和月度。

想一想

为什么要进行会计分期？

货币计量假设

（四）货币计量

货币计量，是指企业在会计核算时，确认、计量和报告是以货币作为主要计量单位，反映会计主体的经济活动。货币计量要求对所有会计核算的对象，采用同一种货币作为统一的尺度来予以计量，并把企业经营活动和财务状况的数据转化成按统一货币单位反映的会计信息。

我国企业会计准则要求，企业会计核算一般应以人民币作为记账本位币，业务收支以外币为主的企业，如外商独资企业也可以采用某种外币（如美元、日元等）作为记账本位币，但向有关方面如国家政府管理部门报送的财务会计报表，必须折算为人民币。

由此可见，会计主体确立了会计核算的空间范围；持续经营与会计分期确立了会计核算的时间长度；而货币计量则为会计核算提供了必要的手段。没有会计主体就不会有持续经营；没有持续经营，就不会有会计分期；没有货币计量，也就不会有现代会计的产生和发展。

二、会计的职能

会计的职能，是指会计在经济管理中所具有的职责、功能，即人们在经济管理中可以用会计干什么。会计的基本职能包括会计核算和监督；拓展职能包括预测经济前景、参与经济决策、评价经营业绩等。核算和监督主要是财务会计的基本职能，预测、决策、评价等职能则是管理会计的职能。

（一）会计核算职能

会计核算职能，又称为会计反映职能，是指会计以货币为主要计量单位，对会计主体的经济活动进行确认、计量和报告。反映企业已经发生或完成的经济活动，为经营管理提供完整的、系统的以财务信息为主的经济信息。会计核算职能具有以下几个特点：①会计核算以货币为主要计量单位，从数量上核算各单位的经济活动情况；②会计核算主要核算已经发生或已经完成的经济活动；③会计核算包括会计确认、计量和报告。

企业应当办理会计手续，实施以下会计核算事项：

（1）款项和有价证券的收付；

（2）财物的收发、增减和使用；

（3）债权债务的发生和结算；

（4）资本、基金的增减；

（5）收入、支出、费用、成本的计算；

（6）财务成果的计算和处理；

（7）需要办理会计手续、进行会计核算的其他事项。

（二）会计监督职能

会计监督职能，又称为会计控制职能，是指对特定主体经济活动和相关会计核算的真实性、合法性和合理性进行的监督检查。会计监督是一个过程，它分为事前监督、事中监督和事后监督。会计监督职能具有以下几个特点：①会计监督是对经济活动全过程的监督。②会计主要利用货币计价进行监督，同时也进行实物监督。③会计监督是单位内部的监督，是外部监督不可替代的。

会计核算和监督职能是相辅相成，辩证统一的。会计核算是基础，没有会计核算提供可靠、完整的会计资料，会计监督就没有客观依据，也就无法进行会计监督；反之，会计核算又必须以会计监督为保证。没有科学、严格的会计监督，会计核算就失去了存在的意义。

三、会计的目标

会计的目标，又称为会计的目的，是要求会计工作完成任务或达到的标准。企业财务会计的目标是向财务会计报告使用者提供与企业财务状况、经营成果和现金流量等有关的信息，以反映企业管理层受托责任的履行情况，为会计信息使用者进行决策提供有用的信息。

党的二十大报告指出，“完善中国特色现代企业制度，弘扬企业家精神，加快建设世界一流企业”。完善中国特色现代企业制度，就是要建立把党的领导融入公司治理各环节，以市场经济为基础，以企业法人为主体，以公司制度为核心的中国特色现代企业制度。企业财务会计作为现代企业制度的重要方面，其目标包括：

（一）为会计信息使用者提供会计信息

会计信息使用者，包括企业外部信息使用者和企业内部信息使用者。其中外部信息使用者主要有政府的宏观经济管理部门、企业的投资人和潜在的投资人、企业债权人和潜在债权人、社会公众等，由于外部信息使用者不能直接参与企业的生产经营活动，从而只能通过企业财务会计报告来获取会计信息。企业管理者可以通过会计信息调整经营决策，同时展示和评估自己作为受托管理者的经营业绩。企业内部信息使用者，主要有企业管理人员、企业员工及工会组织等，企业内部信息使用者需要借助会计信息提高企业的内部经营管理，加强民主理财。

（二）反映企业管理层受托责任的履行情况

现代公司制下，企业所有权和经营权相分离，企业管理层是受委托人之托经营管理企业及其各项资产，负有受托责任。由于企业管理层所经营管理的企业各项资产，均为投资者投入或者向债权人借入的资金所形成的，企业管理层（财产经营者）有责任妥善保管并合理、有效地运用这些资产。因此，会计应反映企业管理层受托责任的履行情况。

四、会计信息的载体

企业需要向投资者、债权人和其他外部信息使用者提供会计信息。为便于信息使用者的需要，应按国家规定的统一格式进行会计确认和计量，最终形成财务会计报告。

（1）反映企业财务状况的会计信息载体——资产负债表。

（2）反映企业经营成果的会计信息载体——利润表。

（3）反映企业现金流量情况的会计信息载体——现金流量表。

（4）反映所有者权益变动情况的会计信息载体——所有者权益变动表。

（5）便于理解上述报表具体项目的说明——报表附注。

任务实施

（1）作为天成电子设备有限责任公司会计人员，应具备的职能是核算和监督天成有限责任公司发生的经济业务。

（2）会计工作的目标是对外提供会计信息，满足投资者（东鲁钢铁集团有限公司和华盛板材有限责任公司），债权人，政府管理部门（税务局）等了解企业经营情况的会计信息需要。

模块三　学会会计核算方法

会计核算的方法

任务描述

见本项目模块二关于天成电子设备有限责任公司的描述。

任务布置

如果你作为天成电子设备有限责任公司的会计，要实现会计目标，需要用什么方法来完成？

知识学习

一、会计核算方法

会计核算方法是指对会计对象进行连续、系统、全面的综合确认、计量和报告所采用的方法。通过会计核算方法，最终提供给信息使用者所需要的会计信息。

（一）填制和审核会计凭证

会计凭证是交易或事项的书面证明，是登记账簿的依据。会计核算要以会计凭证作为记账的依据。填制和审核会计凭证是为了审查经济业务是否合理合法，保证会计记录完整、真实和可靠而采用的一种专门方法。

（二）设置会计科目和账户

设置账户是对会计核算对象的具体内容进行分类核算和监督的一种专门方法。

企业必须根据规定的会计科目开设账户，分别登记各项经济业务，以便取得经营管理所需要的各种核算指标，并随时加以分析、检查和监督。

（三）复式记账

复式记账是对每一项经济业务，用相等的金额，同时通过两个或两个以上相互对应的账户进行全面登记的一种专门方法。

任何一项经济活动都会引起资金的增减变动或财务收支的变动，采用复式记账，将每项经济业务至少在两个账户中相互对应地、平衡地登记，就可以全面地、相互联系地反映资金增减变化和财务收支变化情况，并掌握经济业务的来龙去脉。

（四）登记会计账簿

登记会计账簿，简称记账、过账。是指根据审核无误的会计凭证，在账簿上连续地、系统地、完整地记录交易或事项的一种专门方法。

（五）成本计算

成本计算是按一定的成本对象，对生产、经营过程中所发生的成本、费用进行归类，以确定各对象的总成本和单位成本的一种专门方法。

（六）财产清查

财产清查是对各项财产物资进行实物盘点、账面核对以及对各项往来款项进行查询、核对，以查明各种财产物资和资金实有数的一种专门方法。

（七）编制财务会计报告

编制财务会计报告是定期总括地反映财务状况、经营成果、现金流量以及费用、成本等情况的一种专门方法。财务会计报告主要是以账簿记录为依据，经过加工整理而产生的一套完整的指标体系的书面文件。

二、会计循环

会计循环，是指按照一定的步骤反复运行的会计程序。从会计工作流程看，会计循环由会计确认、计量和报告等环节组成，从会计核算的具体内容来看，会计循环由填制和审核会计凭证、设置会计科目和账户、复式记账、登记会计账簿、成本计算、财产清查、编制财务会计报告等组成（见图 1－1）。填制和审核会计凭证是会计核算的起点。

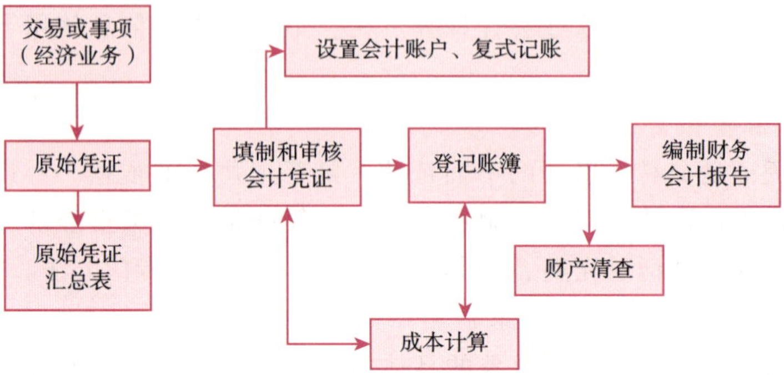

图 1－1　会计循环图

任务实施

作为天成电子设备有限责任公司的会计人员，要完成会计的目标，需要运用专门的方法，这些方法包括：填制和审核会计凭证、设置会计科目和账户、复式记账、登记会计账簿、成本计算、财产清查、编制财务会计报告七种方法。

学习评价

专业能力测评表

业务能力	评价指标	自测结果	要求
了解会计职业	1. 会计的概念和特征 2. 会计的产生、发展与未来 3. 会计机构设置 4. 会计人员及职业道德	□A　□B　□C □A　□B　□C □A　□B　□C □A　□B　□C	能了解会计的概念和特征、会计的产生、发展与未来，熟悉会计机构设置、会计人员及职业道德
明确会计职能、目标	1. 会计基本假设 2. 会计职能 3. 会计目标 4. 会计信息载体	□A　□B　□C □A　□B　□C □A　□B　□C □A　□B　□C	能理解会计基本假设，掌握会计职能和目标，熟悉会计信息载体
学会会计核算方法	1. 会计核算方法体系 2. 会计核算的 7 种方法	□A　□B　□C □A　□B　□C	能熟悉会计核算方法体系，初步认识会计核算的 7 种方法
说明	（在□中打√，A 掌握，B 基本掌握，C 未掌握）		
教师评语：			
成绩		教师签字	

项目二

设置会计科目和账户

知识目标

◆ 明确会计对象和制造业及商品流通企业会计对象的具体内容；

◆ 掌握会计要素的概念、分类和内容；

◆ 掌握会计等式及其含义、经济业务的类型及其对会计等式的影响；

◆ 掌握会计科目的概念、分类，常用会计科目设置；

◆ 掌握账户的概念、基本结构、设置方法；

◆ 理解总分类账户和明细分类账户之间的关系。

能力目标

◆ 能根据企业实际正确地设置会计科目，开设总分类账户和明细分类账户。

素养目标

◆ 通过学习设置会计科目的原则，培养坚持准则、遵纪守法的意识；

◆ 通过学习设置会计科目和账户的方法，培养严谨细致的会计工作作风、诚实守信的良好会计职业道德。

思维导图

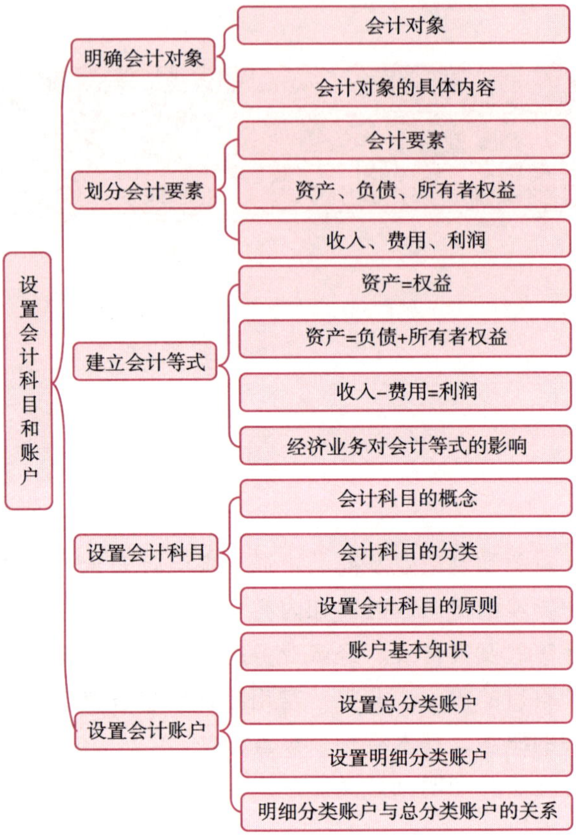

模块一　明确会计对象

任务描述

华盛公司和东鲁公司各出资 50% 投资建设天成电子设备有限责任公司，主要业务是经营电子设备制造与销售，注册资本为 40 万元。有关事项如表 2－1 所示。

表 2－1　　**有关事项列举表**

序号	事项	会计对象	不属于会计对象
1	办理注册登记，领取营业执照		
2	支付办理营业执照费用 200 元		
3	到银行办理开户手续，开立基本存款账户		
4	支付开立基本存款账户手续费 300 元		
5	与华盛公司和东鲁公司签订投资协议		

续表

序号	事项	会计对象	不属于会计对象
6	按规定建立企业会计制度和内部规章制度		
7	接受华盛公司投入货币资金 20 万元		
8	接受东鲁公司投入厂房 20 万元		
9	购买原材料 8 万元		

任务布置

请根据任务描述对天成电子设备有限责任公司列举的事项，分析其是否属于会计对象。

知识学习

会计对象

一、会计对象

会计对象，是指会计所要核算和监督的内容，具体是指社会再生产过程中能以货币表现的经济活动，即资金运动或价值运动。在我国，不同类型的企业、事业单位经营活动的方式虽然不同，但其所有财产物资都是以货币形式表现出来的，并在生产经营和收支活动中不断发生变化，这些可以用货币表现的经济活动，就构成了会计对象。

温馨提示

并非所有的资金运动都是会计对象，凡是以货币表现的资金运动才是会计对象。

二、会计对象的具体内容

（一）制造业会计对象

产品制造企业的主要经营活动是生产、销售工业产品，为社会提供产品或劳务，为投资者和企业创造利润。产品制造企业的资金运动可分为资金投入、资金循环与周转、资金退出 3 个环节。企业通过投资者投入和举债筹集资金，用以建造厂房、购置机器设备，购买各种材料物资、支付费用等，通过开展经营活动实现资金周转。

1. 资金投入

资金投入即资金的筹集过程，是企业资金运动的起点。企业通过吸收投资、发行股票，向银行贷款、发行债券等形式来筹集资金，引起企业资金的增加。通过吸收投资、发行股票，资金进入企业形成企业所有者权益；通过向银行贷款、发行债券形成企业债权人权益（即企业的负债）。资金进入企业，用以建造厂房、购置机器设备，购买各种材料物资、支付费用等，开展经营活动实现资金周转。

2. 资金循环与周转

企业将资金运用于生产经营过程，就形成了资金的循环与周转。随着生产经营活动的进行，企业的资金从货币资金形态开始，依次经过供应过程、生产过程和销售过程三个阶段，分别表现为储备资金、生产资金、成品资金等不同的存在形态，最后又回到货币资金形态，这种运动过程称为资金的循环。资金周而复始地不断循环，称为资金周转。

（1）供应过程。供应过程是生产的准备阶段，在这一过程中企业进行材料的采购和储备，也就是企业用货币资金购买并储备原材料等，要支付材料买价、运输费、装卸费等材料采购成本，与供应单位发生货款的结算关系。与此同时，货币资金转化为储备资金。

（2）生产过程。生产过程既是物化劳动和活劳动的消耗过程，又是产品使用价值和价值的形成过程。在这一过程中，劳动者借助劳动手段将劳动对象加工成特定的产品，企业要发生原材料等劳动对象的消耗、劳动力的消耗和固定资产等劳动手段的消耗等，构成了产品的使用价值与价值的统一体。同时，随着原材料等劳动对象的消耗，资金从储备资金形态转化为生产资金；随着劳动力的消耗，企业向劳动者支付工资、奖金等劳动报酬，资金从货币资金形态转化为生产资金；随着固定资产等劳动手段的消耗，固定资产和其他劳动手段的价值通过折旧或摊销的形式部分地转化为生产资金。随着产品加工和完成、验收入库，生产资金又转化为成品资金。

（3）销售过程。这一阶段是产品价值的实现过程。企业将生产的产品销售出去，取得销售收入，要发生货款结算等业务活动，从而使资金从成品资金形态转化为货币资金形态。

资金循环与周转过程中，为了达到资金使用的最大化，企业还会开展对外投资业务，如通过购买股票、债券等方式向企业以外的其他经济实体进行投资，从而取得投资收益。

3. 资金的退出

企业在生产经营过程中，创造了一部分新价值，一般情况下，收回的货币资金大于投入的货币资金，形成企业利润。在实现利润过程中，企业应按照有关合同或协议偿还银行贷款、发行债券的各项债务；按照税法规定向国家缴纳各种税费；按照企业章程或董事会决议向投资者分配股利或利润。这样，企业收回的货币资金中，用于偿还债务、缴纳税费和向投资者分配股利或利润的这部分资金就退出了企业的资金循环与周转，剩余的资金则留在企业，继续用于企业的再生产过程。

上述资金的投入、资金循环与周转、资金的退出三部分资金运动的内容，是相互支撑、相互制约的统一体。没有资金的投入，就不会有资金的循环与周转；没有资金的循环与周转，就不会有债务的偿还、税费的上缴和利润的分配等；没有资金的退出，就不会有新一轮资金的投入，也就不会有企业的进一步发展。

制造业资金运动的形式是“货币资金——储备资金——生产资金——产品资金——货币资金”连续不断地循环和周转，这些构成了制造业会计的对象。

制造业的资金运动过程如图 2－1 所示。

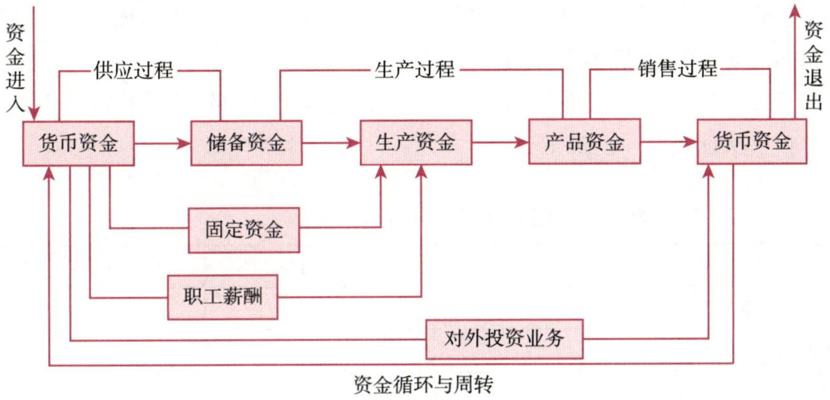

图 2－1　制造业的资金运动过程

（二）商品流通企业会计对象

商品流通企业是从事商品流通的经营者，通过购销活动，组织商品流通，满足市场需要。商品流通企业的经营过程分为购进和销售两个过程。在购进过程中，随着商品采购活动的进行，货币资金转化为商品资金；在销售阶段，商品资金又转化为货币资金。因此，商品流通企业的资金运动过程表现为“货币资金⟶商品资金⟶货币资金”的形式（见图 2－2）。同时，在商品流通企业的经营活动中，也同样会发生资金的投入、退出。在商品经营活动中资金的取得、周转和退出所引起的财产和资源的增减变动、费用开支、收入的分配等经济活动，构成了商品流通企业会计的对象。

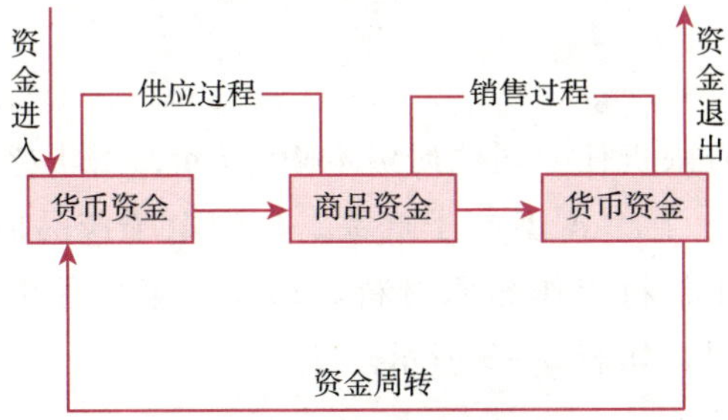

图 2－2　商品流通企业的资金运动过程

想一想

行政事业单位会计的对象是什么？

任务实施

会计对象是指可以用货币表现的经济活动。通过分析以下事项没有引起资金变化，因而不属于会计对象：1. 办理注册登记，领取营业执照；3. 到银行办理开户手续，开立基本存款账户；5. 与华盛公司和东鲁公司签订投资协议；6. 按规定建立企业会计制度和内部规章制度。

以下事项引起资金变化，因此属于会计对象：2. 支付办理营业执照费用200元；4. 支付开立基本存款账户手续费300元；7. 接受华盛公司投入货币资金20万元；8. 接受东鲁公司投入厂房20万元；9. 购买原材料8万元。

综上总结如表2-2所示。

表2-2　有关列举事项的会计对象分析表

序号	事项	会计对象	不属于会计对象
1	办理注册登记，领取营业执照		√
2	支付办理营业执照费用200元	√	
3	到银行办理开户手续，开立基本存款账户		√
4	支付开立基本存款账户手续费300元	√	
5	与华盛公司和东鲁公司签订投资协议		√
6	按规定建立企业会计制度和内部规章制度		√
7	接受华盛公司投入货币资金20万元	√	
8	接受东鲁公司投入厂房20万元	√	
9	购买原材料8万元	√	

模块二　划分会计要素

任务描述

天成电子设备有限责任公司注册资本40万元，由华盛公司和东鲁公司各出资50%投资兴建，生产A型电子产品、B型电子产品时主要使用甲材料、乙材料、丙材料、丁材料等作为原材料。20××年8月份，公司可以用货币表现的事项基本情况，如表2-3所示。

表2-3　20××年8月份事项列举表

序号	项目	会计要素	会计科目
1	存放在保险柜的库存现金5 000元		
2	存放在工商银行的存款70 000元		
3	库存的甲、乙、丙、丁材料15 000元		

续表

序号	项目	会计要素	会计科目
4	库存待售的 A 型电子产品、B 型电子产品 64 000 元		
5	生产用的厂房 100 000 元		
6	生产用机器设备 200 000 元		
7	运输用的汽车 80 000 元		
8	正在加工中的 A 型电子产品、B 型电子产品 46 000 元		
9	向工商银行借入的借款，期限 3 个月 120 000 元		
10	购买丁材料应付未付的货款 60 000 元		
11	华盛公司和东鲁公司投入的资本金 400 000 元		

任务布置

请根据任务描述对天成电子设备有限责任公司列举的事项，划分会计要素，并按不同类别进行金额加总，并查看结果。

知识学习

一、会计要素

会计是“商业交往的共同语言”，有其特殊的语言表达方式。会计要素、会计科目、会计账户是会计语言最基本的表达要素。

会计要素

会计要素，也称为会计报表要素，是对会计对象进行的基本分类，是会计核算对象的具体化，是对资金运动第二层次的划分，是设置账户和编制会计报表的基本依据。

为什么要划分会计要素呢？一是企业会计的目标是提供财务会计信息，财务会计对象是用货币表现企业的资金运动，而企业的资金运动是错综复杂的，会计核算的过程是一个确认、计量、记录和报告经济业务的过程。二是为了全面、系统、综合地反映企业错综复杂的经济活动，以取得经营管理所需的数据资料，应对经济业务的内容进行科学的分类。三是这些基本分类在会计上都有特定的含义和特征，为会计分类核算提供了基础，为财务会计报表构建搭建了框架。因此，会计要素也可以称为会计报表要素。

企业的会计对象划分为资产、负债、所有者权益、收入、费用和利润六大会计要素。其中资产、负债和所有者权益三项会计要素，是资金运动的静态表现，反映企业的财务状况，是“资产负债表”的基本要素；收入、费用和利润三项会计要素，是资金运动的动态表现，反映企业的经营成果，是“利润表”的基本要素。企业的资金运动尽管错综复杂，但都可以归结到这六个会计要素中。可以分别从静态和动态两个方面来描述企业的经济活动，如图 2－3 所示。

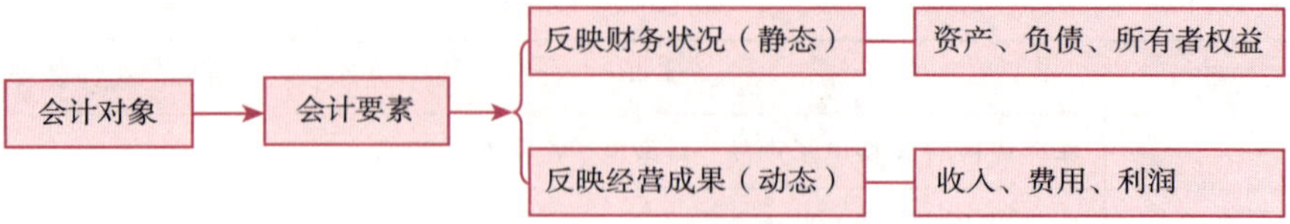

图 2－3　会计对象与会计要素

温馨提示

资产、负债和所有者权益要素，是反映资金运动静态的财务状况的要素，是资产负债表的基本要素；收入、费用和利润要素是反映资金运动动态的经营成果的要素，是利润表的基本要素。

二、反映财务状况的会计要素

（一）资产

资产

资产，是指过去的交易或事项形成的、由企业拥有或者控制的、预期会给企业带来经济利益的资源，包括各种财产、债权和其他权利，如企业的库存现金、银行存款、厂房、机器设备、运输工具等。资产具有以下三个特征：

1. 资产是由过去的交易或者事项形成的

作为企业资产的资源必须是过去的交易或者事项形成的，所谓过去的交易或者事项，是指企业在过去的一个时期里购买和销售商品、生产产品、建造某项设备等业务活动，以及其他相关的交易或事项。只有过去的交易或事项才能产生资产，预期在未来发生的交易或者事项可能产生的结果不能作为资产进行确认。例如，企业 9 月份与购货方签订的购销合同，计划在 12 月份购买一批机器设备，则企业 9 月份时不能将该批设备确认为企业的资产，而应该在 12 月份购买后才能确认为企业的资产。

2. 资产必须为企业拥有或者控制的资源

作为企业资产的资源，必须是所有权属于企业，或者虽然所有权不属于企业但企业能够控制。因经营需要租入其他企业的机器设备或者厂房，企业仅有使用权而没有所有权，因而不能确认为本企业的资产；而如果是经营性租出的机器设备或者厂房，虽然由承租方使用，但所有权仍属于租出企业，租出企业可以决定收回等控制权，因此仍作为本企业的资产。

3. 资产预期会给企业带来经济利益

资产能够直接或间接给企业带来经济利益，如企业拥有的厂房和机器设备，可以用来生产产品，销售产品，企业可以获得收益，因而厂房和机器设备属于企业的资产。如果预期不能给企业带来经济利益则不能确认为企业的资产，如企业已经使用 10 年的运输汽车，已经毁损报废无法使用，不可能给企业带来经济利益，因而，不应再作为企业的资产。

符合资产定义的资源，在同时满足以下条件时，确认为资产。

（1）与该资源有关的经济利益很可能流入企业，这里的“很可能”是指可能性在50%以上；

（2）该资源的成本或者价值能够可靠地计量，也就是可以用货币计量，如果无法用货币计量，则不能确认为一项资产。

资产要素

企业的资产按变现或耗用时间的长短，可分为流动资产和非流动资产。

流动资产，是指在一年或者超过一年的一个营业周期内变现或者耗用的资产。一个营业周期是指从外购原材料承担付款义务，到收回因销售商品或提供劳务而产生的应收账款的整个时间，不同企业营业周期不同，如饭店从买入原材料到提供餐饮服务收回款项当天就能完成，营业周期只有一天，而大型船舶制造企业从买入原材料到生产出大型轮船可能需要一年以上的时间，则营业周期超过一年。在一年或者超过一年的一个营业周期内变现或者耗用的资产属于企业的流动资产，如库存现金、银行存款、交易性金融资产、应收票据、应收账款、预付账款、原材料、库存商品等。

非流动资产，是指流动资产以外的资产。即不准备在一年或者超过一年的一个营业周期内变现或者耗用的资产。如长期股权投资、固定资产、无形资产、其他长期资产等。

（二）负债

负债，是指企业过去的交易或者事项形成的，预期会导致经济利益流出企业的现时义务。负债具有如下特征：

> **温馨提示**
>
> 负债一般都有明确的债权人、到期日、到期值。

（1）负债是由过去的交易或者事项形成。只有过去的交易或者事项才能产生负债，预期在未来发生的交易或者事项可能产生的结果不能作为负债进行确认。例如，企业6月20日与银行签订的借款合同，7月份开始借入200万元，年利率9%，借款期限3个月，到期还本付息，实际到款日为7月1日，则企业6月份时不能确认负债200万元，只能在7月1日实际借款到账后才能确认为企业的负债。

负债要素

（2）负债是现时的义务。现时义务是指企业在现行条件下已承担的义务。例如，前述企业借入的200万元，虽然到期还本付息，但企业已经借入后从7月份开始，每月都要将应付的利息1.5万元作为一项负债确认。未来将要发生的交易或者事项形成的义务，不属于现时义务，不应当确认为负债。

（3）清偿负债预期会导致经济利益流出企业。企业清偿负债应用银行存款等资产进行偿还，因而导致经济利益流出企业。

符合负债定义的义务，在同时满足以下条件时，确认为负债：①与该义务有关的经济利益很可能流出企业；②未来流出的经济利益的金额能够可靠地计量。

企业的负债按其偿付期的不同可以分为流动负债和非流动负债。

流动负债，是指在一年或者超过一年的一个营业周期内偿还的债务。如短期借款、应付票据、应付账款、预收账款、应付职工薪酬、应交税费、应付股利、应付利息、其他应付款等。

非流动负债，是指偿还期在一年或者超过一年的一个营业周期以上的债务。如长期借款、应付债券、长期应付款、专项应付款等。

（三）所有者权益

所有者权益，是指企业资产扣除负债后由所有者享有的剩余权益。公司的所有者权益又称为股东权益。所有者权益是所有者对企业资产的剩余索取权，是企业资产中扣除债权人权益后应由所有者享有的部分，即企业全部资产减去全部负债后的余额。其特征有：

（1）在一般情况下，无须归还给所有者。

（2）在企业清算时，企业应以其全部的资产首先用于偿还债务，然后才能将偿还多余的资产在所有者之间进行分配。所以，所有者权益是对企业资产的次于债权人权益后的剩余权益。

（3）所有者权益是所有者参与利润分配的依据。

所有者权益的确认和计量，主要取决于资产、负债、收入、费用等其他会计要素的确认和计量。

所有者权益按其来源不同，主要分为所有者投入的资本、直接计入所有者权益的利得和损失、留存收益等。

所有者投入的资本，是指所有者投入企业的资本部分。它既包括构成企业注册资本或者股本部分的金额，也包括投入资本超过注册资本或者股本部分的金额，即资本溢价或者股本溢价（资本公积）。

直接计入所有者权益的利得和损失，是指不应计入当期损益，会导致所有者权益发生增减变动的，与所有者投入资本或者向所有者分配利润无关的利得或者损失。其中，利得是指由企业非日常活动所形成的，会导致所有者权益增加的，与所有者投入资本无关的经济利益的流入；损失是指由企业非日常活动所发生的，会导致所有者权益减少的，与向所有者分配利润无关的经济利益的流出。

留存收益，是企业历年实现的净利润留存于企业的部分，主要包括计提的盈余公积和未分配利润。

（1）实收资本，是指投资者按照企业章程或合同、协议的约定，实际投入企业的资本。

（2）资本公积，是指归企业所有者共有的资本，包括企业收到投资者出资超过其在注册资本或股本中所占份额的部分以及直接计入所有者权益的利得与损失等。

（3）盈余公积，是指企业按照有关规定从税后利润中提取的各种公积金，包括法定盈余公积、任意盈余公积等。

（4）未分配利润，是指企业留存于以后年度分配或本年度待分配的利润。

上述三大会计要素构成了企业财务状况的基本信息，可用一张简表来表示（见表2－4），这张表就是“资产负债表”的简要格式，它提供了企业资产、负债和所有者权益的会计信息。

表2－4　　资产负债表（简表）

资产	金额	负债及所有者权益	金额
流动资产		流动负债	
货币资金		短期借款	
存货		应付账款	
……		……	
非流动资产		非流动负债	
固定资产		所有者权益	
……		实收资本	
		……	
资产合计		负债及所有者权益合计	

三、反映经营成果的会计要素

（一）收入

1. 收入的特征与确认

收入，是指企业在日常活动中形成的，会导致所有者权益增加的，与所有者投入资本无关的经济利益的总流入。收入具有如下特征：

（1）收入从企业的日常经营活动中产生，而不是从偶发的交易或者事项中产生。日常活动是指企业为完成其经营目标所从事的经营性活动以及与之相关的活动。明确界定日常活动是为了将收入与利得相区分，因为企业非日常活动所形成的经济利益的流入不能确认为收入，而应当计入利得。

（2）收入可能表现为资产的增加或负债的减少，或二者兼而有之。

（3）收入能导致企业所有者权益的增加。收入只包括本企业经济利益的流入，而不包括为第三方或客户代收的款项。

当企业与客户之间的合同同时满足下列条件时，企业应当在客户取得相关商品控制权时确认收入：①合同各方已批准该合同并承诺将履行各自义务；②该合同明确了合同各方与所转让商品或提供劳务（以下简称“转让商品”）相关的权利和义务；③该合同有明确的与所转让商品相关的支付条款；④该合同具有商业实质，即履行该合同将改变企业未来现金流量的风险、时间分布或金额；⑤企业因向客户转让商品而有权取得的对价很可能收回。

2. 收入的分类

收入按业务主次的不同，可以分为主营业务收入和其他业务收入。

主营业务收入，是指企业为完成其经营目标所从事的经常性活动实现的收入。如制造业销售商品、提供劳务等取得的收入，商品流通企业销售商品所取得的收入等。

其他业务收入，是指企业为完成其经营目标所从事的与经常性活动相关的活动实现的收入。如制造业对外销售材料所取得的收入等。

（二）费用

费用，是指企业在日常活动中发生的，会导致所有者权益减少的，与向所有者分配利润无关的经济利益的总流出。

将费用界定为日常活动中发生的，是为了将其与损失相区分。因为企业非日常活动所形成的经济利益的流出不能确认为费用，而应当计入损失。

费用按照用途的不同，可分为计入产品成本的生产费用和计入当期损益的期间费用。其中，生产费用分为直接费用和间接费用；期间费用分为管理费用、销售费用、财务费用。

（三）利润

利润，是指企业在一定会计期间的经营成果。利润包括收入减去费用后的净额，直接计入当期利润的利得和损失等。

利润的确认和计量，主要取决于收入和费用以及利得和损失的确认和计量。通常情况下，如果企业实现了利润，表明企业的所有者权益将增加；反之，如果发生了亏损（即利润为负数），表明企业的所有者权益将减少。

利润按构成的不同，可分为营业利润、利润总额和净利润，三者关系以下列等式表示：

营业利润＝营业收入－营业成本－税金及附加－销售费用－管理费用－研发费用－财务费用＋其他收益＋投资收益（－投资损失）＋公允价值变动收益（－公允价值变动损失）－信用减值损失－资产减值损失＋资产处置收益（－资产处置损失）

利润总额＝营业利润＋营业外收入－营业外支出

净利润＝利润总额－所得税费用

收入、费用和利润三大会计要素构成了企业经营情况的基本信息，可用一张简表来表示（见表2－5）。这张表就是“利润表”的简要格式，它提供了企业收入、费用和利润的会计信息。

表2－5 利润表（简表）

项目	本期金额
一、营业收入（主营业务收入、其他业务收入）	
减：营业成本（主营业务成本、其他业务成本）	
……	
二、营业利润（亏损以“－”号填列）	
……	
三、利润总额（亏损总额以“－”号填列）	
减：所得税费用	
四、净利润（净亏损以“－”号填列）	

任务实施

通过分析，天成电子设备有限责任公司划分会计要素情况及金额加总，如表 2-6 所示。

表 2-6　　**会计要素划分及金额加总表**

序号	项目	会计要素		
		资产	负债	所有者权益
1	存放在保险柜的库存现金 5 000 元	5 000		
2	存放在工商银行的存款 70 000 元	70 000		
3	库存的甲、乙、丙、丁材料，价值 15 000 元	15 000		
4	库存待售的 A 型电子产品、B 型电子产品，价值 64 000 元	64 000		
5	生产用的厂房，价值 100 000 元	100 000		
6	生产用机器设备，价值 200 000 元	200 000		
7	运输用的汽车，价值 80 000 元	80 000		
8	正在加工中的 A 型电子产品、B 型电子产品，价值 46 000 元	46 000		
9	向工商银行借入的借款，期限 3 个月 120 000 元		120 000	
10	购买丁材料应付未付的货款 60 000 元		60 000	
11	华盛公司和东鲁公司投入的资本金 400 000 元			400 000
合计		580 000	180 000	400 000

模块三　建立会计等式

任务描述

天成电子设备有限责任公司划分会计要素后的“资产、负债及所有者权益状况表”如表 2-7 所示。

表 2-7　　**资产、负债及所有者权益状况表**　　单位：元

资产	金额	负债及所有者权益	金额
货币资金	75 000	短期借款	120 000
存货	125 000	应付账款	60 000
固定资产	380 000	实收资本	400 000
合计	580 000	合计	580 000

20××年7月份公司发生了下列经济业务：

1. 7日，接受国家投入设备一台，价值200 000元。
2. 10日，以银行存款偿还短期借款50 000元。
3. 18日，以银行存款购买原材料，价值3 000元。
4. 20日，开出一张价值20 000元的商业承兑汇票，抵付应付账款。

任务布置

请分析上述四项这些经济业务发生后，对企业资产、负债及所有者权益有什么影响？

知识学习

一、会计基本等式

会计基本等式，又称会计平衡公式，是指会计要素间虽然有所变动但在总额上必然相等的一种关系式，是企业财务状况的表达式。

会计基本等式

企业从事经营活动，必须拥有一定数量的经济资源作为从事经济活动的物质基础。资源的所有者，可用现款或者实物等，投入企业供其运营，从而形成以企业名义所特有的各种资产，如房屋建筑物、机器设备、材料、货币资金等，但所有者的投入不是无偿的，而是对所提供的资产存在相应的要求权（会计上称为权益），有多少资产，就有多少权益，二者相互依存，没有无权益的资产，也没有无资产的权益，而且在客观上也必然存在着相等的关系。资产总是与这些资产归属的权利（权益）相对应的，即从数量上看，有一定数额的资产必然有一定数额的权益；反之，有一定数额的权益，也必然有一定数额的资产。从本质上看，资产和权益是同一事物的两个方面，资产表明企业拥有多少经济资源和拥有什么样的经济资源，权益则体现由不同渠道取得这些经济资源时所形成的经济关系，两者是相等的。也就是说，资产与权益在任何一个时点上都必然保持恒等的关系，这种恒等关系用公式表示，即：

资产＝权益

（1）如果企业的全部资产都由投资者投入，则有：

资产＝投资人权益（所有者权益）

【例2－1】钱丽丽投资100万元创办了一家餐饮店，此时，餐饮店的全部资产为100万元。钱丽丽对餐饮店拥有100万元的所有权，用会计等式表示为：

餐饮店资产（100万元）＝钱丽丽的权益（所有者权益100万元）

（2）如果企业的资产同时由投资人投入和债权人提供，则有：

资产＝债权人权益＋投资人权益

即：

资产 = 负债 + 所有者权益（静态，反映财务状况等式）

【例 2－2】 承例 2－1，餐饮店开业后，钱丽丽感觉资金周转困难，从工商银行借入资金 50 万元，期限为 1 年，此时，餐饮店的资产变成了 150 万元。相应的债权人（工商银行）的权益也增加了 50 万元。此时，餐饮店的总权益，是由 100 万元的所有者权益和 50 万元的债权人权益形成的。因此，上述等式变为：

资产（150 万元）＝债权人权益（50 万元）＋投资人权益（100 万元）

＝负债（50 万元）＋所有者权益（100 万元）

以上等式能直接反映资金运动三个静态要素之间的内在联系和企业在某一时点的财务状况，因而资产、负债和所有者权益构成了资产负债表的三个基本要素。由于该等式是会计等式中最通用和最一般的形式，所以通常也常作为会计基本等式。

（3）企业在生产经营过程中不断地取得收入，在取得收入的同时还会发生各种各样的费用，两者相抵即为利润。

收入 − 费用 = 利润（动态，反映经营成果等式）

【例 2－3】 承例 2－1，钱丽丽的餐饮店开业后，当月餐饮销售收入为 20 万元，餐饮成本为 15 万元。

收入（20 万元）－费用（15 万元）＝利润（5 万元）

若收入 > 费用，则形成企业的利润，所有者权益增加。

若收入 < 费用，则形成企业的亏损，所有者权益减少。

某一会计期间，会计等式表现为：

资产 = 负债 + 所有者权益 + 利润

即：资产 = 负债 + 所有者权益 +（收入 − 费用）（扩展式）

或：资产 + 费用 = 负债 + 所有者权益 + 收入

利润和亏损都可归入企业资产和所有者权益的变化，不会影响会计等式的平衡。因此：

资产 = 负债 + 所有者权益

温馨提示

会计等式是设置账户、复式记账、编制资产负债表的理论依据。会计等式中的平衡关系可以用一张简略的资产负债表来反映。

二、经济业务对会计等式的影响

企业在生产经营过程中，每天都会发生多种经济业务，这些经济业务是各种各样的，从而引起各会计要素的增减变动，会涉及资产、负债和所有者权益的变化，但并不影响资产与权益的恒等关系。

经济业务对会计等式的影响

（一）对“资产和权益”等式的影响

1. 交易或事项的发生，引起资产和权益同时增加

【例2-4】7日，接受国家投入设备一台，价值200 000元。

这项交易或事项的发生，使企业的资产（机器设备）增加了200 000元，同时也使权益（实收资本）增加了200 000元，资产和权益等额增加，不改变资产和权益之间的平衡关系。

2. 交易或事项的发生，引起资产和权益同时减少

【例2-5】10日，以银行存款偿还短期借款50 000元。

这项交易或事项的发生，使企业的资产（银行存款）减少了50 000元，同时也使负债（短期借款）减少了50 000元，资产和权益等额减少，不改变资产和权益之间的平衡关系。

3. 交易或事项的发生，引起资产内部一增一减

【例2-6】18日，以银行存款购买原材料，价值3 000元。

这项交易或事项的发生，使企业的资产（原材料）增加了3 000元，同时使另一项资产（银行存款）减少了3 000元，增减金额相等，企业的资产总额不变，权益总额也不变，不改变资产和权益之间的平衡关系。

4. 交易或事项的发生，引起权益内部一增一减

【例2-7】20日，开出一张价值20 000元的商业承兑汇票，抵付应付账款。

这项交易或事项的发生，使企业的负债（应付票据）增加了20 000元，同时使另一项负债（应付账款）减少了20 000元，增减金额相等，企业权益总额不变，资产总额也不变，不改变资产和权益的平衡关系。

由此可见，企业发生的经济业务尽管纷繁复杂，但归纳起来不外乎以上四种类型：交易或事项的发生，引起资产和权益同时增加；资产和权益同时减少；资产内部一增一减；权益内部一增一减，如图2-4所示。但无论经济业务发生怎样的变化都不会破坏资产和权益的平衡关系。资产和权益永远是相等的，即：资产=权益。

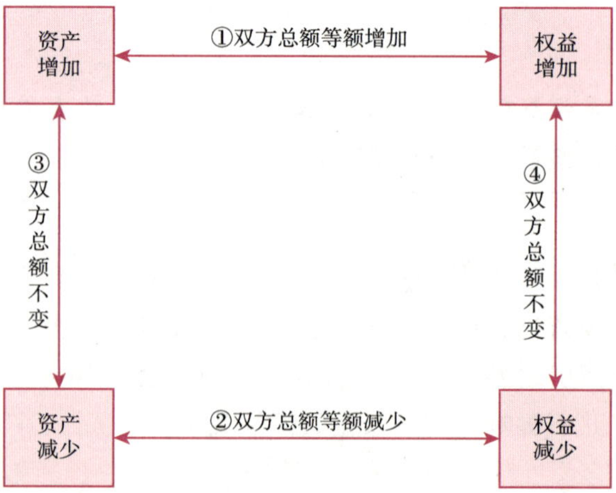

图2-4 经济业务类型图

（二）对“资产＝负债＋所有者权益”等式的影响

当把权益分为负债和所有者权益时，经济业务的发生对会计等式的影响，可以进一步扩展为9种类型，如表2－8所示。

表2－8

经济业务		资产	负债	所有者权益
第一种类型	①	增加	增加	
	②	增加		增加
第二种类型	③	减少	减少	
	④	减少		减少
第三种类型	⑤	增加、减少		
第四种类型	⑥		增加、减少	
	⑦			增加、减少
	⑧		增加	减少
	⑨		减少	增加

由此可见，企业发生的四种类型经济业务，可以进一步分为9种情况：资产和负债同时增加；资产和所有者权益同时增加；资产和负债同时减少；资产和所有者权益同时减少；资产内部一增一减；负债内部一增一减；所有者权益内部一增一减；负债增加，所有者权益减少；负债减少，所有者权益增加。每一项经济业务的发生，都必然引起会计等式的一方或双方有关项目相互联系的等量的变化，即当涉及会计等式的一方时，有关项目的数额发生相反等额变动；而当涉及会计平衡公式的两方时，有关项目的数额必然会发生相同方向的等额变动，但无论经济业务发生怎样的变化都不会破坏资产和权益的平衡关系。

议一议

当企业取得收入和发生费用时，会计等式扩展式为“资产＋费用＝负债＋所有者权益＋收入”，经济业务类型可以有多少种类型？

任务实施

天成电子设备有限责任公司，在四项经济业务发生后，资产、负债及所有者权益情况如表2－9所示。

表 2-9　　资产、负债及所有者权益变动表

资产				负债及所有者权益			
项目	原金额	增减	变化后金额	项目	原金额	增减	变化后金额
货币资金	75 000	② -50 000 ③ -3 000	22 000	短期借款	120 000	② -50 000	70 000
存货	125 000	③ +3 000	128 000	应付票据		④ +20 000	20 000
固定资产	380 000	① +200 000	580 000	应付账款	60 000	④ -20 000	40 000
				实收资本	400 000	① +200 000	600 000
合计	580 000		730 000	合计	580 000		730 000

从表 2-9 可以看出，天成电子设备有限责任公司 20××年 7 月 1 日的资产总额为 580 000 元，负债及所有者权益总额为 580 000 元，资产与权益相等。7 月份经济业务发生后，资产总额变为 730 000 元，负债及所有者权益总额变为 730 000 元，资产与权益依然相等。

模块四　设置会计科目

任务描述

1. 20××年 8 月份天成电子设备有限责任公司发生的财务状况，如表 2-10所示。

表 2-10

序号	项目	会计科目	类别
1	存放在保险柜的库存现金 5 000 元		
2	存放在工商银行的存款 70 000 元		
3	库存的甲、乙、丙、丁材料，价值 15 000 元		
4	库存待售的 A 型电子产品、B 型电子产品价值 64 000 元		
5	生产用的厂房价值 100 000 元		
6	生产用机器设备价值 200 000 元		
7	运输用的汽车价值 80 000 元		
8	正在加工中的 A 型电子产品、B 型电子产品价值 46 000 元		
9	向工商银行借入的借款，期限 3 个月 120 000 元		
10	购买丁材料应付未付的货款 60 000 元		
11	华盛公司和东鲁公司投入的资本金 400 000 元		

2. 20××年8月份，天成电子设备有限责任公司发生的经济业务，如表2－11所示。

表2－11

序号	项　　目	涉及会计科目
1	7日，接受国家投入设备一台，价值200 000元	
2	10日，以银行存款偿还短期借款50 000元	
3	18日，以银行存款购买原材料，价值3 000元	
4	20日，开出一张价值20 000元的商业承兑汇票，抵付应付账款	

任务布置

请根据背景资料为天成电子设备有限责任公司设置相应的会计科目。

知识学习

一、会计科目的概念

会计科目，是指为满足会计确认、计量、报告的要求，根据企业内部会计管理和外部信息需要，对会计要素具体内容进行分类的项目，是对资金运动第三层次的划分（见图2－5）。

会计科目

图2－5　资金运动层次的划分

为什么要设置会计科目？虽然将会计对象进一步归类为六大会计要素，但仍然过于笼统，不能详细地提供管理所需资料，如资产要素虽然反映了企业的经济资源，但这些经济资源又具有各种具体形式，如有的资源是以现金或者银行存款形式存在，而有的资源则表现为生产产品的原材料、厂房、机器设备、运输工具等，还有的表现为应收的债权等。不同形式的资源对管理的意义是不同的，会计核算必须为管理者提供具体的资源形式和金额。因此，为了全面、系统、详细地对各项会计要素具体内容及其增减变动情况进行核算和监督，就需要在会计要素的基础上进行进一步的分类，即设置相应的会计科目。

设置会计科目

通过设置会计科目，可以分类反映不同的经济业务，将复杂的经济信息变成有规律、易识别的经济信息，并为其转换为会计信息做准备，提供一系列具体、分类的指标。因此，设置会计科目是核算和监督的重要工具，是设置账户的依据，是规范会计核算和加强会计监督的重要手段。

二、会计科目的分类

（一）按其归属的会计要素分类

企业的经济活动是通过资产、负债、所有者权益、收入、费用、利润六大会计要素的增减变化体现出来的。企业会计科目按其所归属的会计要素不同，通常可以分为资产类、负债类、共同类、所有者权益类、成本类、损益类六大类，具体划分如表2－12所示。

表2－12 **常用会计科目表**

编号	科目名称	编号	科目名称
一、资产类		1901	待处理财产损溢
1001	库存现金	二、负债类	
1002	银行存款	2001	短期借款
1015	其他货币资金	2201	应付票据
1101	交易性金融资产	2202	应付账款
1121	应收票据	2203	预收账款
1122	应收账款	2211	应付职工薪酬
1123	预付账款	2221	应交税费
1131	应收股利	2231	应付股利
1132	应收利息	2232	应付利息
1231	其他应收款	2241	其他应付款
1241	坏账准备	2501	长期借款
1401	材料采购	2502	应付债券
1402	在途物资	2701	长期应付款
1403	原材料	三、共同类	
1404	材料成本差异	3001	清算资金往来
1406	库存商品	3002	外汇买卖
1411	委托加工物资	3101	衍生工具
1412	周转材料	3201	套期工具
1461	存货跌价准备	3202	被套期项目
1524	长期股权投资	四、所有者权益类	
1525	长期股权投资减值准备	4001	实收资本
1531	长期应收款	4002	资本公积
1601	固定资产	4101	盈余公积
1602	累计折旧	4103	本年利润
1603	固定资产减值准备	4104	利润分配
1604	在建工程	五、成本类	
1605	工程物资	5001	生产成本
1606	固定资产清理	5101	制造费用
1701	无形资产	5201	劳务成本
1702	累计摊销	5301	研发支出
1703	无形资产减值准备	六、损益类	
1801	长期待摊费用	6001	主营业务收入

续表

编号	科目名称	编号	科目名称
6051	其他业务收入	6405	税金及附加
6101	公允价值变动损益	6601	销售费用
6111	投资收益	6602	管理费用
6115	资产处置损益	6603	财务费用
6117	其他收益	6701	资产减值损失
6301	营业外收入	6711	营业外支出
6401	主营业务成本	6801	所得税费用
6402	其他业务成本		

1. 资产类科目

资产类科目按资产的流动性不同分为反映流动资产的科目和反映非流动资产的科目。反映流动资产的科目分为货币资金、应收及预付款项、存货等。其中，货币资金有“库存现金”“银行存款”等；应收及预付款项有“应收票据”“应收账款”“预付账款”“其他应收款”等；存货有“原材料”“库存商品”等。反映非流动资产的科目有“长期股权投资”“固定资产”“无形资产”“长期待摊费用”等。

德技并修

爱国华侨陈嘉庚重信义“子还父债”

2. 负债类科目

负债类科目按负债的偿还期限不同分为反映流动负债的科目和反映非流动负债的科目。反映流动负债的科目有“短期借款”“应付票据”“应付账款”“预收账款”“其他应付款”“应付职工薪酬”“应交税费”等；反映非流动负债的科目有“长期借款”“应付债券”“长期应付款”等。

3. 共同类科目

共同类科目是指既有资产性质，又有负债性质的会计科目。这类科目有“清算资金往来”“外汇买卖”“衍生工具”“套期工具”“被套期项目”等。

4. 所有者权益类科目

按权益的形成和性质不同可分为反映资本的科目和反映留存收益的科目。反映资本的科目有“实收资本（或股本）”“资本公积”等；反映留存收益的科目有“盈余公积”“本年利润”“利润分配”等。

温馨提示

本年利润属于利润会计要素，但由于企业实现利润或发生亏损会引起所有者权益的增减变化，因而归为所有者权益类科目。

5. 成本类科目

成本类科目按成本的内容和性质不同分为反映制造成本的科目和反映劳务成本的科目。反映制造成本的科目有“生产成本”“制造费用”等；反映劳务成本的科目有“劳务成本”等。

温馨提示

成本类属于资产要素，成本是企业生产产品、提供劳务所耗费的价值体现，为了单独计算产品成本、劳务成本，从而设置了成本类科目。

6. 损益类科目

损益类科目按损益的不同可以分为反映收入的科目和反映费用的科目。反映收入的科目有“主营业务收入”“其他业务收入”“投资收益”“营业外收入”等；反映费用的科目有“主营业务成本”“其他业务成本”“销售费用”“管理费用”“财务费用”等。损益类科目分别属于收入和费用要素。

会计科目按照经济内容进行分类，遵循了会计要素的基本特征，它将各项会计要素的增减变化分门别类地进行归集，清晰地反映了企业的财务状况和经营成果。

温馨提示

一级会计科目的编号一般采用四位纯数字表示，其中：

第1位数字表示会计科目的类别，其中1表示资产类，2表示负债类，3表示共同类，4表示所有者权益类，5表示成本类，6表示损益类；第2位数字可以划分大类下面的小类；剩余两码为流水号。在第1位数字主要类别之下，业务性质相同的会计科目都以同样的号码为第2位数字，在相同业务性质的会计科目下，再以第3位依次排列各个会计科目。其中第2位小类的排列顺序为：资产类下面的小类按照变现能力大小排序；负债类下面的小类按照流动性大小排序；所有者权益类下面的小类按照转化为资本的能力大小排序。同时，为便于会计科目的增减，一般情况下，编码要考虑到未来的扩展性，在编码间留有一定的间隔。

（二）按提供信息的详细程度及其统驭关系分类

会计科目按提供信息的详细程度及其统驭关系不同，可以分为总分类科目和明细分类科目。

（1）总分类科目，又称一级科目或总账科目，是对会计要素的具体内容进行总括分类，提供总括信息的会计科目。它反映各种交易或者事项的概况情况，是进行总分类核算的依据。如“库存现金”“银行存款”“应付账款”等。

（2）明细分类科目，又称明细科目，是对总分类科目作进一步分类，提供更详细和更具体的会计信息的科目。对于明细科目较多的总分类科目，可以在总分类科目与明细科目之间设置二级科目或多级科目，如设置二级明细科目、三级明细科目等。二级明细科目是对总分类科目作进一步分类的科目，三级明细科目是对二级明细科目作进一步分类的科目，每往下设置一级都是对上一级科目的进一步分类。

会计科目设置原则

总分类科目对其所属明细分类科目具有统驭和控制作用，明细分类科目反映各种交易或者事项的详细、具体核算指标，是对其总分类核算科目的补充和具体说明。如“固定资产”总分类科目，可以设置“房屋建筑物”“机器设备”“运输工具”等明细科目，详细说明“固定资产”总分类科目，同时为了更详细地了解房屋建筑物的主要情况，还可以再设置“办公大楼”“生产车间”等明细科目，具体如表 2－13 所示。

表 2－13　会计科目分类示例

总分类科目（一级科目）	明细分类科目	
	二级科目（子目）	三级科目（细目）
固定资产	房屋建筑物	办公大楼
		生产车间
	机器设备	加工设备
		铸造设备
	运输工具	运输汽车
		小汽车

再比如“原材料”总分类科目，可以设置“原料及主要材料”“辅助材料”“燃料”等明细科目，这些明细科目详细说明“原材料”总分类科目，同时，为了更加详细地说明原料及主要材料的情况还可以再按材料品种设置三级科目“Ⅰ号钢材”“Ⅱ号钢材”。再比如“应收账款”总账科目，应按“向谁收”来设置明细科目；而“应付账款”总账科目则应按“向谁付”来设置明细科目。

温馨提示

二级和三级会计科目的编号：国家有规定的按国家规定，如“其他货币资金”科目。一般没有规定的按 01、02 连续编号，如“固定资产”，大类分为“房屋建筑物”160101、“机器设备”160102、“运输工具”160103。三级科目在二级科目的基础上按 01、02 连续编号，如“房屋建筑物”160101 分为“办公大楼”16010101、“生产车间”16010102 等，以此类推。

三、设置会计科目的原则

会计科目作为反映会计要素的构成及其变化情况，为投资者、债权人、企业经营管理者等提供会计信息的重要手段，在其设置过程中应努力做到科学、合理、适用。因此，会计科目在设置过程中应遵循下列原则。

（一）合法性原则

合法性原则，是指所设置的会计科目应当符合国家统一的会计制度的规定。在我国，总分类科目原则上由财政部统一制定，主要是为了保证会计信息的可比性。对于国家统一会计制度规定的会计科目，企业可以根据自身的生产经营特点，在不影响会计核算要求，以及对外提供统一的财务会计报表的前提下，自行增设、减少或合并某些会计科目。

（二）相关性原则

相关性原则，是指所设置的会计科目应为提供有关各方所需要的会计信息服务，满足对外报告和对内管理的要求。企业的会计核算，既要为政府职能部门对国民经济进行宏观经济管理提供会计信息服务，又要为投资者、债权人了解企业单位经营和财务状况，以进行投资、融资决策提供会计信息服务，还要为企业单位经济预测、决策和管理提供会计信息服务。企业单位提供的会计信息，应能够反映企业单位的财务状况、经营成果和现金流量，以满足会计信息使用者的需要。因此，会计科目的设置，要便于为提供有关各方所需的会计信息服务，要兼顾对外报告和企业内部管理的需要。

（三）实用性原则

实用性原则，是指设置的会计科目应当符合单位自身的特点，满足单位实际需要。企业的组织形式、所处行业、经营内容及业务种类等不同，在会计科目的设置上亦应有所区别。在合法性的基础上，企业应根据自身特点，设置符合企业需要的会计科目。

（四）清晰性原则

清晰性原则，是指会计科目作为对会计要素分类核算的项目，要求简单明确，字意相符，通俗易懂。同时，企业对每个会计科目所反映的经济内容也必须做到界限明确，既要避免不同会计科目所反映的内容重叠的现象，也要防止全部会计科目未能涵盖企业某些经济内容的现象。

我国《会计法》规定，总分类科目由国家统一会计制度规定，各单位可以根据自身特点自行增设、删减或合并某些会计科目，以保证会计核算的要求。明细分类科目除按国家统一会计制度规定设置外，各单位可以根据单位实际自行设置。

学习提升

必须坚持守正创新。我们从事的是前无古人的伟大事业，守正才能不迷失方向、不犯颠覆性错误，创新才能把握时代、引领时代。

——摘自党的二十大报告

会计科目作为提供会计信息的重要手段，在其设置的过程中，既要守正，又要创新。总分类科目要遵循国家统一会计制度的规定；明细分类科目除国家会计制度要求外，各单位可以根据实际情况进行设置。随着经济的不断发展，为了适应新形势、新要求，国家统一会计制度规定的会计科目也在不断的变化。通过对会计科目的学习，同学们要树立终身学习理念，秉持专业精神，守正创新，不断推动会计工作转型升级和会计发展。

任务实施

步骤1：20××年8月份，天成电子设备有限责任公司所用到的会计科目如表2－14所示。

表2－14

序号	项目	会计科目	类别
1	存放在保险柜的库存现金5 000元	库存现金	资产
2	存放在工商银行的存款70 000元	银行存款	资产
3	库存的甲、乙、丙、丁材料，价值15 000元	原材料	资产
4	库存待售的A型电子产品、B型电子产品价值64 000元	库存商品	资产
5	生产用的厂房价值100 000元	固定资产	资产
6	生产用机器设备价值200 000元	固定资产	资产
7	运输用的汽车价值80 000元	固定资产	资产
8	正在加工中的A型电子产品、B型电子产品价值46 000元	生产成本	成本
9	向工商银行借入的借款，期限3个月120 000元	短期借款	负债
10	购买丁材料应付未付的货款60 000元	应付账款	负债
11	华盛公司和东鲁公司投入的资本金400 000元	实收资本	所有者权益

步骤2：20××年8月份，天成电子设备有限责任公司发生的经济业务，涉及的会计科目如表2－15所示。

表2－15

序号	项目	涉及的会计科目
1	7日，接受国家投入设备一台，价值200 000元	固定资产 实收资本
2	10日，以银行存款偿还短期借款50 000元	银行存款 短期借款
3	18日，以银行存款购买原材料，价值3 000元	原材料 银行存款
4	20日，开出一张价值20 000元的商业承兑汇票，抵付应付账款	应付账款 应付票据

模块五　设置会计账户

任务描述

天成电子设备有限责任公司要连续、系统、全面地提供各类经济业务的详细情况，还应通过设置账户来实现。

任务布置

请为天成电子设备有限责任公司设置相应的总分类账户和明细分类账户。

知识学习

一、账户基本知识

（一）账户的概念

设置会计账户

会计科目仅仅是对会计要素的具体内容进行分类的项目，它不能反映交易或者事项的发生所引起的会计要素各项目的增减变动及其结果，核算指标的具体数据资料，只有通过账户记录才能取得。因此，通过设置账户，可以将同类经济业务集中反映在同一个账户里，以便对交易或者事项进行系统、连续地记录，从而提供有关会计信息。

账户，是根据会计科目设置的，具有一定格式和结构，用于分类反映会计要素增减变动及其结果的一种工具。设置账户是会计核算的一种专门方法。

（二）账户的分类

账户是根据会计科目开设的，所以账户的分类与会计科目的分类相对应。可以按归属的会计要素分类，也可以按提供信息的详细程度分类。

（1）按照归属的会计要素来分类，账户可以分为资产类、负债类、共同类、所有者权益类、成本类、损益类等。

（2）按提供信息的详细程度分类，账户可以分为总分类账户和明细分类账户。

（三）账户的基本结构

账户的结构，是指账户用来记录交易或者事项的账户时所必备的具体格式。由于交易或者事项引起的会计要素具体内容的变动，从数量上不外乎增加和减少两种情况。因此，账户的基本结构应包括增加和减少两部分，相应地分为左右两个方向，一方登记增加，另一方登记减少。至于哪一方登记增加，哪一方登记减少，则取决于记录的交易或者事项，以及账户的性质。

登记本期增加的金额称为本期增加发生额；登记本期减少的金额称为本期减少发生额；增减相抵后的差额，称为余额。余额按照时间的不同，分为期初余额和期末余额。期初余额、本期增加发生额、本期减少发生额、期末余额称为账户四要素，其基本关系是：

期末余额 = 期初余额 + 本期增加发生额 − 本期减少发生额

账户的结构（见表 2 – 16）还应该包括以下内容：

（1）账户的名称（即会计科目）；

（2）日期（登记经济业务的日期）；

（3）凭证种类和号数（说明账户记录的依据）；

（4）摘要（经济业务内容的概述）；

（5）增加和减少的金额及余额。

表 2－16　**总分类账**

科目：________

年		凭证		摘要	对方科目	借方	贷方	借或贷	余额
月	日	种类	号数						

为了教学方便，通常采用简化格式的 T 型账户或丁字账户。T 型账户或丁字账户省略了有关栏次，只保留了左右两方，余额写在下面，如图 2－6 所示。

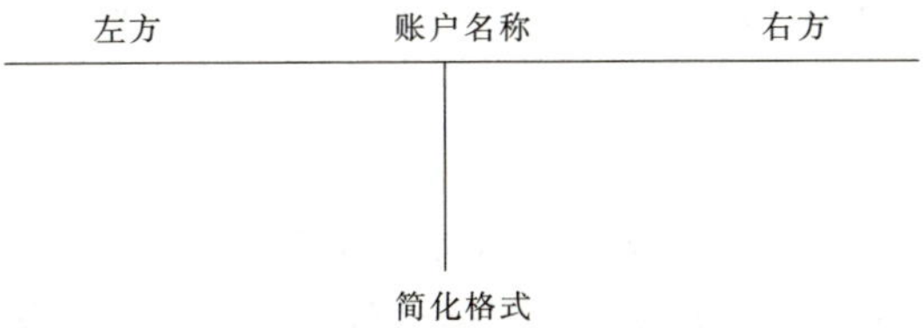

图 2－6　T 型账户结构图

既然账户分为左右两方，我们可以设定左方登记增加数，也可以设定右方登记增加数。如果左方登记增加数，右方就登记减少数；反之，如果左方登记减少数，右方就登记增加数；账户期初、期末余额通常都在增加的一方。因此，账户的结构就有以下两种结构形式，如图 2－7 所示。

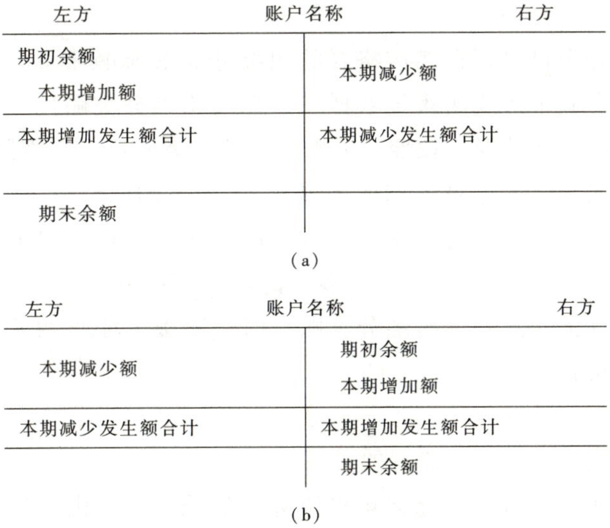

图 2－7　T 型账户结构图

（四）账户和会计科目的联系与区别

1. 账户和会计科目的联系

（1）会计科目是设置账户的依据，是账户的名称，账户是会计科目的具体运用，没有会计科目，账户便失去了设置的依据，没有账户就无法发挥会计科目的作用。

（2）两者所反映的经济内容是相同的。

> **想一想**
>
> 会计账户与会计科目有什么不同？

2. 账户和会计科目的区别

（1）会计科目是对会计要素的具体内容进行分类核算的项目名称；账户则是用于分类反映会计要素增减变动及其结果的一种工具。

（2）会计科目无结构，不能连续、系统、全面地反映经济业务的详细情况；账户则有一定的格式和结构，能够连续、系统、全面地反映经济业务的详细情况。

会计科目与会计账户的区别与联系

二、设置总分类账户

为了全面、总括地反映经济活动和财务收支情况，并为编制会计报表提供资料，各单位都要设置总分类账并按照会计科目的编号顺序设立账户，并根据往年记录适当估计本年度内各种经济业务发生的笔数，为每个账户预留若干账页。

把总分类科目按照其编码顺序依次写在总分类账户账簿账页上，使总分类科目与账页结合起来形成记录总分类指标的总分类账户。如将“原材料”会计科目写在总分类账簿账页上，则该账页就成为专门反映原材料增减变动情况的“原材料”账户。

三、设置明细分类账户

把各明细分类科目写在相应格式的明细分类账簿的账页上，使明细分类科目与账页结合起来形成用来记录详细指标的明细分类账户。明细分类账户应根据各单位的实际情况，按照总分类科目的二级科目、三级科目分类开设。

明细分类账户需要记录详细的数据资料，不仅有金额，有的需要记录数量、单价等信息，如原材料、库存商品等各种财产物资等明细分类账户。因此，明细分类账户的账页格式比较多，比较常用的有三栏式、数量金额式、多栏式和横线登记式。开设明细分类账户时需要根据账户的核算内容，确定应采用的账页格式。

四、明细分类账户与总分类账户的关系

明细分类账户，是对总分类账户作进一步分类、提供更详细和更具体会计信息的账户。

温馨提示

总分类账户金额等于其所属明细分类账户金额的合计。

总分类账户和明细分类账户所反映的经济内容相同，只是记录的经济业务内容的详细程度不同。总分类账户记录的是总括的会计信息，而其所属的明细分类账户提供的是详细具体的核算信息。因此，总分类账户对明细分类账户具有统驭控制作用，明细分类账户对总分类账户起着补充说明的作用，双方可以进行账目的核对。

任务实施

步骤 1：根据涉及的总分类会计科目，开设总分类账户（同会计科目）。

步骤 2：分析经济业务涉及的明细分类科目，如表 2 – 17 所示。

表 2 – 17

总账账户	明细账户
原材料	甲材料
	乙材料
	丙材料
	丁材料
库存商品	A 型电子产品
	B 型电子产品
固定资产	运输汽车
	厂房
	机器设备

开设的总账账户，以原材料为例，如表 2 – 18 所示。

表 2 – 18

总分类账

科目名称：原材料

金额单位：元

年		凭证		摘要	对方科目	借方	贷方	借或贷	余额
月	日	种类	号数						

开设的明细分类账户，以原材料为例，分设甲材料、乙材料、丙材料、丁材料明细账户，如表 2－19 至表 2－22 所示。

表 2－19

编号： **甲材料　明细账**

规格： 单位名称：________

金额单位：元

年		凭证		摘要	借方			贷方			结存		
月	日	种类	号数		数量	单价	金额	数量	单价	金额	数量	单价	金额

表 2－20

编号： **乙材料　明细账**

规格： 单位名称：________

金额单位：元

年		凭证		摘要	借方			贷方			结存		
月	日	种类	号数		数量	单价	金额	数量	单价	金额	数量	单价	金额

表 2－21

编号： **丙材料　明细账**

规格： 单位名称：________

金额单位：元

年		凭证		摘要	借方			贷方			结存		
月	日	种类	号数		数量	单价	金额	数量	单价	金额	数量	单价	金额

表 2－22

编号：　　　　　　　　　　　　　　　**丁材料　明细账**

规格：　　　　　　　　　　　　　　　　　　　　　　　单位名称：________

金额单位：元

年		凭证		摘要	借方			贷方			结存		
月	日	种类	号数		数量	单价	金额	数量	单价	金额	数量	单价	金额

学习评价

专业能力测评表

业务能力	评价指标	自测结果	要求
明确会计对象	1. 什么是会计对象 2. 会计对象的具体内容	□A　□B　□C □A　□B　□C	能熟练地掌握制造业和商品流通企业会计对象的具体内容
划分会计要素	1. 会计要素的概念和种类 2. 资产要素及其分类 3. 负债要素及其分类 4. 所有者权益要素及其分类 5. 收入要素及其分类 6. 费用要素及其分类 7. 利润要素及其分类	□A　□B　□C □A　□B　□C □A　□B　□C □A　□B　□C □A　□B　□C □A　□B　□C □A　□B　□C	能熟练地掌握六大会计要素及其分类，并能根据经济业务内容准确判断应归属的会计要素
建立会计等式	1. 会计等式及其含义 2. 经济业业务的类型及其对会计等式的影响	□A　□B　□C □A　□B　□C	能熟练地掌握财务状况等式、经营成果等式。熟悉经济业务的类型及其对会计等式的影响
设置会计科目	1. 会计科目的概念、种类 2. 常用会计科目	□A　□B　□C □A　□B　□C	能熟练地掌握会计科目的种类及常用会计科目。能根据企业情况设置会计科目
设置账户	1. 账户的概念、分类、基本结构 2. 分类账户设置的方法 3. 明细分类账户设置的方法 4. 明细分类账户与总分类账户的关系	□A　□B　□C □A　□B　□C □A　□B　□C □A　□B　□C	能熟练地掌握会计账户的分类、结构，能根据企业情况设置总分类账户和明细分类账户
说明	（在□中打√，A 掌握，B 基本掌握，C 未掌握）		
教师评语：			
成绩		教师签字	

项目三

运用借贷记账法

知识目标

- ◆ 熟悉借贷记账法的原理；
- ◆ 掌握借贷记账法下的账户设置及结构。

能力目标

- ◆ 能运用借贷记账法熟练地编制会计分录；
- ◆ 能根据会计分录登记 T 型账户；
- ◆ 能正确地编制“试算平衡表”。

素养目标

- ◆ 通过会计记账技术发展，了解会计服务经济发展，技术不断创新，培养爱国情怀；
- ◆ 通过借贷记账法下会计分录以及试算平衡表的编制，培养严谨细致的会计工作作风、诚实守信的良好会计职业道德。

思维导图

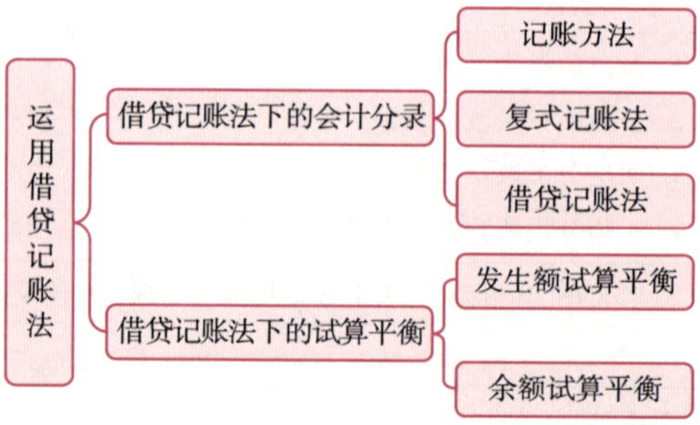

模块一　借贷记账法下的会计分录

任务描述

天成电子设备有限责任公司20××年10月初全部账户余额，如表3-1所示。

表3-1　　**资产、负债及所有者权益状况表**　　单位：元

资产	金额	负债及所有者权益	金额
库存现金	5 000	短期借款	70 000
银行存款	57 000	应付票据	20 000
原材料	224 000	应付账款	40 000
生产成本	64 000	实收资本	600 000
固定资产	380 000		
合　计	730 000	合　计	730 000

10月份发生的全部经济业务如下：

【业务1】1日，企业接受投资者投入设备一台，价值70 000元。

【业务2】6日，企业用银行存款偿还短期借款30 000元。

【业务3】9日，将现金3 000元存入银行。

【业务4】16日，开出一张40 000元的商业承兑票据抵付应付账款。

【业务5】21日，企业接受投资者投入货币资金80 000元，存入银行，投入设备一台，价值50 000元。

【业务6】27日，企业购入运输汽车一辆，价值160 000元，企业以银行存款支付100 000元，其余款项暂欠。

任务布置

请逐笔分析天成电子设备有限责任公司发生的六笔经济业务引起的会计要素增减变化，运用借贷记账法的知识，确定其应记入的账户名称、方向及金额，编制会计分录。

知识学习

一、记账方法

记账方法，是指根据一定的原理、记账符号、记账规则，采用一定的计量单位，利用文字和数字记录经济业务活动的一种专门方法。记账方法分为单式记账法和复式记账法两类。

所谓单式记账法，是指对发生的每一笔经济业务只在一个账户中登记的方法，通常只登记现金和银行存款的收付以及应收、应付款的结算。也就是流水记账法。例如，以银行存款购买原材料2 000元，在单式记账法下，只登

德技并修

中国经济走向世界，会计准则国际趋同

记银行存款减少了2 000元，对于原材料不做任何记录；再如，企业收回销货款10 000元存入银行时，在单式记账法下，只登记银行存款增加了10 000元，对于应收账款不做任何记录；显然，这种记账方法不能真实地反映资金的来龙去脉，以及资金运动的变化情况。

所谓复式记账法，是指对每一笔经济业务都要以相等的金额同时在两个或两个以上相互联系的账户中进行登记的一种方法。例如，上述以银行存款购买原材料2 000元这笔经济业务，一方面引起银行存款的减少，另一方面引起原材料等额的增加，在复式记账方法下，这两方面的变化要同时反映出来，一方面在"银行存款"账户中记录减少2 000元，另一方面在"原材料"账户中记录增加2 000元。再如，企业收回销货款10 000元存入银行时，引起银行存款增加及应收账款减少10 000元，在复式记账方法下，需记"银行存款"账户增加10 000元，同时记"应收账款"账户减少10 000元。

由此看出，企业发生任何一笔经济业务都会引起两个或两个以上账户发生等额的增减变化，企业应运用复式记账法，在两个或两个以上相互联系的账户中以同等数额进行登记，从而真实反映经济业务的来龙去脉，全面、系统地反映和监督经济活动过程。

二、复式记账法的原理

复式记账法

复式记账法的理论依据是会计要素之间客观存在的恒等关系，即"资产＝负债＋所有者权益"。虽然会计主体发生的经济业务是复杂多样的，但总体来讲有以下四种类型：资产和权益同时增加；资产和权益同时减少；资产内部一增一减；权益内部一增一减。每一项经济业务的发生，都会引起两个或者两个以上的项目发生增减变动，但任何一项经济业务的发生所引起的会计要素的变化均表现为同一资金运动的两个方面，对每一笔经济业务都以相等的金额，同时在两个或者两个以上相互联系的账户中进行登记，就不会破坏资产与权益的恒等关系。

复式记账法是一种比较科学、完善的记账方法，通过复式记账可以全面地、互相联系地反映各项经济业务的全貌；对记录的结果可以进行试算平衡，以检查账户记录是否正确。

复式记账法有借贷记账法、增减记账法、收付记账法，其中借贷记账法是目前世界上通用的记账方法。我国《企业会计准则——基本准则》规定，中国境内企业应当采用借贷记账法记账。

学习提升

必须坚持系统观念。万事万物是相互联系、相互依存的。只有用普遍联系的、全面系统的、发展变化的观点观察事物，才能把握事物发展规律。

——摘自党的二十大报告

复式记账法要设立完整的账户体系，用于作为记录经济业务的载体，企业所发生的每一项经济交易与事项都在相关账户中进行记录。复式记账法体现了资金运动的内在规律，能够全面地、系统地反映资金增减变动的来龙去脉及经营成果。在该方法下，每一项经济业务的记录都有一定的规律性，可以根据该规律检查账户处理和账簿记录结果是否正确。通过对复式记账法的学习，同学们能够全面、系统地分析经济交易事项，把握资金运动的规律，进而能够指导学生坚持系统的观念，用联系、发展的观点观察事物，把握事物发展的规律。

三、借贷记账法

借贷记账法，是指以“借”和“贷”作为记账符号的一种复式记账法，即将发生的经济业务所引起的会计要素的增减变动以相等的金额，同时在相互关联的两个或两个以上的账户中进行相互联系、相互制约的记录。

借贷记账法

借贷记账法最早起源于13世纪的意大利，1494年意大利数学家卢卡·巴其阿勒（也翻译为卢卡·帕乔利）出版了《算术、几何、比及比例概要》一书，从理论上对借贷记账法进行了总结和阐述，卢卡·巴其阿勒因此被称为近代会计之父。借贷记账法由意大利传播到欧洲，19世纪初传入我国。

（一）记账符号

采用借贷记账法，对所设立的账户都要确定记账方向，以分别记录经济业务的增减变动情况，记账符号就是表示记账方向的记号。借贷记账法是以“借（Debit，缩写为Dr）”“贷（Credit，缩写为Cr）”作为记账符号，只是纯粹的记账符号，失去了“借”“贷”原来的汉字意义。“借”和“贷”是会计的专门术语，并已经成为通用的国际商业语言。

“借”“贷”二字都能表示增加和减少的两个方面。如果借方表示经济业务的增加，则贷方必定登记经济业务的减少；反之，如果借方表示经济业务的减少，贷方必定表示经济业务的增加。至于哪一方登记增加，哪一方登记减少，要取决于具体账户的性质和结构。

温馨提示

“借”“贷”的含义最初是从借贷资本家的角度来解释的，借贷资本家对吸收的存款称为“贷”，表示“欠人”；对于贷出的款项称为“借”，表示“人欠”，用“借”和“贷”来表示债权和债务的变化。随着商品经济的发展，借贷记账法得到广泛的运用，记账对象不再局限于债权、债务关系，而是扩大到要记录财产物资增减变化和计算经营损益。原来仅限于记录债权、债务关系的“借”“贷”二字已不能概括经济活动的全部内容。它表示的内容应该包括全部经济活动资金运动变化的来龙去脉，这样“借”“贷”二字就逐渐失去了最初的含义，演变成为专门的记账符号。

（二）账户结构

借贷记账法下，账户左方、右方分别固定地表示为“借方”“贷方”。至于借方登记增加，还是贷方登记增加，要取决于具体账户的性质和结构。

1. 资产类账户

资产类账户，是用来记录反映各项资产增减变动的账户，其借方登记增加额，贷方登记减少额。在一定会计期间内，借方登记增加的数额合计称为借方发生额，贷方登记减少的数额合计称为贷方发生额。期末将借、贷方发生额比较，其差额称为期末余额，期末余额一般在借方。本期的借方期末余额转入下期，成为下期的借方期初余额。资产类账户期末余额计算公式为：

借方期末余额 = 借方期初余额 + 借方本期发生额 − 贷方本期发生额

以“库存现金”账户为例。收到现金时记入“库存现金”账户借方，支出现金时记入“库存现金”账户贷方，期末实有现金即为“库存现金”账户的期末借方余额，其账户设置如表 3－2 所示。

表 3－2　　**“库存现金”账户**　　金额单位：元

20××年		凭证号数	摘要	借方	贷方	借或贷	余额
12 月	日						
	1		期初余额			借	2 000
	3	记 1	购买办公用品		800	借	1 200
	10	记 6	提取现金备用	3 000		借	4 200
	13	记 9	预借差旅费		1 500	借	2 700
	16	记 13	报销差旅费余款交回	100		借	2 800
			本月发生额及余额	3 100	2 300	借	2 800

借方期末余额 = 2 000 + 3 100 − 2 300 = 2 800（元）

资产类账户结构用 T 型账户表示，如图 3－1 所示。

借方　　　账户名称	贷方
期初余额 本期增加额	本期减少额
本期借方发生额合计	本期贷方发生额合计
期末余额	

图 3－1　资产类账户 T 型结构图

2. 负债类、所有者权益类账户

负债和所有者权益类账户，是用来记录反映各项负债和所有者权益增减变动的账户。

依据会计基本等式“资产 = 负债 + 所有者权益”，由于资产账户结构采用的是第一类账户结构，也就是借方登记增加，贷方登记减少。因此，在等式另一边的负债和所有者权益类账户结构就应该采用第二类账户结构，也就是借方登记减少额，贷方登记增加额，余额一般在贷方。负债和所有者权益类账户期末余额的计算公式为：

贷方期末余额 = 贷方期初余额 + 贷方本期发生额 − 借方本期发生额

以负债类账户中的“应付账款”账户为例，说明负债类账户的结构。购入原材料或者接受劳务未支付款项时，即发生增加的应付账款，应记入“应付账款”账户的贷方，以银行存款支付应付账款时，应付账款减少，记入“应付账款”账户的借方，期末贷方余额即为尚未支付的应付账款。“应付账款”账户如表 3－3 所示。

表 3－3　“应付账款”账户　金额单位：元

20××年		凭证号数	摘要	借方	贷方	借或贷	余额
12 月	日						
	1		期初余额			贷	8 000
	5	记 4	购买材料未付款		5 000	贷	13 000
	12	记 7	支付货款	8 000		贷	5 000
	18	记 10	购买材料未付款		10 000	贷	15 000
	26	记 18	偿还货款	10 000		贷	5 000
			本月发生额及余额	18 000	15 000	贷	5 000

贷方期末余额 = 8 000 + 15 000 − 18 000 = 5 000（元）

同理，以所有者权益类账户中的“实收资本”账户为例，说明所有者权益类账户的结构，如表 3－4 所示。

表 3－4　“实收资本”账户　金额单位：元

20××年		凭证号数	摘要	借方	贷方	借或贷	余额
12 月	日						
	1		期初余额			贷	8 000 000
	10	记 5	投资者投入资本		200 000	贷	8 200 000
			本月发生额及余额		200 000	贷	8 200 000

贷方期末余额 = 8 000 000 + 200 000 = 8 200 000（元）

负债及所有者权益类账户用 T 型账户表示，如图 3－2 所示。

借方　　账户名称　　贷方

借方	贷方
本期减少额	期初余额 本期增加额
本期借方发生额合计	本期贷方发生额合计
	期末余额

图 3－2　负债及所有者权益类账户 T 型结构图

3. 成本类账户

企业在生产过程中会发生各项费用，形成产品成本，当产品完成后，即转化为产成品，形成一项资产。依据会计等式扩展式“资产 + 费用 = 负债 + 所有者权益 + 收入”，成本类账户结构与资产类账户结构相同，即成本增加时记入借方，成本减少（转出）时记入贷方，借方期末余额表示期末在产品发生的成本。如果期末产品全部完工，则没有在产品，期末余额为零。成本类账户期末余额计算公式与资产类账户相同。成本类账户结构用 T 型账户表示，如图 3－3 所示。

借方　　　　　　账户名称　　　　　　贷方

期初余额 本期增加额	本期减少额
本期借方发生额	本期贷方发生额
期末余额	

图 3－3　成本类账户 T 型结构图

4. 损益类账户

损益类账户包括收入和费用两类账户。收入类账户主要有“主营业务收入”“其他业务收入”“营业外收入”等。依据会计等式扩展式“资产＋费用＝负债＋所有者权益＋收入”。收入类账户结构类似负债和所有者权益类账户，贷方登记收入增加，借方登记收入减少或转销额。由于收入和费用类账户月末都要转入财务成果账户，以确定当期损益（利润或亏损）。因此，与负债和所有者权益类账户不同的是，收入和费用类账户没有期末余额。以“主营业务收入”账户为例，说明收入类账户的结构，如表 3－5 所示。

表 3－5　　“主营业务收入”账户　　金额单位：元

20××年		凭证号数	摘要	借方	贷方	借或贷	余额
12 月	日						
	7	记 11	销售 A 型设备		32 000	贷	32 000
	21	记 15	销售 B 型设备		20 000	贷	52 000
	29	记 19	销售 A 型设备		80 000	贷	132 000
	31		结转	132 000		平	0
			本月发生额及余额	132 000	132 000	平	0

收入类账户结构用 T 型账户表示，如图 3－4 所示。

借方　　　　　　账户名称　　　　　　贷方

本期减少或转销额	本期增加额
本期借方发生额合计	本期贷方发生额合计

图 3－4　损益类账户 T 型结构图

费用是在企业生产经营过程中发生的各种人、财、物等耗费，费用实质上导致销售收入的减少，也使所有者权益减少。费用类账户结构类似资产类账户，费用发生时记入借方，费用减少或转销时记入贷方。由于费用类账户期末都要转入财务成果账户，以确定当期损益（利润或亏损）。因此，与资产类账户不同的是，费用类账户没有期末余额。以“管理费用”账户为例，说明费用类账户的结构，如表3－6所示。

表3－6　**“管理费用”账户**　金额单位：元

20××年		凭证号数	摘要	借方	贷方	借或贷	余额
12月	日						
	5	记8	支付电费	5 000		借	5 000
	13	记13	支付管理人员薪酬	7 000		借	12 000
	20	记17	支付办公费	5 000		借	17 000
	28	记24	提取折旧费	3 000		借	20 000
	30	记29	结转		20 000	平	0
			本月发生额及余额	20 000	20 000	平	0

费用类账户结构用T型账户表示，如图3－5所示。

借方　　账户名称	贷方
本期增加额	本期减少或转销额
本期借方发生额合计	本期贷方发生额合计

图3－5　费用类账户T型结构图

综上所述，依据会计等式扩展式“资产＋费用＝负债＋所有者权益＋收入”，各类账户结构表明：资产、费用类账户结构相同，增加额记借方，减少额记贷方；负债、所有者权益、收入类账户结构相同，增加额记贷方，减少额记借方，如图3－6所示。

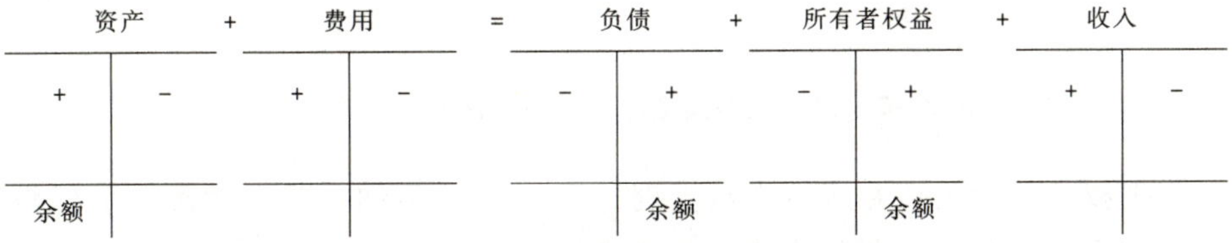

图3－6　会计等式扩展式T型结构图

温馨提示

由于“借”“贷”记账符号对会计等式两边的会计要素规定了增减相反的含义。因此，可以设置既具有资产性质，又具有负债性质的双重性质的账户。比如，“应收账款”和“预收账款”可以合并为一个账户，“应付账款”和“预付账款”也可以合并为一个账户。双重性质账户的性质不是固定的，应根据账户余额的方向来判断。如果余额在借方就是资产类账户，如果余额在贷方就是负债或权益类账户。具有双重性质的账户只是少数，绝大多数账户的性质仍是固定的。

（三）记账规则

借贷记账法的记账规则，是指在账户中记录经济业务时应该遵循的规则。

记账规则

从本质上讲，借贷记账法下，要全面反映与揭示会计主体的资金运动，“贷”字表示资金运动的“起点”（出发点），即表示会计主体所拥有的资金（某一具体财产物资的货币表现）的“来龙”（资金从哪里来）；“借”字表示资金运动的“终点”（在理论上，资金运动没有终点），即表示会计主体所拥有的资金的“去脉”（资金的用途、去向或存在形态）。如企业从银行提取现金业务，资金运动的起点“贷”是“银行存款”，资金运动的终点“借”是“库存现金”。因此，借贷记账法的记账规则是“有借必有贷，借贷必相等”。

从资金运动变化的类型来看，由于企业经济业务无论怎样变化，资金运动的类型不外乎四种类型：①资产和权益同增，资产增加记借方，权益增加记贷方；②资产和权益同减，资产减少记贷方，权益减少记借方；③资产内部一增一减，资产增加记借方，资产减少记贷方；④权益内部一增一减，权益增加记贷方，权益减少记借方。由此可见，借贷记账法的记账规则是“有借必有贷，借贷必相等”，如图3－7所示。

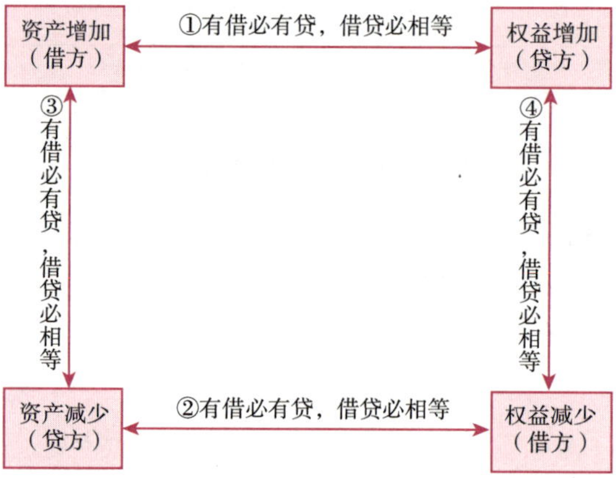

图3－7　经济业务类型与借贷记账法的记账规则

当把权益分为负债和所有者权益时，可以进一步细化为九种类型的经济业务。记账规则是“有借必有贷，借贷必相等”，如表3－7所示。

表3－7　　九种类型经济业务的记账规则

经济业务		资产	负债	所有者权益
第一种类型	①	增加（借）	增加（贷）	不发生增减变动
	②	增加（借）	不发生增减变动	增加（贷）
第二种类型	③	减少（贷）	减少（借）	不发生增减变动
	④	减少（贷）	不发生增减变动	减少（借）
第三种类型	⑤	增加（借）、减少（贷）	不发生增减变动	不发生增减变动
第四种类型	⑥	不发生增减变动	增加（贷）、减少（借）	不发生增减变动
	⑦	不发生增减变动	不发生增减变动	增加（贷）、减少（借）
	⑧	不发生增减变动	增加（贷）	减少（借）
	⑨	不发生增减变动	减少（借）	增加（贷）

议一议

当企业取得收入和发生费用时，会计等式扩展式为“资产 + 费用 = 负债 + 所有者权益 + 收入”，试验证“有借必有贷，借贷必相等”的记账规则。

（四）会计分录

1. 账户的对应关系和对应账户

账户的对应关系，又称借贷关系，是指在借贷记账法下，每笔经济业务发生后，所形成的借贷方账户之间的相互联系、相互依存的对应关系。相互间存在对应关系的账户，称为对应账户。例如：将现金 1 000 元存入银行，这笔业务涉及“银行存款”账户的增加（借方）1 000 元和“库存现金”账户的减少（贷方）1 000 元，则“银行存款”账户与“库存现金”账户之间就形成了应借、应贷的对应关系，这两个账户互为对应账户。

会计分录

再比如，企业购入运输卡车一辆，价值 160 000 元，企业以银行存款支付 100 000 元，其余款项暂欠。这笔业务涉及“固定资产”账户增加（借方）160 000 元，“银行存款”账户减少（贷方）100 000 元，“应付账款”账户增加（贷方）60 000 元。从而，“固定资产”账户与“银行存款”“应付账款”账户之间就形成了应借、应贷的对应关系，“固定资产”与“银行存款”和“应付账款”账户互为对应账户，但“银行存款”和“应付账款”账户之间则不存在对应关系。

2. 会计分录

会计分录，简称分录，是指对每项经济交易或者事项标明其应借、应贷账户名称、记账方向和金额的一种记录形式。经济业务发生后、登记入账前，应先对每项经济业务进行分析，确定其应记入的账户名称、应借或应贷的记账方向及其金额，并以此验证并保证账簿记录的正确性与完整性。一笔会计分录主要包括三个要素：账户（及其所属明细账户）名称、记账符号、记账金额。

会计分录的书写格式，一般是先借后贷，左右错开；上借下贷，借贷平衡。

举例如下：

【业务 1】可以编制会计分录如下：

借：固定资产　　　　70 000
　　贷：实收资本　　　　70 000

该笔会计分录借贷方分别为一个账户，即一借一贷，称为简单会计分录。

【业务 5】可以编制会计分录如下：

借：银行存款　　　　80 000
　　固定资产　　　　50 000
　　贷：实收资本　　　　130 000

该笔会计分录借方为两个账户，贷方为一个账户，即两借一贷。这种两借一贷、一借多贷或多借一贷的会计分录，称为复合会计分录。借贷记账法下，为了清晰反映账户间的对应关系，一般避免出现多借多贷的会计分录。只有在一笔经济交易或事项客观存在复杂关系时，才需要编制多借多贷的复合会计分录。

在一笔经济业务中，复合会计分录可以拆成几笔简单会计分录。

【业务5】可以拆成以下两笔简单会计分录：

借：银行存款　　80 000

　　贷：实收资本　　80 000

借：固定资产　　50 000

　　贷：实收资本　　50 000

任务实施

步骤1：根据借贷记账法的账户设置，确定经济业务引起的会计要素的借贷变化。

【业务1】1日，企业接受投资者投入设备一台，价值70 000元。

任务分析：

该经济业务，从本质上看，资金运动的终点“借”是“固定资产”，资金运动的起点“贷”是投资者投入“实收资本”。

从资金运动变化的类型看，该业务一方面使资产类账户“固定资产”增加了70 000元，应记入“固定资产”账户的借方70 000元；另一方面使所有者权益类账户“实收资本”增加了70 000元，应记入“实收资本”账户的贷方70 000元。上述分析符合“有借必有贷，借贷必相等”的记账规则，业务1资金运动变化图如图3－8所示。

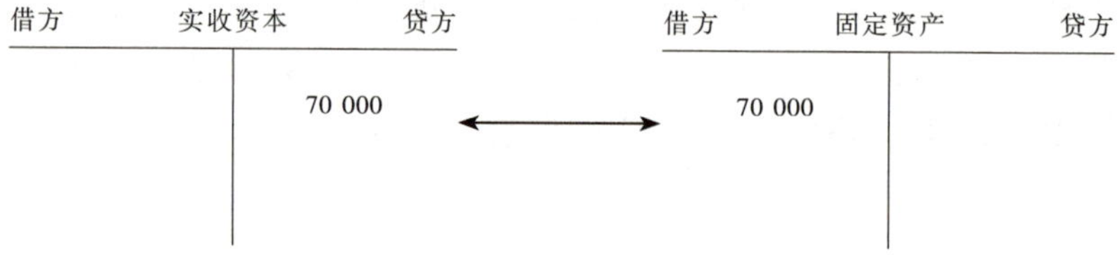

图3－8　业务1资金运动变化图

【业务2】6日，企业用银行存款偿还短期借款30 000元。

任务分析：

该经济业务，从本质上看，资金运动的终点“借”是“短期借款”，资金运动的起点“贷”是“银行存款”。

从资金运动变化的类型看，该业务一方面使资产类账户“银行存款”减少了30 000元，应记入“银行存款”账户的贷方30 000元；另一方面使负债类账户“短期借款”减少了30 000元，应记入“短期借款”账户的借方30 000元。上述分析符合“有借必有贷，借贷金额必相等”的记账规则，业务2资金运动变化图如图3－9所示。

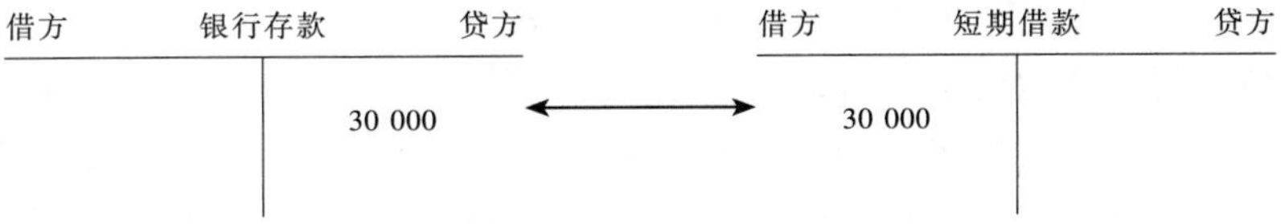

图 3－9　业务 2 资金运动变化图

【业务 3】9 日，将现金 3 000 元存入银行。

任务分析：

该经济业务，从本质上看，资金运动的终点“借”是“银行存款”，资金运动的起点“贷”是“库存现金”。

从资金运动变化的类型看，该业务一方面使资产类账户“银行存款”增加了 3 000 元，应记入“银行存款”账户的借方 3 000 元；另一方面使资产类账户“库存现金”减少了 3 000 元，应记入“库存现金”账户的贷方 3 000 元。上述分析符合“有借必有贷，借贷必相等”的记账规则，业务 3 资金运动变化图如图 3－10 所示。

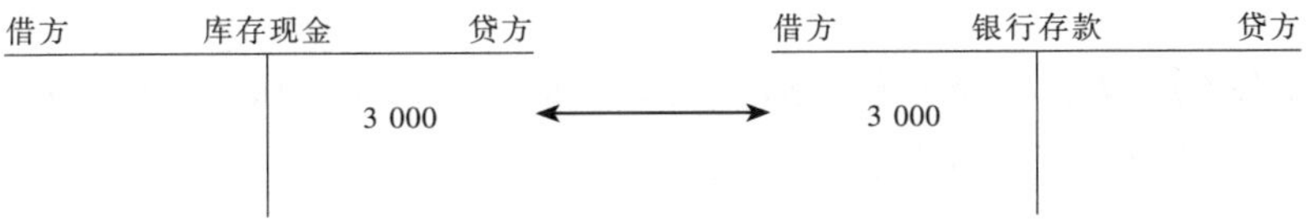

图 3－10　业务 3 资金运动变化图

【业务 4】16 日，开出一张 40 000 元的商业承兑票据抵付应付账款。

任务分析：

该经济业务，从本质上看，资金运动的终点“借”是“应付账款”，资金运动的起点“贷”是“应付票据”。

从资金运动变化的类型看，该业务一方面使负债类账户“应付票据”增加了 40 000 元，应记入“应付票据”账户的贷方 40 000 元；另一方面使负债类账户“应付账款”减少了 40 000 元，应记入“应付账款”账户的借方 40 000元。上述分析符合“有借必有贷，借贷必相等”的记账规则，业务 4 资金运动变化图如图 3－11 所示。

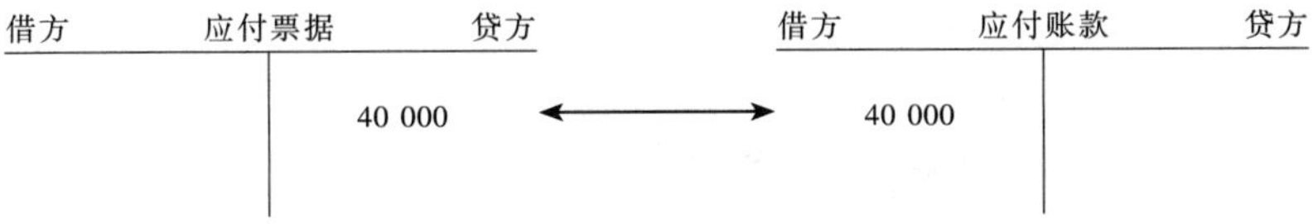

图 3－11　业务 4 资金运动变化图

【业务 5】21 日，企业接受投资者投入货币资金 80 000 元，存入银行，另接受投资者投入设备一台，价值 50 000 元。

任务分析：

该经济业务，从本质上看，资金运动的终点“借”是“银行存款”“固定资产”，资金运动的起点“贷”是“实收资本”。

从资金运动变化的类型看，该业务一方面使资产类账户“银行存款”增加了 80 000 元，“固定资产”增加了 50 000 元，应分别记入“银行存款”和“固定资产”账户的借方；另一方面使所有者权益类账户“实收资本”增加了130 000元，应记入“实收资本”账户的贷方 130 000 元。上述分析符合“有借必有贷，借贷必相等”的记账规则，业务 5 资金运动变化图如图 3－12 所示。

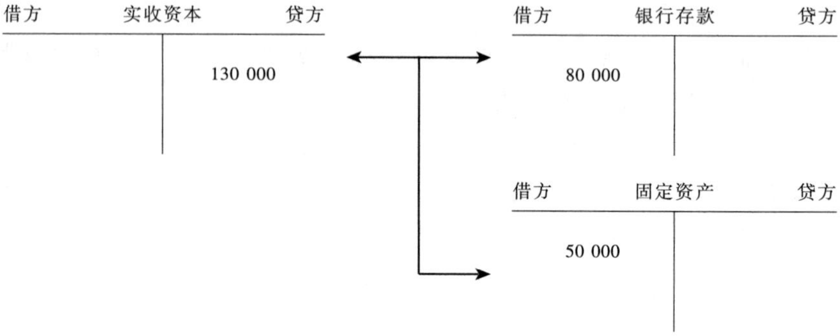

图 3－12　业务 5 资金运动变化图

【业务 6】27 日，企业购入运输汽车一辆，价值 160 000 元，企业以银行存款支付 100 000 元，其余款项暂欠。

任务分析：

该经济业务，一方面使资产类账户“固定资产”增加了 160 000 元，应记入“固定资产”账户的借方 160 000 元；另一方面使资产类账户“银行存款”减少了 100 000 元，应记入“银行存款”账户的贷方 100 000 元；其余 60 000 元货款暂欠，使负债类账户“应付账款”增加了 60 000 元，应记入“应付账款”账户的贷方 60 000 元。上述分析符合“有借必有贷，借贷必相等”的记账规则，业务 6 资金运动变化图如图 3－13 所示。

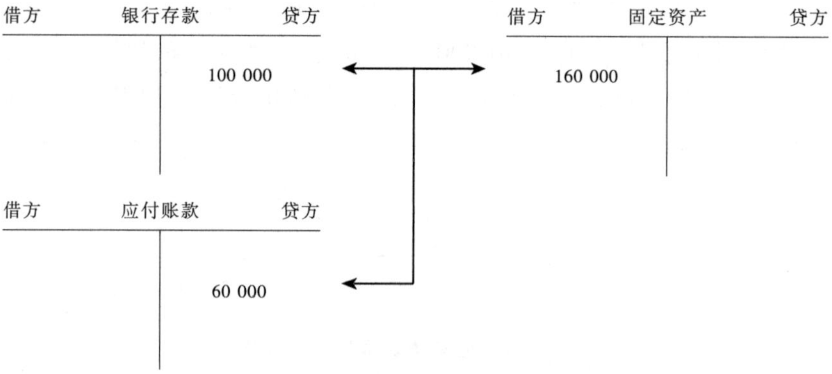

图 3－13　业务 6 资金运动变化图

步骤 2：编制会计分录。

【业务 1】借：固定资产　　70 000

　　　　　　贷：实收资本　　70 000

【业务 2】	借：短期借款	30 000	
	贷：银行存款		30 000
【业务 3】	借：银行存款	3 000	
	贷：库存现金		3 000
【业务 4】	借：应付账款	40 000	
	贷：应付票据		40 000
【业务 5】	借：银行存款	80 000	
	固定资产	50 000	
	贷：实收资本		130 000
【业务 6】	借：固定资产	160 000	
	贷：银行存款		100 000
	应付账款		60 000

模块二　借贷记账法下的试算平衡

任务描述

天成电子设备有限责任公司 20××年 10 月初全部账户余额，见本项目模块一任务描述中的表 3－1。

10 月份发生的全部 6 项经济业务见本项目模块一的任务描述。

任务布置

请根据天成电子设备有限责任公司账户期初余额，开设 T 型账户，并根据本项目模块一所编制的会计分录，逐笔登记 T 型账户，结计发生额和期末余额，完成“试算平衡表”的编制。

知识学习

试算平衡，是指在某一时日（如会计期末），以会计等式和借贷记账规则为理论基础，根据资产与权益之间的平衡关系，按照记账规则的要求，通过对所有账户记录的汇总和计算，来检查各类账户的记录是否正确的一种方法。

为了保证本期会计处理的正确性，在借贷记账法下，试算平衡包括本期发生额试算平衡和余额试算平衡。

借贷记账法的试算平衡

一、发生额试算平衡

发生额试算平衡，是指将一定时期内全部账户的本期借方发生额和本期贷方发生额分别加总后，利用“有借必有贷，借贷必相等”的记账规则来检验本期发生额记录正确性的一种试算平衡方法。

发生额试算平衡的基本原理是：在借贷记账法下，每一笔交易或事项均以相等的金额记入两个或两个以上账户的借方和贷方。因此，对每一笔交易或事项而言，计入借方和贷方的金额必然相等。一定时期内所有交易或事项全部记入账户后，所有账户的本期借方发生额和本期贷方发生额必然相等。其试算平衡公式如下：

全部账户本期借方发生额合计 = 全部账户本期贷方发生额合计

二、余额试算平衡

余额试算平衡，是指在会计期末全部账户的借方期末余额合计数应当等于全部账户的贷方期末余额合计数，利用“资产 = 负债 + 所有者权益”的平衡原理来检验会计记录正确性的一种试算平衡方法。

余额试算平衡的基本原理是：在借贷记账法下，资产账户的期末余额在借方，负债和所有者权益账户的期末余额在贷方，由于存在“资产 = 负债 + 所有者权益”的平衡关系，所以全部账户的借方期末余额合计数应当等于全部账户的贷方期末余额合计数。余额平衡法主要是通过各种账户余额来检查、推断账务处理的正确性。余额分为期初余额和期末余额。因此，其试算平衡公式如下：

全部账户的借方期初余额合计 = 全部账户的贷方期初余额合计

全部账户的借方期末余额合计 = 全部账户的贷方期末余额合计

实务中，试算平衡是通过编制“试算平衡表”来进行的，其格式如表 3 - 8 所示。

表 3 - 8 **试算平衡表** 金额单位：元

账户名称	期初余额		本期发生额		期末余额	
	借方	贷方	借方	贷方	借方	贷方

> **温馨提示**
>
> 通过编制“试算平衡表”可以对一定时期内企业会计账户记录的正确性进行检验。如果试算不平衡，说明账户的记录肯定有错，必须立即检查，进行更正。如果试算平衡，说明账户的记录基本正确，但不一定完全正确。这是因为有些错误并不影响借贷双方的平衡，如某项交易或事项出现重记、漏记或记错了账户等错误，则不影响借贷双方的平衡，因而不能通过试算平衡来发现此类记账错误。尽管如此，试算平衡仍是检查账户记录是否正确的一种有效方法。

任务实施

步骤1：根据编制的会计分录逐笔登记T型账户，如图3－14所示。

库存现金	
期初余额 5 000	
	(业务3)3 000
本期发生额 0	本期发生额 3 000
期末余额 2 000	

银行存款	
期初余额 57 000	
	(业务2)30 000
(业务3)3 000	
(业务5)80 000	(业务6)100 000
本期发生额 83 000	本期发生额 130 000
期末余额 10 000	

原材料	
期初余额 224 000	
本期发生额 0	本期发生额 0
期末余额 224 000	

生产成本	
期初余额 64 000	
本期发生额 0	本期发生额 0
期末余额 64 000	

固定资产	
期初余额 380 000	
(业务1)70 000	
(业务5)50 000	
(业务6)160 000	
本期发生额 280 000	本期发生额 0
期末余额 660 000	

短期借款	
	期初余额 70 000
(业务2)30 000	
本期发生额 30 000	本期发生额 0
	期末余额 40 000

应付票据	
	期初余额 20 000
	(业务4)40 000
本期发生额 0	本期发生额 40 000
	期末余额 60 000

应付账款	
	期初余额 40 000
(业务4)40 000	(业务6)60 000
本期发生额 40 000	本期发生额 60 000
	期末余额 60 000

实收资本	
	期初余额 600 000
	(业务1)70 000
	(业务5)130 000
本期发生额 0	本期发生额 200 000
	期末余额 800 000

图3－14　【业务1】至【业务6】的T型账户结构图

步骤2：根据账户记录，编制“试算平衡表”，如表3－9所示。

表 3－9 **试算平衡表** 金额单位：元

账户名称	期初余额		本期发生额		期末余额	
	借方	贷方	借方	贷方	借方	贷方
库存现金	5 000			3 000	2 000	
银行存款	57 000		83 000	130 000	10 000	
原材料	224 000				224 000	
生产成本	64 000				64 000	
固定资产	380 000		280 000		660 000	
短期借款		70 000	30 000			40 000
应付票据		20 000		40 000		60 000
应付账款		40 000	40 000	60 000		60 000
实收资本		600 000		200 000		800 000
合计	730 000	730 000	433 000	433 000	960 000	960 000

学习评价

专业能力测评表

业务能力	评价指标	自测结果	要求
借贷记账法的会计分录	1. 借贷记账法的原理 2. 借贷记账法的记账符号 3. 借贷记账法的账户设置 4. 借贷记账法的记账规则 5. 借贷记账法的会计分录	□A □B □C □A □B □C □A □B □C □A □B □C □A □B □C	能明确借贷记账法的原理，掌握借贷记账法的账户设置及结构，掌握记账规则，能正确地编制会计分录
借贷记账法的试算平衡	1. 发生额试算平衡 2. 余额试算平衡 3. “试算平衡表”的编制	□A □B □C □A □B □C □A □B □C	能明确试算平衡的原理，能熟练地编制试算平衡表
说明	（在□中打√，A 掌握，B 基本掌握，C 未掌握）		
教师评语：			
成绩		教师签字	

项目四
填制和审核会计凭证

知识目标

◆ 熟悉会计凭证的概念与分类；
◆ 掌握原始凭证的概念与分类、原始凭证的要素、填制要求、审核内容与要求；
◆ 掌握记账凭证的概念与分类、记账凭证的要素、填制要求、审核内容与要求；
◆ 掌握凭证的传递与保管相关制度规定。

能力目标

◆ 能根据不同原始凭证识别不同的经济业务；
◆ 能正确地填制和审核原始凭证，对审核结果进行正确的处理；
◆ 能正确地填制和审核记账凭证，对审核结果进行正确的处理；
◆ 能正确地传递、装订和保管会计凭证。

素养目标

◆ 通过记账技术发展，了解我国经济发展和信息技术发展成就，培养爱国情怀；
◆ 通过填制和审核会计凭证，培养严谨细致的会计工作作风；
◆ 运用案例分析，培养诚实守信的良好会计职业道德。

思维导图

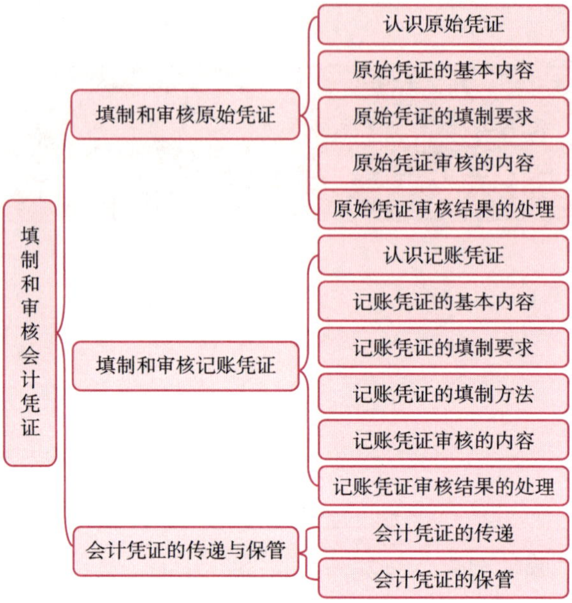

模块一　填制和审核原始凭证

任务描述

一、公司概况

天成电子设备有限责任公司是一家生产制造企业。生产 A 型电子产品、B 型电子产品两种产品。设有基本生产车间、销售门市部、供应科、仓库保管科、财务科等行政管理部门。其他相关信息如表 4－1 所示。

表 4－1　天成电子设备有限责任公司基本信息表

公司名称	天成电子设备有限责任公司
开户银行	中国工商银行城阳支行
公司银行账号	1102003704800007799
纳税人识别号	370214560006888123
电话	0532－87808801
公司地址	山东省青岛市城阳区平阳路 281 号
法人代表	李佳韦
企业财务科（5 人）	会计主管：赵玲玲；复核员：钱丽丽；出纳员：孙会会；记账员：李玉玉；制证：吴平平

二、业务情况

天成电子设备有限公司20××年10月发生下列部分经济业务及其原始凭证如下所示：

【业务7】[①] 接受刘莹莹、丛丽丽投资。原始凭证如单据4－1、单据4－2、单据4－3所示。

单据4－1[②]

股东会决议

经全体股东审议，将本公司注册资本由80万元增加至100万元，一致通过如下决议：

一、股东身份情况

（略）

二、增资股东出资情况

股东名称	认缴新增注册资本（元）	认缴比例（%）	实际出资金额（元）	实际出资金额占全体股东比例（%）	出资到位日期	出资方式
刘莹莹	120000.00	12	120000.00	12	20××年10月8日	货币资金
丛丽丽	80000.00	8	80000.00	8	20××年10月8日	货币资金

股东代表签字：刘莹莹
丛丽丽

20××年10月08日

单据4－2

中国工商银行　网上银行电子回单（打印）

电子回单号码：111022922223　　20××年10月08日

<table>
<tr><td rowspan="3">付款人</td><td>全称</td><td>刘莹莹</td><td rowspan="3">收款人</td><td>全称</td><td>天成电子设备有限责任公司</td><td rowspan="6">第二联 收款回单</td></tr>
<tr><td>账号</td><td>3756547788133222</td><td>账号</td><td>1102003704800007799</td></tr>
<tr><td>开户银行</td><td>中国工商银行高密支行</td><td>开户银行</td><td>中国工商银行城阳支行</td></tr>
<tr><td colspan="6">人民币（大写）壹拾贰万元整　　小写　¥120000.00</td></tr>
<tr><td colspan="2">凭证种类</td><td></td><td colspan="2">凭证号码</td><td></td></tr>
<tr><td colspan="2">结算方式</td><td>网上银行</td><td colspan="2">用途</td><td>投资款</td></tr>
<tr><td colspan="3">此单证已经验资，不得销毁、退票、涂改。
齐鲁会计师事务所</td><td colspan="3">打印柜员：1109722
打印机构：中国工商银行城阳支行
打印卡号：2197373002
中国工商银行股份有限公司城阳支行 20××.10.08 核算专用章（1）</td><td></td></tr>
</table>

打印时间：20××－10－08

---

① 与前述业务1至业务6为不连续业务。

② 为保证原始凭证的真实性，符合原始凭证金额数字之间不得留有空白的要求，故本书单据中的金额数字不采用千分空。

单据 4－3

中国工商银行　网上银行电子回单（打印）

电子回单号码：111022922256　　　　20××年10月08日

付款人	全称	丛丽丽	收款人	全称	天成电子设备有限责任公司
	账号	3459000066332253		账号	1102003704800007799
	开户银行	中国工商银行烟台支行		开户银行	中国工商银行城阳支行
人民币（大写）捌万元整　　小写¥80000.00					
凭证种类			凭证号码		
结算方式	网上银行		用途	投资款	
此单证已经验资，不得销毁、退票、涂改。 齐鲁会计师事务所			打印柜员：1109722 打印机构：中国工商银行城阳支行 打印卡号：2197373002		

第二联　收款回单

中国工商银行股份有限公司城阳支行　20××.10.08　核算专用章（1）

打印时间：20××－10－08

【业务8】以银行存款购买固定资产。原始凭证如单据4－4、单据4－5、单据4－6所示。

单据 4－4

山东　增值税专用发票

3700193130　　　　№ 37689608　3700193130　37689608

全国统一发票监制章　山东　国家税务总局监制

发票联

开票日期：20××年10月09日

购买方	名　称：天成电子设备有限责任公司 纳税人识别号：370214560006888123 地址、电话：山东省青岛市城阳区平阳路281号 0532-87808801 开户行及账号：中国工商银行城阳支行 1102003704800007799			密码区	-4-275 (1+46*17231254* 82*59* *59*096*1321) (8182, 153 (/18 27023 (4 (3**+153 (/9/) *08/4)) 2-3*0*)) 25-275 (1-918*) 9/0) 2-		
货物或应税劳务、服务名称	规格型号	单位	数量	单价	金额	税率	税额
*机床*M型号机床	M型	台	1	60000.00	60000.00	13%	7800.00
合　计					¥60000.00		¥7800.00
价税合计（大写）	⊗ 陆万柒仟捌佰元整				（小写）¥67800.00		
销售方	名　称：山东南阳股份有限责任公司 纳税人识别号：370001053787616662 地址、电话：山东省青岛市即墨市即墨路34号 0532-67382121 开户行及账号：中国工商银行即墨支行 360303008798333			备注			

收款人：江涛　　复核：刘卫卫　　开票人：王会平　　销售方：（章）

山东南阳股份有限责任公司　370001053787616662　发票专用章

税总函［20××］××号××××公司

第三联：发票联　购买方记账凭证

单据 4－5

中国工商银行
转账支票存根

10201120
85596935

XX印务有限公司·XX年印制

附加信息

出票日期　20××年　10 月　09 日

收款人：	山东南阳股份有限责任公司
金　额：	¥67800.00
用　途：	购买设备款

单位主管　赵丽丽　会计　吴平平

单据 4－6

固定资产验收单

使用部门：生产车间　　20××年 10 月 09 日

固定资产名称	计量单位	数量	购入日期	使用日期	原价（元）	预计使用年限（年）
M 型号机床	台	1	20××－10－09	20××－10－09	60000.00	10

验收人：宋作艺　　复核人：孔春来　　制表人：景丽丽

【业务 9】提现备用。原始凭证如单据 4－7 所示。

单据 4－7

中国工商银行
现金支票存根

10501110
28857816

XX印务有限公司·XX年印制

附加信息

出票日期　20××年　10 月　10 日

收款人：	天成电子设备有限责任公司
金　额：	¥7000.00
用　途：	备用

单位主管　赵丽丽　会计　吴平平

【业务 10】预借差旅费。原始凭证如单据 4－8 所示。

单据 4－8

借　款　单

20××年 10 月 14 日

借款人：于强	所属部门：采购科	
借款理由：出差借款		现金付讫
借款数额：人民币（大写）伍仟元整　　¥5000.00		
本部门负责人意见：同意　姜雅丽　20××年 10 月 14 日	借款人：于强　20××年 10 月 14 日	
本单位负责人意见：同意　　李佳韦　20××年 10 月 14 日		
会计主管核批：同意 赵玲玲 20××年 10 月 14 日	付款方式： 现金	出纳： 孙会会

【业务 11】购买原材料，款项暂欠。原始凭证如单据 4－9、单据 4－10 所示。

单据 4－9

3700193130　　**山东增值税专用发票**　　№ 48651098　3700193130　48651098

（全国统一发票监制章　山东　国家税务总局监制）

发票联

开票日期：20××年10月16日

购买方	名　　称：天成电子设备有限责任公司 纳税人识别号：370101000786666123 地 址、电 话：青岛市城阳区平阳路281号 0532-87808801 开户行及账号：中国工商银行城阳支行1102003704800007799	密码区	

货物或应税劳务、服务名称	规格型号	单位	数　量	单　价	金　额	税率	税　额
*有色金属*甲材料		千克	3000	8.00	24000.00	13%	3120.00
*有色金属*乙材料		个	1000	30.00	30000.00	13%	3900.00
合　　计					¥54000.00		¥7020.00
价税合计（大写）	⊗ 陆万壹仟零贰拾元整				（小写）¥61020.00		

销售方	名　　称：山东金海股份有限责任公司 纳税人识别号：370005053787006212 1 地 址、电 话：山东日照东港路29号 0633 67382121 开户行及账号：中国工商银行海滨支行3603030078353333	备注	（山东金海股份有限责任公司 370005053787006212 1 发票专用章）

收款人：李会连　　复核：溪江月　　开票人：赵会君　　销售方：（章）

第三联：发票联　购买方记账凭证

单据 4－10

收　料　单

20××年 10 月 16 日

发票号码：14500589

供应单位：山东金海股份有限责任公司　　　　收料单编号：93634

材料类别：原料及主要材料　　　　收料仓库：1 号材料库

金额单位：元

材料编号	名称	规格	计量单位	数量		实际成本					备注
				应收	实收	单价	发票价格	运杂费	其他	合计	
	甲材料		千克	3000	3000	8.00 元/千克	24000.00			24000.00	
	乙材料		个	1000	1000	30.00 元/千克	30000.00			30000.00	
合计							54000.00			54000.00	

第一联　记账联

主管：宋齐伟　　检验员：孙兴　　保管员：林程　　会计：吴平平

【业务 12】报销差旅费交回现金。原始凭证如单据 4－11 所示。

单据 4－11

差旅费报销单

20××年 10 月 17 日　　　　附件 8 张

姓名	于强	出差地点	广州	出差事由	参加订货会	日期	10 月 14 日起 10 月 17 日止
乘火车费	自　站至　站			金额		说明： 原借款 5000 元，抵扣后收回现金 100 元。 现金收讫	
乘汽车费	自　站至　站			金额			
乘飞机费	自 青岛 站至 广州 站			金额	2800.00		
行李运费	千克	每千克　元		金额			
出差补助费	4 天	定额	180	金额	720.00		
旅 馆 费	3 天	定额	400	金额	1200.00		
其他					180.00		
合计金额	小写	¥4900.00				单位负责人	李佳韦
	大写	肆仟玖佰元整					20××年 10 月 17 日

会计主管：赵玲玲　　出纳：孙会会　　报销人：于强

（所附：飞机票、住宿费单据等原始凭证略）

【业务 13】生产产品领用材料。原始凭证如单据 4－12 所示。

单据 4－12

领　料　单

20××年 10 月 18 日　　　　字第　1101　号

用途：A 型电子产品

领料部门：基本生产车间　　　　金额单位：元

品名	规格型号	计量单位	数量		单价	金额
			请领	实领		
甲材料		千克	2000	2000	8.00 元/千克	16000.00
乙材料		个	700	700	30.00 元/个	21000.00
物料号码	备注：					

第三联　记账

领料部门负责人：姜宝迎　　领料人：王清明　　会计：吴平平　　发料人：李余田

【业务 14】销售产品，款尚未收到。原始凭证如单据 4－13 所示。

单据 4－13

山东 增值税专用发票

此联不做报销、扣税凭证使用

3700193130　　№ 68429907　　3700193130　68429907

开票日期：20××年10月20日

购买方	名　　称：宏宇机械制造有限责任公司 纳税人识别号：370101000786666717 地 址、电 话：山东省淄博市张店区西八路 0533-2720761 开户行及账号：中国工商银行张店支行 37000776622335				密码区	+46*54*2312-9* 17〈/0 〉2-3 9/〉 59*0〉〈8182*9618153〈/181321 〈4-275〈1 82*5453*08/4〉*〉 〉2-3*0/-275〈1〈3*2702-9〉9*+1	
货物或应税劳务、服务名称	规格型号	单位	数量	单价	金额	税率	税额
*工业类电子产品*A型产品		台	10	6200.00	62000.00	13%	8060.00
合　　计					¥62000.00		¥8060.00
价税合计（大写）	⊗ 柒万零陆拾元整				（小写）¥70060.00		
销售方	名　　称：天成电子设备有限责任公司 纳税人识别号：370214560006888123 地 址、电 话：山东省青岛市城阳区平阳路281号 0532-87808801 开户行及账号：中国工商银行城阳支行 1102003704800007799				备注		

收款人：张在成　　复核：袁迪　　开票人：鞠嫒嫒　　销售方：（章）

税总函［20××］××号×××公司

第一联：记账联　销售方记账凭证

【业务 15】支付广告费。原始凭证如单据 4－14、单据 4－15 所示。

单据 4－14

山东 增值税专用发票

发票联

3700193130　　№ 63843071　　3700193130　63843071

开票日期：20××年10月22日

购买方	名　　称：天成电子设备有限责任公司 纳税人识别号：370214560006888123 地 址、电 话：山东省青岛市城阳区平阳路281号 0532-87808801 开户行及账号：中国工商银行城阳支行 1102003704800007799				密码区	-275〈1+46*54* 82*59* 172312-4 18132*59*09618153〈/21〉〈818 *2702-9〉〈4〈〈/0 〉2-339*+153 0/9/〉〉〉*〉〉2-3*25-275〈1*08/4	
货物或应税劳务、服务名称	规格型号	单位	数量	单价	金额	税率	税额
*服务费*广告费			1	5000.00	5000.00	6%	300.00
合　　计					¥5000.00		¥300.00
价税合计（大写）	⊗ 伍仟叁佰元整				（小写）¥5300.00		
销售方	名　　称：大地文化创意有限责任公司 纳税人识别号：370101000266118899 地 址、电 话：山东省青岛市城阳区九阳路12号 0532-87806666 开户行及账号：中国工商银行城阳支行 11020037060003355				备注	大地文化创意有限责任公司 370101000266118899 发票专用章	

收款人：齐慧玲　　复核：郑宝军　　开票人：崔林力　　销售方：（章）

税总函［20××］××号×××公司

第三联：发票联　购买方记账凭证

单据 4－15

中国工商银行 电汇进账单（付款通知）

4 № 89642918

20××年 10 月 22 日 第 号

付款人	全称	天成电子设备有限责任公司	收款人	全称	大地文化创意有限责任公司
	账号	1102003704800007799		账号	1102003706700003355
	开户银行	中国工商银行城阳支行		开户银行	中国工商银行城阳支行

人民币（大写）	千	百	十	万	千	百	十	元	角	分
伍仟叁佰元整				¥	5	3	0	0	0	0

票据种类		票据张数	
票据号码			
复核 记账			付款单位开户行盖章

（印章：中国工商银行股份有限公司城阳支行 20××.10.22 核算专用章（1））

此联是付款人的付账通知

【业务 16】收到款项，存入银行。原始凭证如单据 4－16 所示。

单据 4－16

中国工商银行 电汇进账单（收账通知）

3 № 89746422

20××年 10 月 28 日 第 号

付款人	全称	宏宇机械制造有限责任公司	收款人	全称	天成电子设备有限责任公司
	账号	370000776622335		账号	1102003704800007799
	开户银行	中国工商银行张店支行		开户银行	中国工商银行城阳支行

人民币（大写）	千	百	十	万	千	百	十	元	角	分
柒万零陆拾元整			¥	7	0	0	6	0	0	0

票据种类		票据张数	
票据号码			
复核 记账			收款单位开户行盖章

（印章：中国工商银行股份有限公司城阳支行 20××.10.28 核算专用章（1））

此联交给收款人的收账通知

【业务 17】支付材料购买价款。原始凭证如单据 4－17 所示。

单据 4－17

中国工商银行
转账支票存根
10201120
85596921
附加信息
出票日期 20××年 10 月 29 日
收款人：山东金海股份有限责任公司
金 额：¥61020.00
用 途：支付材料款
单位主管 赵丽丽 会计 吴平平
××印务有限公司·××年印制

任务布置

请以天成电子设备有限责任公司财务科财务人员身份，逐项识别这些“原始凭证”所反映的经济业务内容，并用文字描述这些经济业务，写出会计分录。

知识学习

会计凭证是记录经济业务、明确经济责任、按一定格式编制的据以登记会计账簿的书面证明。用来记载经济业务的发生，明确经济责任，作为记账凭证的书面证明。

企业任何经济业务的发生都必须有证明经济业务发生的凭据，正所谓“空口无凭，立字为证”。这些凭据在会计中被称为原始凭证，是在经济业务发生时取得或填制的，如购买一台笔记本电脑，要有销货方的发票作为证明，还要有这台电脑验收或者使用的凭据。这些发票、凭据、验收单都是证明购买电脑这一项经济业务的发生，这些就是原始凭证。由于原始凭证种类繁多、大小不一，企业要取得有用的会计信息，还必须对这些原始凭证进行严格审核，对于审核无误的原始凭证再进行归类整理，填制记账凭证，填制完成的记账凭证还必须经过严格审核，才能作为登记账簿的依据。

一、认识原始凭证

（一）原始凭证的含义

原始凭证，是指在经济业务发生或完成时取得或填制的，用来记录、证明经济业务的发生或完成情况的原始证据，是明确经济责任，具有法律效力的一种原始书面证明，是会计核算的原始资料。

由此可见，作为原始凭证具有如下特征：一是从取得来源看，一方面是在经济业务发生或完成时取得或者填制的，也就是经济业务发生时从外部取得的，另一方面是在经济业务发生时填制的；二是从其用途看，不仅是用于记录、证明经济业务的发生或完成情况的，也是为了便于明确经济责任，作为会计核算的原始资料；三是原始凭证具有法律效力。

经济业务发生时，对所产生的含有账务信息的数据，要用原始凭证加以记录，以证明经济业务的完成情况，并作为编制记账凭证的依据。

德技并修

虚开增值税专用发票被判刑

（二）原始凭证的种类

1. 按原始凭证来源不同，可分为外来原始凭证和自制原始凭证

（1）外来原始凭证，是指在经济业务完成时从其他单位和个人取得的原始凭证，如外购货物时取得的由销货单位开具的“增值税专用发票”等，如单据 4－18 所示。

增值税专用发票一般一式三联，第一联是记账联，是销货方发票联，是销货方的记账凭证，即销货方作为销售货物的原始凭证，在票面上的“税额”指的是“销项税额”，“金额”指的是销售货物的“不含税价格”。第二联是抵扣联（购货方用来扣税）。第三联是发票联（购货方用来记账）。发票三联是具有复写功能的，一次开具，三联的内容一致。

单据 4－18

1100193130　　**北京增值税专用发票**　　№ 01442626　1100193130　01442626

（全国统一发票监制章　北京　国家税务总局监制）

发票联　　　　开票日期：

购买方	名　称： 纳税人识别号： 地址、电话： 开户行及账号：				密码区		
货物或应税劳务、服务名称	规格型号	单位	数量	单价	金额	税率	税额
合　计							
价税合计（大写）	⊗				（小写）		
销售方	名　称： 纳税人识别号： 地址、电话： 开户行及账号：				备注		

收款人：　　复核：　　开票人：　　销售方：（章）

税总函［20　］××号××××公司

第三联：发票联　购买方记账凭证

知识窗

增值税，是以商品（含应税劳务和应税服务）在流转过程中产生的增值额作为计税依据而征收的一种流转税。《中华人民共和国增值税暂行条例》规定，凡在中国境内销售货物或者加工、修理修配劳务（以下简称劳务），销售服务、无形资产、不动产以及进口货物的单位和个人，为增值税的纳税人，应当缴纳增值税。增值税实行价外税。增值税纳税人分为一般纳税人和小规模纳税人。一般纳税人增值税计算与缴纳采取税款抵扣的办法，其应纳税额计算公式为：

应交增值税 = 当期销项税额 – 当期进项税额

当期销项税额，是指企业销售货物或者加工、修理修配劳务（以下简称劳务），销售服务、无形资产、不动产时，向购货方或接受应税劳务方收取的增值税额。

当期进项税额，是指企业购入货物或接受应税劳务缴纳的增值税额。

增值税发票有“增值税专用发票”和“增值税普通发票”。增值税一般纳税人购买货物或者劳务和服务取得“增值税专用发票”可以抵扣增值税，取得“增值税普通发票”则不允许抵扣增值税。

（2）自制原始凭证，是指本企业内部业务经办人员在执行或完成某项经济业务时，根据经济业务的内容自行填制的、仅供本单位内部使用的原始凭证。如企业出纳员填写的“收款收据”，仓库保管人员在验收材料入库时填制的“收料单”，生产部门领用材料时填制的“发料单”“工资薪酬结算单”“固定资产折旧计算表”等。“收料单”“发料单”格式如单据 4 – 19 和单据 4 – 20所示。

单据 4 – 19

收 料 单

发票号码： 年 月 日 收料单编号：

供应单位： 收料仓库：

材料类别： 金额单位：元

编号	名称	规格	计量单位	数量		实际成本					备注
				应收	实收	买价		运杂费	其他	合计	
						单价	金额				
合计											

第一联记账联

主管： 检验员： 保管员： 会计：

“收料单”一般一式三联，一联仓库留存，据以登记材料物资明细账和材料卡片；一联随发票账单到会计部门报账；一联交采购人员存查。

单据 4-20

领　料　单

发料单编号：

领料部门：　　　　　　年　月　日　　　　　　发料仓库：

用途：　　　　　　　　　　　　　　　　　　　金额单位：元

材料			计量单位	数量		实际成本	
编号	名称	规格		请领	实发	单价	金额
合计							

第一联记账联

部门经理：　　　　会计：　　　　保管员：　　　　经办人：

“领料单”一般一式三联。一联领料部门留存备查；一联留仓库，据以登记材料物资明细账和材料卡片；一联转会计部门或月末经汇总后转会计部门据以进行总分类账核算。

2. 按原始凭证填制手续不同，可以分为一次凭证、累计凭证和汇总原始凭证

（1）一次凭证，是指一次性填制完成的原始凭证。此类凭证在日常经济活动中出现较多，如“增值税专用发票”“增值税普通发票”“现金收据”“入库单”“收料单”“领料单”“借款单”等。

（2）累计凭证，是指一定时期内，将同类重复发生的经济业务在一张凭证中多次进行记载而完成的原始凭证。一般情况下，为了简化手续，对于日常重复发生的同类经济业务，平时随时登记每笔经济业务的发生额，并计算累计数，期末计算总数后作为记账的依据。此类凭证多为自制凭证，典型的累计凭证有“限额领料单”，如单据 4-21 所示。

单据 4-21

限额领料单

编　号：

领料单位：　　　　　　年　月　日　　　　　　发料仓库：

用　途：　　　　　　　　　　　　　　　　　　金额单位：元

材料类别	材料编号	材料名称及规格	计量单位	全月领用限额	实际领用			计划单价
					数量	单位成本	金额	

日期	请领		实发			退回			限额结余
	数量	领料单位负责人签章	数量	发料人签章	领料人签章	数量	收料人签章	退料人签章	

生产计划部门负责人：　　　　供应部门负责人：　　　　仓库负责人：

想一想

汇总原始凭证与累计凭证有什么不同？

预借差旅费

（3）汇总原始凭证，又称原始凭证汇总表，是指根据许多同类业务的一次凭证或累计凭证定期汇总编制的原始凭证。此类凭证一般为自制凭证，其作用是为了简化编制记账凭证及记账的手续。常见的原始凭证汇总表有“差旅费报销单”（见单据 4－22）、“发出材料汇总表”（见单据 4－23）、“工资汇总表”等。

单据 4－22

差旅费报销单

年 月 日 附件 张

姓名		出差地点		出差事由		日期	月 日起 月 日止
乘火车费	自	站至	站	金额		说明：	
乘汽车费	自	站至	站	金额			
乘飞机费	自	站至	站	金额			
行李运费	千克	每千克 元		金额			
出差补助费	天	定额		金额			
旅 馆 费	天	定额		金额			
其他							
合计金额	小写					单位负责人	
	大写						年 月 日

会计主管： 出纳： 报销人：

报销差旅费

“差旅费报销单”一般由出差人员根据出差时的火车票、汽车票、飞机票，以及旅馆费、会议费等单据汇总填制，并将有关原始凭证作为其附件。“差旅费报销单”属于自制原始凭证，但其填制依据的火车票、汽车票、飞机票，以及旅馆费、会议费等单据则属于外来原始凭证。

单据 4－23

发出材料汇总表

金额单位：元

项目	材料			材料			合计
	数量	单价	金额	数量	单价	金额	金额

会计主管： 复核： 记账： 保管： 制单：

“发出材料汇总表”是由仓库发料员发货后，根据“发料单”“限额领料单”汇总编制的。

3. 按原始凭证载体不同，可以分为纸质原始凭证和电子原始凭证

（1）纸质原始凭证，是指以纸介质形式呈现的原始凭证。

（2）电子原始凭证，是指记录在计算机系统中采用磁介质或光介质等手段以数字化方式呈现的原始凭证。与纸质原始凭证相比，其具有无形性、内容与载体相分离性。随着信息技术和电子商务的发展，我国最早的电子原始凭证是“电子发票”。2012 年北京、浙江、广州、深圳等 22 个省市开展网络（电子）发票应用试点，目前已经被广泛采用，电子原始凭证只需要保存电子档案，必要时候再打印，可以避免因丢失原始凭证带来的诸多不便；电子原始凭证在线开具，节省发票工本费、税控机成本以及相关人力成本。随着会计信息化发展，电子原始凭证将成为我国未来会计数字化发展的方向。

二、原始凭证的基本内容

在实际工作中，原始凭证的种类繁多，不同的原始凭证所记载的具体内容可能不完全一致，如“增值税专用发票”记录的是销售商品的数量和金额，增值税额等，“差旅费报销单”则是记录职工出差发生各项差旅费情况，两者显然差别很大。但是，原始凭证作为收集和记录经济数据的载体，其作用都是证明经济业务已经发生或完成。因此，无论是纸质原始凭证还是电子原始凭证，原始凭证的内容应当具备说明经济业务发生或完成情况，明确相关经办人员经济责任等共同的要素。这些要素概括起来包括以下七个方面。

（一）原始凭证的名称

原始凭证的名称是说明该凭证所代表的经济业务的类型。如“增值税专用发票”“收款收据”“收料单”“出库单”“职工薪酬汇总表”“差旅费报销单”等。不同的原始凭证有不同的名称，代表了不同的经济业务内容。如“增值税专用发票”反映了商品交易行为；“收款收据”反映了企业收取款项的行为；“收料单”则反映了仓库管理人员验收购入的材料的业务；“领料单”反映仓库管理人员发出的材料的业务；“职工薪酬汇总表”反映企业应付职工薪酬业务；“差旅费报销单”反映企业员工出差报销差旅费的业务等。

（二）填制原始凭证的日期和编号

原始凭证的日期一般表明的是经济业务发生的日期，但少数经济业务在发生时也可能来不及填制原始凭证。因此，个别情况下，原始凭证的日期并不是经济业务发生的日期。企业为了及时反映经济活动的情况和结果，应当在经济业务发生时，尽快完成原始凭证的填制。

原始凭证的编号是为了便于加强凭证的管理，防止原始凭证丢失，以及事后备查而对原始凭证进行编号。

（三）填制凭证的单位的名称

每一项经济业务的发生，都会涉及当事人双方。例如，销售商品有买卖

双方，“增值税专用发票”上不仅有购货单位的名称等信息，也要有销货单位即填制单位的名称等信息。因此，一份完整的原始凭证应当载明填制原始凭证单位的名称。

（四）接受凭证的单位的名称

原始凭证应当载明当事人双方的名称，以准确反映双方的经济责任。如“领料单”上不仅要记载发出的仓库，还要记载领料的车间或者部门，以反映领用材料的去向，同时也为检查验证该项经济业务的真实性提供方便。

（五）经济业务内容的摘要

简要载明经济业务内容。

（六）经济业务所涉及的品名、数量、计量单位、单价和金额

原始凭证的名称本身虽然可以反映经济业务的基本类型，但无法说明经济业务的具体内容，如购货发票本身反映了企业的购货活动，却不能表明购货的具体种类。而不同的购货内容在账务处理上可能存在很大差异。因此，在原始凭证中需对经济业务的具体内容进行记载，如“增值税专用发票”中，要有“货物及应税劳务或服务的名称”“规格型号”“单位”“数量”“单价”“金额”“税率”“税额”等详细内容，以满足会计核算和监督的需要。

（七）经办部门和人员的签名或盖章

为了明确具体的经济责任，有关业务的经办人员应在原始凭证上签名或盖章。如“差旅费报销单”要有报销人、单位负责人的签字；“借款单”要有借款人、审批人、出纳人员的签字或盖章。只有这样才能明确经济责任，发挥原始凭证的法律效力。

三、原始凭证的填制要求

原始凭证是具有法律效力的书面证明，只有在形式上和实质上符合要求的原始凭证，才能正确地、及时地、清晰地反映各项经济业务的真实情况，从而保证会计核算的真实性、完整性，发挥原始凭证的法律效力。因此，原始凭证的填制，必须符合以下基本要求：

（一）记录要真实

原始凭证所填列的经济业务内容必须是企业发生的真实的经济业务，是与实际情况完全一致的，真实可靠的，不得弄虚作假，不得虚开发票，不得伪造业务，不得随意填写。所反映的经济业务必须是合法、合理、合规的。企业经办人员应对所取得或填制的原始凭证的真实性负责。

（二）内容要完整

原始凭证上的要素都是有特定用途的。因此，在填制原始凭证时，凭证的日期和号码，经济业务的内容、数量、单价、金额等各项信息内容都必须填列齐全，不得随意省略或遗漏。

（三）手续要完备

经办人和有关部门的负责人必须在原始凭证上签字或盖章，以表示其对

凭证的真实性和正确性负责。例如，对外开出的原始凭证，应加盖本单位的公章或有关部门的专用章；从外部取得的原始凭证，应盖有填制单位（或个人）的公章或专用章（签名或盖章）；自制的原始凭证，应有经办单位负责人或指定人员的签名或盖章等。

企业的常用章有以下 5 种（见表 4－2）：企业公章、企业法人章、财务专用章、发票专用章、合同专用章。

表 4－2　　企业常用章

公章	法人章	财务专用章	发票专用章	合同专用章

处理内外部事务的印鉴，具有法律效力。在所有印章中具有最高的效力	在规定的有限用途内使用，如支票开具、税务申报，同样具有法律效力	处理财务事务的印鉴，用于办理会计核算和银行结算	按税务机关规定刻制的印章，中间为企业纳税识别号，在领购或开具发票时加盖的印章	合同中使用的印章，证明法人或其他组织同意签订合同，并认可合同条款。企业公章可以代替合同章使用

（四）书写要清楚

原始凭证只能用蓝（黑）色墨水填写，不得使用铅笔或圆珠笔填写；字迹应工整、清晰，易于辨认；不得使用未经国务院颁布的简化字；阿拉伯数字要逐个填写，不得连写；文字数字书写应紧靠行格底线，上方应留有适当空距，以防写错字时有更改的空间，不得满格（顶格）书写；金额数字的填写要符合规范性的要求，金额大写，一律用楷书或者行书书写。不得任意自造简化字。

大写金额货币前需冠货币的名称，货币名称与金额数字之间不得留有空白。

有关“零”的写法，¥306.81，大写为“叁佰零陆元捌角壹分”；¥5 007.92，大写为“伍仟零柒元玖角贰分”；¥670.36，大写为“陆百柒拾元叁角陆分”。

整数收尾，没有角分时，须加“整”字样，如¥560.00，大写为“伍佰陆拾元整”；¥382.00，大写为“叁佰捌拾贰元整”；¥151.30，大写为“壹佰伍拾壹元叁角整”。

壹拾几的“壹”字不得漏写，如¥18.00，大写应写为“壹拾捌元整”，不能写为“拾捌元整”；¥11.25，大写应写为“壹拾壹元贰角伍分”，不能写成“拾壹元贰角伍分”。

写一写

¥13.89、¥106.37、¥1 008.60、¥20 404.04、¥16 200.13、¥378 002.00 大写金额如何写？

（五）更正要规范

原始凭证不得随意涂改、刮擦、挖补。自制的原始凭证需要更正时，应采用划线更正，即用红线划掉写错的文字或数字，再将正确的数字用蓝（黑）色墨水写在划线部分的上方，并加盖经手人印章。外部取得的原始凭证有错时，应当由原单位重开或更正，更正处加盖出具单位印章。应当注意的是，原始凭证金额有错，不得更正，必须由出具单位重新开具。

温馨提示

外部取得的原始凭证有错误时，应当由原单位重开或更正，更正处加盖出具单位印章。应当注意的是，原始凭证金额有错，不得更正，必须由出具单位重新开具。

（六）编号要连续

各种凭证都必须连续编号，以备查找；已经事先印好编号的凭证作废时，应在作废的凭证上加盖“作废”戳记，连同存根一起保存，不得随意撕毁。

（七）填制要及时

有关经办人员必须在经济业务发生或完成时及时填制原始凭证，并尽快按规定的程序传递给会计部门。

四、原始凭证审核的内容

原始凭证是经济业务核算的第一手资料，原始凭证的正确性是确保最终所提供的会计报表信息的真实、可靠、正确的重要保障。原始凭证按照要求进行填制后，要有专门人员进行审核，审核人员要从形式上和实质上对原始凭证进行审核，形式上主要是审核原始凭证的完整性、正确性、及时性，而实质上的审核则主要是审核原始凭证的真实性、合规性。经审核无误后，审核人员要签字确认，原始凭证上所记载的会计信息才能据此编制记账凭证。

（一）真实性审核

审核原始凭证的日期、业务内容、数据等是否真实，检查是否存在弄虚作假。由于自制原始凭证和外来原始凭证来源不同，在审核时侧重点也不同。

1. 自制原始凭证的审核

自制原始凭证如“收料单”“领料单”“职工薪酬结算单”等的审核，重点审核经济业务的真实性。如审核“收料单”时，重点应审核“收料单”所列材料是否确已验收入库；审核“领料单”时，重点应审核“领料单”所列领料用途是否虚构，是否将与生产无关的领料作为生产领用材料；“工资结算单”中姓名、出勤天数、加班天数是否真实等。

2. 外来原始凭证的审核

对于外来原始凭证，如“增值税专用发票”“银行结算凭证”等真实性的审核应当包括以下三个方面内容：

（1）经济业务的单位名称和经办人必须是真实的。

（2）经济业务发生的时间、地点和填制原始凭证的日期必须是真实的。

（3）经济业务的内容必须是真实的，包括数量、单价和金额等。

（二）合规性审核

审核原始凭证所记录的内容是否有违反国家法律法规的情况；是否符合经营活动的需要；是否符合企业的计划或预算的要求。

对于不符合要求的凭证，会计人员有权拒绝受理；发现伪造涂改等现象，还应及时向有关负责人汇报。

（三）完整性审核

审核原始凭证各项基本要素是否完整、齐全。例如，日期填写是否完整，数字填写是否清晰，文字书写是否工整，有关人员签章是否齐全，凭证联次是否确定等。

（1）原始凭证的内容（构成要素）必须齐备，如凭证的名称、填制凭证的日期、填制和接受凭证的单位或个人、经济业务的内容和有关人员的签章等都应齐备。

（2）从外单位取得的原始凭证，必须有填制单位的公章；从个人取得的原始凭证，必须有填制人员的签名或盖章。自制原始凭证必须有经办单位负责人或其指定人员的签名或盖章；对外开出的原始凭证，必须加盖本单位公章。

（3）凡填有大写和小写金额的原始凭证，大小写金额必须相符。购买实物的原始凭证，必须有数量、单价和金额。金额的计算应当正确，并且有验收证明。支付款项的原始凭证，必须有收款单位和收款人的收款证明。

（4）一式几联的原始凭证，应当注明各联的用途，各联要一次复写而成，保证内容相同，且只有一联为报销凭证。

（5）发生销货退回时，除填退货发票外，退款时，应取得对方的收款收据，不得以退货发票代替收据（因退货发票是自制凭证）。

（6）职工因公出差开具的借款收据，报销时不得退还原借据，若是收回借款或余款时，应另开收据。

（7）经过上级批准的经济业务，应将批准文件作为原始凭证。如果批准文件需要单独归档的，应在原始凭证上注明批文机关、日期、文件字号。

（四）正确性审核

审核原始凭证金额的计算和填写是否正确，数字书写是否规范、清晰，是否存在不符合规范要求的更改等。例如，“增值税专用发票”中的数量乘以单价是否等于金额，分项金额之和是否等于合计金额；“差旅费报销单”中有关补贴的计算是否正确；“职工薪酬结算单”中工资计算是否正确，等等。

（五）及时性审核

审核原始凭证的填制日期是否及时，尤其是一些时效性较强的原始凭证。

五、原始凭证审核结果的处理

经审核的原始凭证应根据不同的情况分别进行处理：

（1）对于完全符合要求的原始凭证，应由审核人员交制证人员及时据以编制记账凭证。

（2）对于真实、合法、合理但内容不够完整、填写有错误的原始凭证，应退回给有关经办人员，由其负责将有关凭证补充完整、更正错误或重开后，再办理正式会计手续。

（3）对于不真实、不合法的原始凭证，会计机构和会计人员有权不予接受，并向单位负责人报告。

学习提升

我们要坚持走中国特色社会主义法治道路，建设中国特色社会主义法治体系、建设社会主义法治国家，围绕保障和促进社会公平正义，坚持依法治国、依法执政、依法行政共同推进，坚持法治国家、法治政府、法治社会一体建设，全面推进科学立法、严格执法、公正司法、全民守法，全面推进国家各方面工作法治化。

——摘自党的二十大报告

原始凭证是在经济业务发生时取得或填制的，用以记录和证明经济业务发生或完成情况的凭证，是会计核算的原始资料，是具有法律效力的凭证。对不真实、不合法的原始凭证，会计机构和会计人员有权不予受理，并向单位负责人报告。通过对原始凭证的学习，同学们能够明确原始凭证的填制要求、审核内容以及如何处理不合法的原始凭证，进而在同学们心中厚植社会主义法治思想。

案例

虚开增值税专用发票构成犯罪

2019年11月8日，浙江省台州市中级人民法院公开宣判一起巨额虚开增值税专用发票案。被告人徐某强为他人虚开增值税专用发票，虚开的税款达3亿余元，该行为构成虚开增值税专用发票罪，判处无期徒刑，剥夺政治权利终身，并处没收个人全部财产。被告人林某勇介绍他人虚开增值税专用发票，虚开的税款达9 928万余元，该行为构成虚开增值税专用发票罪，判处无期徒刑，剥夺政治权利终身，并处没收个人全部财产，并继续追缴被告人徐某强非法所得的人民币358万元和被告人林某勇非法所得的人民币30万元，上缴国库。

法院经审理查明，2017年9月至12月，被告人徐某强控制上海衍云实业有限公司（以下简称衍云公司）、上海徽岚贸易有限公司（以下简称徽岚公司）、上海晨侈贸易有限公司（以下简称晨侈公司）三家空壳公司，在没有真实货物交易的情况下，通过被告人林某勇和陈某某、徐某某（另案处理）等人介绍，伙同金某某（另案处理）虚开增值税专用发票，以赚取开票费。其间，衍云公司虚开增值税专用发票价税合计人民币109 951万余元（以下币种均为人民币），税额15 975万余元，已认证抵扣12 191万余元；徽岚公司虚开增值税专用发票价税合计68 712万余元，税额9 983万余元，已认证抵扣7 336万余元；晨侈公司虚开增值税专用发票价税合计28 080万余元，税额4 080万余元；林某勇介绍虚开增值税专用发票价税合计68 334万余元，税额9 928万余元，已认证抵扣9 448万余元。期间，被告人徐某强、林某勇非法所得分别为358万余元、30万余元。

法院认为，被告人徐某强违反国家税款管理法规，为他人虚开增值税专用发票，虚开的税款达3亿余元，并已认证抵扣的税款达1.9亿余元，属虚开税款数额巨大；被告人林某勇违反国家税款管理法规，介绍他人虚开增值税专用发票，虚开税款达9 928万余元，并已认证抵扣达9 448万余元，属虚开税款数额巨大，被告人徐某强、林某勇的行为均已构成虚开增值税专用发票罪，遂作出如上判决。

增值税专用发票是由国家税务总局监制设计印制的，是只限于增值税一般纳税人领购使用的，既作为纳税人反映经济活动中的重要会计凭证又作为销货方纳税义务和购货方进项税额的合法证明，任何单位和个人不得虚开增值税专用发票。

任务实施

步骤1：根据这些经济业务的原始凭证，天成电子设备有限责任公司20××年10月份发生的经济业务，描述如下：

【业务7】10月8日，接受投资者投入货币资金200 000元，其中刘莹莹投资款120 000元、丛丽丽投资款80 000元。

【业务8】10月9日，购买固定资产价款60 000元，增值税进项税额7 800元，以银行存款支付。

【业务9】10月10日，从银行提取现金7 000元备用。

【业务10】10月14日，采购员于强出差预借差旅费5 000元。

【业务11】10月16日，从南阳股份有限责任公司购买甲材料3 000千克，单价8元，计24 000元，增值税进项税额3 120元；乙材料1 000个，单价30元，计30 000元，增值税进项税额3 900元；材料验收入库，款项暂欠。

【业务12】10月17日，采购员于强报销差旅费4 900元，余款交回现金100元，结清原预借款。

【业务13】10月18日，生产产品领用甲材料2 000千克，单价8元，计16 000元；乙材料700个，单价30元，计21 000元。

【业务14】10月20日，向宏宇机械制造有限责任公司销售A型产品10套，单价6 200元，增值税销项税额8 060元，款项尚未收到。

【业务15】10月22日，支付广告费5 000元，增值税进项税额300元，价税合计5 300元，以银行存款支付。

【业务 16】10 月 28 日，收到宏宇机械制造有限责任公司销货款 70 060 元，存入银行。

【业务 17】10 月 29 日，以银行存款向南阳股份有限责任公司支付原材料采购价税款 61 020 元。

步骤 2：对照原始凭证审核内容，逐一审核。主要审核真实性、合规性、正确性、完整性。

举例 1：【业务 7】审核时，应重点审核投资协议是否合法；收到银行存款与投资协议是否一致。

举例 2：【业务 8】审核时，应重点审核“增值税专用发票”的合法性。“增值税专用发票”有抵扣联和发票联，审核重点：一是购货方资料，密码区、项目名称、销货方资料等。审核购货方的名称、税务登记号码、开户行、账号、地址的正确性，如果有任何一处错误，则该增值税专用发票就不能认证抵扣（报税）。二是“增值税专用发票”密码区中的密码有无出格，如果出格的话，那这张增值税发票就无法认证过关。三是发票有没有加盖增值税专用发票章，如果没有，那这张发票不能抵扣（报税）。四是“增值税专用发票”有没有开票人员的签名等。五是税率适用是否正确。六是发票内容与实际业务是否相符。

举例 3：【业务 12】审核时，应重点审核“差旅费报销单”。一是审核所附的原始单据是否合法有效，是否有税务部门盖章，有些发票可通过税务部门发票查询系统查询其是否真实；二是了解费用报销的标准，按人员、级别的不同，所报销的金额标准也会有所不同；三是审核所附原始凭证的金额是否与报销单金额一致；四是审核差旅费报销单填写的内容是否齐全；五是审核相关领导是否按流程审批，手续是否完备。

步骤 3：编制会计分录：

【业务 7】

借：银行存款	200 000	
贷：实收资本——刘莹莹		120 000
——丛丽丽		80 000

【业务 8】

借：固定资产	60 000	
应交税费——应交增值税（进项税额）	7 800	
贷：银行存款		67 800

【业务 9】

借：库存现金	7 000	
贷：银行存款		7 000

【业务 10】

借：其他应收款——于强	5 000	
贷：库存现金		5 000

【业务 11】

借：原材料——甲材料	24 000	
——乙材料	30 000	
应交税费——应交增值税（进项税额）	7 020	
贷：应付账款		61 020

【业务 12】

借：管理费用	4 900	
库存现金	100	
贷：其他应收款——于强		5 000

【业务 13】

借：生产成本	37 000	
贷：原材料——甲材料		16 000
——乙材料		21 000

【业务 14】

借：应收账款	70 060	
贷：主营业务收入		62 000
应交税费——应交增值税（销项税额）		8 060

【业务 15】

借：销售费用	5 000	
应交税费——应交增值税（进项税额）	300	
贷：银行存款		5 300

【业务 16】

借：银行存款	70 060	
贷：应收账款		70 060

【业务 17】

借：应付账款	61 020	
贷：银行存款		61 020

模块二　填制和审核记账凭证

任务描述

模块一任务描述中【业务 7】至【业务 17】审核无误的原始凭证。

任务布置

请以天成电子设备有限责任公司财务科财务人员身份，完成模块一任务描述中【业务 7】至【业务 17】记账凭证的填制与审核工作。

知识学习

一、认识记账凭证

（一）记账凭证的含义

记账凭证的概念与分类

企业每发生一笔交易或事项，必须按照规定程序和手续填制或取得原始凭证。由于原始凭证种类、格式不一，如本项目模块一任务描述中仅仅 11 笔经济业务所涉及的原始凭证就达到 11 种。实际工作中，原始凭证数量繁多，格式不同，只能证明经济业务发生和完成情况，不能清楚地表明应记入账户的名称和方向，不能直接作为登记账簿的依据。因此，为了便于登记账簿，会计人员还需要根据原始凭证反映的不同经济业务的内容，加以归类和整理，填制具有统一格式的记账凭证，确定会计分录，并将相关的原始凭证附在后面，作为原始依据，以简化记账工作、减少差错，并便于保管原始凭证，以提高会计工作效率。

所谓记账凭证，是指由会计人员根据审核无误的原始凭证或原始凭证汇总表，加以归类整理而编制的，用于记载经济业务的简要内容，确定会计分录，从而作为登记账簿直接依据的一种会计凭证。

由此可见，记账凭证与原始凭证不同。一是填制人员不同。记账凭证的填制人员是会计人员，非会计人员不能编制记账凭证，原始凭证可以是会计人员以外的经办人员。二是填制依据不同。记账凭证是根据审核无误后的原始凭证填制，而原始凭证是根据已经发生或完成的经济业务填制。三是记录的内容不同。记账凭证要运用记账方法对已发生或完成的经济业务进行初步归类、整理，确定应记入的会计科目名称，编制会计分录，而原始凭证仅用以记录、证明经济业务已经发生或完成。四是发挥作用不同。原始凭证是记账凭证的附件和填制记账凭证的依据，而记账凭证则是登记会计账簿的依据。

（二）记账凭证的分类

1. 按记账凭证使用范围和内容的不同划分

（1）专用记账凭证。专用记账凭证是指专门用来记录某一类经济业务的记账凭证。一般按经济业务内容的不同分为收款凭证、付款凭证、转账凭证。

①收款凭证，是用来记录和反映库存现金、银行存款等货币资金收款业务的凭证，它是根据库存现金和银行存款收款业务的原始凭证填制的。收款凭证格式一般有两种，一种是用于手工会计的金额分位式，如凭证 4－1 所示。另一种是金额不分位式，如凭证 4－2 所示。

②付款凭证，是用来记录和反映库存现金、银行存款等货币资金付款业务的凭证，它是根据库存现金和银行存款付款业务的原始凭证填制的，如凭证 4－3 所示。

③转账凭证，是用来记录和反映与库存现金、银行存款等货币资金收付

无关的转账业务的凭证，它是根据相关转账业务的原始凭证填制的，如凭证4－4所示。

凭证4－1　　**收款凭证**

总字第____号

借方科目：　　年　月　日　　收字第____号

摘要	贷方科目		贷方金额											记账符号
	总账科目	明细科目	亿	千	百	十	万	千	百	十	元	角	分	
合计金额														

附单据　张

会计主管：　　记账：　　出纳：　　复核：　　制证：

凭证4－2　　**收款凭证**

总字第____号

借方科目：　　年　月　日　　收字第____号

摘要	贷方科目		贷方金额	记账符号
	总账科目	明细科目		
合计金额				

附单据　张

会计主管：　　记账：　　出纳：　　复核：　　制证：

凭证4－3　　**付款凭证**

总字第____号

贷方科目：　　年　月　日　　付字第____号

摘要	借方科目		借方金额	记账符号
	总账科目	明细科目		
合计金额				

附单据　张

会计主管：　　记账：　　出纳：　　复核：　　制证：

凭证 4－4

转账凭证

总字第____号

年　月　日　　　　转字第____号

摘要	会计科目		借方金额	贷方金额	记账符号
	总账科目	明细科目			
合计金额					

附单据　　张

会计主管：　　记账：　　复核：　　制证：

（2）通用记账凭证。通用记账凭证是相对于专用记账凭证而言的，是适用于所有经济业务的记账凭证。采用通用记账凭证，将经济业务所涉及的全部账户填列在一张凭证内，格式如凭证 4－5 所示。

凭证 4－5

通用记账凭证

年　月　日　　　　记字第______号

摘要	会计科目		借方金额	贷方金额	记账符号
	总账科目	明细科目			
合计金额					

附单据　　张

会计主管：　　记账：　　出纳：　　复核：　　制证：

想一想

通用记账凭证与专用记账凭证有什么不同？

2. 按记账凭证填制方式的不同划分

（1）复式记账凭证。复式记账凭证，又称为多科目记账凭证，是指将一项经济业务所涉及的所有全部账户及其发生额均在同一张记账凭证中反映的凭证。复式记账凭证可以集中反映账户的对应关系，便于了解经济业务的全貌，了解资金的来龙去脉；便于查账，同时可以减少填制记账凭证的工作量，减少记账凭证的数量。例如，前列的收款凭证、付款凭证、转账凭证，以及通用记账凭证均属于此类。实务中大多数企业单位采用复式记账凭证。

（2）单式记账凭证。单式记账凭证，又称为科目记账凭证，是指每一张记账凭证只填列经济业务所涉及的一个账户及其金额的记账凭证。一项经济业务涉及几个账户就要填列几张凭证。单式记账凭证汇总计算每一个账户的发生额，便于分工记账；但是填制记账凭证的工作量大，而且出现差错也不便于查找。单式记账凭证格式如凭证 4－6 和凭证 4－7 所示。

凭证 4－6

借项记账凭证

对应科目：　　　　　　　　年　月　日　　　　　　　　编号第____号

摘要	贷方科目		贷方金额	记账符号
	总账科目	明细科目		
合计金额				

附单据　　张

会计主管：　　记账：　　出纳：　　复核：　　制证：

凭证 4－7

贷项记账凭证

总字第____号

对应科目：　　　　　　　　年　月　日　　　　　　　　付字第____号

摘要	借方科目		借方金额	记账符号
	总账科目	明细科目		
合计金额				

附单据　　张

会计主管：　　记账：　　出纳：　　复核：　　制证：

二、记账凭证的基本内容

记账凭证尽管种类不同，格式各异，但其主要作用是对于原始凭证进行归类、整理，按照借贷记账法的要求，确定所涉及账户名称，编制会计分录，据以登记账簿。因此，记账凭证必须具备以下基本内容：

（1）记账凭证的日期；

（2）记账凭证的编号；

（3）经济业务内容的摘要；

（4）经济业务事项所涉及的应借应贷科目；

（5）金额；

（6）所附原始凭证的张数；

（7）有关责任人的签名或盖章，填制凭证人员、稽核人员、记账人员、会计机构负责人、会计主管人员签名和盖章。收付款凭证还应当有出纳人员签名或者盖章。

三、记账凭证的填制要求

（一）必须根据审核无误的原始凭证

填制记账凭证

编制记账凭证时，必须对所依据的原始凭证的内容、手续等进行认真审核，确保无误后，方可作为编制依据。经审核不符合手续，不真实的原始凭证，不能作为编制记账凭证的依据。为了保证经济业务内容清楚、明了，可以根据每一张原始凭证填制，或者根据若干张同类原始凭证汇总填制，也可以根据原始凭证汇总表填制，但不得将不同类内容和类别的原始凭证汇总填制在一张记账凭证上。

（二）内容填写完整，编写规范

记账凭证内容应填写齐全，不能遗漏或错填。要同原始凭证书写一样，数码字工整，易于辨认及核对。

（三）填制记账凭证时如发生错误，应当重新填制

具体各项目填写时应做到以下几点：

（1）日期。填写编制记账凭证时的日期，根据需要也可填写经济业务发生时的日期或月末日期。

（2）摘要。摘要应与经济业务内容相符，言简意赅，表述准确，一般要考虑经办单位或人员、经济业务性质和金额变化方向等因素，使其规范化。

（3）会计科目。除一级科目外，如有二级科目或明细科目也要填写。根据记账和核算要求，会计科目写到哪一级，一般要写到会计科目所属最下一级账户。会计科目和明细科目要写全称，不能省略或简化，以便日后核对。

（4）金额。金额要填写清楚，角、分位不留空白，可写成“00”；空行划一斜线注销；金额合计第一位数前应写小写人民币符号“￥”。填写金额要保持会计分录的平衡关系。

（5）编号。记账凭证应连续编号，并根据不同的情况采用不同的编号方法。一般按月编号，对于经济业务极少的单位可以按年编号。

采用收、付、转专用凭证的要分类编号，应采用“字号编号法”：即把不同类型的记账凭证用字加以区别，再把同类记账凭证顺序号加以连续。三种

格式的记账凭证，采用字号编号法时，具体地编为“收字第××号”“付字第××号”“转字第××号”，每月从第1号编起。例如，收字第1号，付字第1号，转字第1号。

一笔复杂的经济业务要编制多张记账凭证，应采用“分数编号法”，例如一笔经济业务要编制三张转账记账凭证，编号为转字第$6\frac{1}{3}$号，转字第$6\frac{2}{3}$号，转字第$6\frac{3}{3}$号。

只采用一种通用记账凭证的，可以按编制凭证的先后顺序编号，每月从第1号编起，以凭证名称的字头或编制人员姓氏冠以字头，如记字第1号，每月末各种记账凭证的最后一张编号，在其旁边要加注“全”字，表示本月凭证编号到此结束，以免丢失。

（6）附件。除结账和更正错账可以不附原始凭证外，其他记账凭证必须附原始凭证，并要填写附件的张数。附件张数计算，一般以原始凭证自然张数为准。原始凭证的内容和张数，应同记账凭证的内容和所列张数一致，不能错置和少置原始凭证。一张原始凭证同几张记账凭证有关，可将该原始凭证附在一张主要记账凭证后面，在其他记账凭证上注明该凭证编号，或将原始凭证复印，附在各记账凭证后面。一张原始凭证所列支出几个单位共同负担时，要开具原始凭证分割单。分割单要具有原始凭证的基本内容，如凭证名称、填制日期、填制单位或人员名称、经济业务内容、数量、金额及费用分担情况。重要资料或原始凭证数量过多，须单独保存的，要在摘要栏注明。原始凭证要认真整理，依左上角对齐，展平放正，黏附在记账凭证后面；凭证过大，可折叠成比记账凭证略小的面积；凭证过小，可在其后面加一张比原始凭证略大的衬纸；原始凭证破损要修补完好；凭证过厚，可取其表面一层薄纸。黏附原始凭证，应选用不为鼠咬、虫蛀、不易腐烂，也不使文字、数字褪色的胶水或糨糊。

温馨提示

原始凭证张数的计算方法有两种：①按构成记账凭证金额的原始凭证或原始凭证汇总表计算张数，原始凭证或原始凭证汇总表所附的单据只作为附件处理。②以所附原始凭证的自然张数为准，有一张算一张。

（7）记账标记。在已经登记账簿后，应在记账凭证的“记账”栏划“√”符号，表示已经入账，以免发生漏记或重记错误。

（8）记账凭证填制完成后，如有空行，应当自金额栏最后一笔金额数字下的空行处至合计数上的空行处划线注销。

（9）责任人签字。记账凭证编制无误后，应由有关人员签字或盖章，以明确责任。包括制证、审核、记账、会计主管等有关人员的签字或盖章，收款凭证和付款凭证还应由出纳人员签名或盖章。

四、记账凭证的填制方法

（一）收款凭证的填制方法

对于涉及库存现金和银行存款收款的业务，应由会计人员根据审核无误的原始收款凭证收款后填制，如收到现金投资款、销售商品收到银行存款等都应该填制收款凭证。

在借贷记账法下，收款凭证左上方所填列的借方科目，应是“库存现金”或“银行存款”科目；上方的“年、月、日”处，填制本记账凭证的日期；右上角的“总字第____号”和“收字第____号”应按顺序编号；“摘要”栏填写能反映经济业务性质和特征的简要说明；贷方科目，“贷方一级科目”应填写与收入“库存现金”或“银行存款”相对应的一级科目，“二级科目”栏填写与收入“银行存款”或“库存现金”相对应的二级科目；“金额”栏填写与同一行科目对应的发生额；“合计栏”填写各发生额的合计数；凭证右边“附单据张”处需填写所附原始凭证的张数；下边分别由相关人员签字或盖章；“记账”栏则应在已经登记账簿后划“√”符号，表示已经入账，以免发生漏记或重记错误。

（二）付款凭证的填制方法

对于涉及库存现金和银行存款付款的经济业务，应由会计人员根据审核无误的原始凭证付款后填制付款凭证，如以库存现金或银行存款支付购买材料款、支付工资、支付各项费用、缴纳税费等，都应填制付款凭证。

付款凭证的填制方法与收款凭证基本相同，只是左上方将“借方科目”换成了“贷方科目”，在凭证内“贷方科目”换成了“借方科目”栏。

> **温馨提示**
>
> 涉及库存现金、银行存款之间相互划转的业务，如从银行提取现金，或者将现金存入银行，为避免重复记账，只填一张付款凭证。

（三）转账凭证的填制方法

凡不涉及库存现金和银行存款收、付款的业务，应由会计人员根据审核无误的转账原始凭证填制转账凭证。如领用材料、计提折旧、摊销费用、债权债务产生、期末收支结转等，都应编制转账凭证。

在借贷记账法下，将经济业务所涉及的会计科目全部填列在凭证内，借方科目在先，贷方科目在后，将各会计科目所记应借应贷的金额填列在“借方金额”或“贷方金额”栏内。借、贷方金额合计数应该相等。制单人应在填制凭证后签名盖章，并在凭证的右侧填写所附原始凭证的张数。

五、记账凭证审核的内容

所有填制好的记账凭证，都必须经过其他会计人员认真的审核。在审核记账凭证的过程中，如发现记账凭证填制有误，应当按照规定的方法及时加以更正。只有经过审核无误的记账凭证，才能作为登记账簿的依据。记账凭证审核的主要内容是：

（1）内容是否真实。审核记账凭证记录的经济业务是否与所附的原始凭证所反映的内容相一致，内容是否真实，是否合法。原始凭证张数与记账凭证所填张数是否一致。

（2）项目是否齐全。审核有关项目的填列是否完备，日期、摘要、凭证编号、总账科目及明细科目、附件张数及有关人员的签章是否完备。

（3）科目是否正确。应审核应借、应贷的会计科目和金额是否正确，账户的对应关系是否清晰、完整，核算内容及所使用的会计科目名称是否符合会计制度的要求。

（4）金额是否正确。根据借贷记账法的基本原理，审核记账凭证上列示的总分类科目金额和明细分类科目金额是否正确。

（5）书写是否正确。审核记账凭证书写的文字和数字是否工整、清晰，是否按规定更正差错。

（6）手续是否完备。主要审核审批手续是否齐全，相关人员是否签字或者盖章。

记账凭证审核的内容

知识窗

会计凭证审核技巧

一是记账凭证所附原始凭证的日期、数量、单位、单价、品种、规格、收款人、填写不规范，或干脆不填写，金额不对，收款单位印章不清楚等特点。

二是日期与发票的连续号码不相称，同一个单位开出的同一种发票，日期在前的号码却在后，日期在后的号码反而在前。

三是自制的奖金或其他各种补助费表上领取人签字的字迹差不多，或一人代领多人，或人事部门下达的工资单与财务部门实际发放工资单不一致。

四是发票内容与相对应的科目不对应。

五是大量的发票与该单位的正常业务不符。

六是审批手续不齐全，有的是财务人员自行审批，有的只有审批人而无经办人，购买物品无保管验收人签字等。

七是内容、金额、时间、收入、支出违反一般常理规定等。

六、记账凭证审核结果的处理

在审核过程中，如果发现记账凭证记录不全或有差错，应及时查明原因并按规定的方法予以更正或重新填制。只有经过审核无误的记账凭证，才能据以登记账簿。

任务实施

步骤 1：根据审核无误的原始凭证编制记账凭证。

【业务 7】10 月 8 日，接受投资者投入货币资金 200 000 元，其中刘莹莹投资款 120 000 元、从丽丽投资款 80 000 元，记账凭证填制如凭证 4 – 8 所示。

凭证 4 – 8

收款凭证

借方科目：银行存款　　20××年 10 月 8 日　　总字第 001 号　收字第 001 号

摘要	贷方科目		贷方金额	记账符号
	总账科目	明细科目		
接受投资	实收资本	刘莹莹	120 000. 00	
接受投资	实收资本	从丽丽	80 000. 00	
合计金额			¥200 000. 00	

附单据 3 张

会计主管 赵玲玲　记账 李玉玉　出纳 孙会会　复核 钱丽丽　制证 吴平平

【业务 8】10 月 9 日，购买固定资产价款 60 000 元，增值税进项税额 7 800. 00元，以银行存款支付，记账凭证填制如凭证 4 – 9 所示。

凭证 4 – 9

付款凭证

贷方科目：银行存款　　20××年 10 月 9 日　　总字第 002 号　付字第 001 号

摘要	借方科目		借方金额	记账符号
	总账科目	明细科目		
购买固定资产	固定资产		60 000. 00	
购买固定资产	应交税费	应交增值税（进行税额）	7 800. 00	
合计金额			¥67 800. 00	

附单据 3 张

会计主管 赵玲玲　记账 李玉玉　出纳 孙会会　复核 钱丽丽　制证 吴平平

【业务 9】10 月 10 日，从银行提取现金 7 000 元备用，记账凭证填制如凭证 4 – 10 所示。

凭证 4－10

<table>
<tr><td colspan="2"></td><td colspan="2" align="center">付款凭证</td><td colspan="2">总字第 003 号</td></tr>
<tr><td colspan="2">贷方科目：银行存款</td><td colspan="2" align="center">20××年 10 月 10 日</td><td colspan="2">付字第 002 号</td></tr>
<tr><td rowspan="2">摘要</td><td colspan="2">借方科目</td><td rowspan="2">借方金额</td><td rowspan="2">记账符号</td><td rowspan="8">附单据1张</td></tr>
<tr><td>总账科目</td><td>明细科目</td></tr>
<tr><td>提现备用</td><td>库存现金</td><td></td><td>7 000.00</td><td></td></tr>
<tr><td></td><td></td><td></td><td></td><td></td></tr>
<tr><td></td><td></td><td></td><td></td><td></td></tr>
<tr><td></td><td></td><td></td><td></td><td></td></tr>
<tr><td></td><td></td><td></td><td></td><td></td></tr>
<tr><td></td><td></td><td></td><td></td><td></td></tr>
<tr><td colspan="3">合计金额</td><td>¥7 000.00</td><td></td><td></td></tr>
</table>

会计主管 赵玲玲　记账 李玉玉　出纳 孙会会　复核 钱丽丽　制证 吴平平

温馨提示

该笔业务涉及现金和银行存款之间相互划转的业务，只需填制付款凭证。

【业务 10】10 月 14 日，采购员于强出差预借差旅费 5 000 元，记账凭证填制如凭证 4－11 所示。

凭证 4－11

<table>
<tr><td colspan="2"></td><td colspan="2" align="center">付款凭证</td><td colspan="2">总字第 004 号</td></tr>
<tr><td colspan="2">贷方科目：库存现金</td><td colspan="2" align="center">20××年 10 月 14 日</td><td colspan="2">付字第 003 号</td></tr>
<tr><td rowspan="2">摘要</td><td colspan="2">借方科目</td><td rowspan="2">借方金额</td><td rowspan="2">记账符号</td><td rowspan="8">附单据1张</td></tr>
<tr><td>总账科目</td><td>明细科目</td></tr>
<tr><td>预借差旅费</td><td>其他应收款</td><td></td><td>5 000.00</td><td></td></tr>
<tr><td></td><td></td><td></td><td></td><td></td></tr>
<tr><td></td><td></td><td></td><td></td><td></td></tr>
<tr><td></td><td></td><td></td><td></td><td></td></tr>
<tr><td></td><td></td><td></td><td></td><td></td></tr>
<tr><td></td><td></td><td></td><td></td><td></td></tr>
<tr><td colspan="3">合计金额</td><td>¥5 000.00</td><td></td><td></td></tr>
</table>

会计主管 赵玲玲　记账 李玉玉　出纳 孙会会　复核 钱丽丽　制证 吴平平

【业务 11】10 月 16 日，从南阳股份有限责任公司购买甲材料 3 000 千克，单价 8 元，计 24 000 元，增值税进项税额 3 120 元；乙材料 1 000 个，单价 30 元，计 30 000 元，增值税进项税额 3 900 元；材料验收入库，款项暂欠，记账凭证填制如凭证 4－12 所示。

凭证 4－12

转账凭证

总字第 005 号

20××年 10 月 16 日

转字第 001 号

摘要	会计科目		借方金额	贷方金额	记账符号
	总账科目	明细科目			
购进原材料	原材料	甲材料	24 000.00		
购进原材料	原材料	乙材料	30 000.00		
购进原材料	应交税费	应交增值税（进项税额）	7 020.00		
南阳股份有限责任公司	应付账款			61 020.00	
合计金额			61 020.00	¥61 020.00	

附单据 2 张

会计主管 赵玲玲　　记账 李玉玉　　复核 钱丽丽　　制证 吴平平

【业务 12】10 月 17 日，采购员于强报销差旅费 4 900 元，余款交回现金 100 元，结清原预借款，记账凭证填制如凭证 4－13 和凭证 4－14 所示。

凭证 4－13

收款凭证

总字第 $006\frac{1}{2}$ 号

借方科目：库存现金　　20××年 10 月 17 日　　收字第 002 号

摘要	贷方科目		贷方金额	记账符号
	总账科目	明细科目		
预借款交回现金	其他应收款	于强	100.00	
合计金额			¥100.00	

附单据 1 张

会计主管 赵玲玲　　记账 李玉玉　　出纳 孙会会　　复核 钱丽丽　　制证 吴平平

凭证 4－14

转账凭证

总字第 006 $\frac{2}{2}$ 号

20××年 10 月 17 日　　转字第 002 号

摘要	会计科目		借方金额	贷方金额	记账符号
	总账科目	明细科目			
报销差旅费	管理费用		4 900.00		
预借差旅费报销	其他应收款	于强		4 900.00	
合计金额			¥4 900.00	¥4 900.00	

附单据 1 张

会计主管 赵玲玲　　记账 李玉玉　　复核 钱丽丽　　制证 吴平平

【业务 13】10 月 18 日，生产产品领用甲材料 2 000 千克，单价 8 元，计 16 000 元；乙材料 700 个，单价 30 元，计 21 000 元，记账凭证填制如凭证 4－15所示。

凭证 4－15

转账凭证

总字第 007 号

20××年 10 月 18 日　　转字第 003 号

摘要	会计科目		借方金额	贷方金额	记账符号
	总账科目	明细科目			
生产领用材料	生产成本		37 000.00		
生产领用材料	原材料	甲材料		16 000.00	
生产领用材料	原材料	乙材料		21 000.00	
合计金额			¥37 000.00	¥37 000.00	

附单据 1 张

会计主管 赵玲玲　　记账 李玉玉　　复核 钱丽丽　　制证 吴平平

【业务 14】10 月 20 日，向宏宇机械制造有限责任公司销售产品 A 型产品 10 套，单价 6 200 元，增值税销项税额 8 060 元，款项尚未收到，记账凭证填制如凭证 4－16 所示。

凭证 4－16

转账凭证

总字第 008 号

20××年10月20日 转字第 004 号

摘要	会计科目		借方金额	贷方金额	记账符号
	总账科目	明细科目			
销售产品	应收账款		70 060.00		
销售产品	主营业务收入			62 000.00	
销售产品	应交税费	应交增值税（销项税额）		8 060.00	
合计金额			¥70 060.00	¥70 060.00	

附单据1张

会计主管 赵玲玲 记账 李玉玉 复核 钱丽丽 制证 吴平平

【业务15】10月22日，支付广告费5 000元，增值税进项税额300元，价税合计5 300元，以银行存款支付，记账凭证填制如凭证4－17所示。

凭证 4－17

付款凭证

总字第 009 号

贷方科目：银行存款 20××年10月22日 付字第 004 号

摘要	借方科目		借方金额	记账符号
	总账科目	明细科目		
支付广告费	销售费用		5 000.00	
购买广告服务	应交税费	应交增值税（销项税额）	300.00	
合计金额			¥5 300.00	

附单据2张

会计主管 赵玲玲 记账 李玉玉 出纳 孙会会 复核 钱丽丽 制证 吴平平

【业务16】10月28日，收到宏宇机械制造有限责任公司销货款70 060元，存入银行，记账凭证填制如凭证4－18所示。

凭证 4-18

收款凭证

总字第 010 号

借方科目：银行存款　　20××年10月28日　　收字第 003 号

摘要	贷方科目		贷方金额	记账符号
	总账科目	明细科目		
收回货款	应收账款	宏宇公司	70 060.00	
合计金额			¥70 060.00	

附单据 1 张

会计主管 赵玲玲　记账 李玉玉　出纳 孙会会　复核 钱丽丽　制证 吴平平

【业务 17】10 月 29 日，以银行存款向南阳股份有限公司支付原材料采购价税款 61 020 元，记账凭证填制如凭证 4-19 所示。

凭证 4-19

付款凭证

总字第 011 号

贷方科目：银行存款　　20××年10月29日　　付字第 005 号

摘要	借方科目		贷方金额	记账符号
	总账科目	明细科目		
支付前欠货款	应付账款		61 020.00	
合计金额			¥61 020.00	

附单据 1 张

会计主管 赵玲玲　记账 李玉玉　出纳 孙会会　复核 钱丽丽　制证 吴平平

步骤 2：根据编制的记账凭证逐一审核。

主要审核：①内容是否真实；②项目是否齐全；③科目是否正确；④金额是否正确；⑤书写是否正确；⑥手续是否完备。

模块三 会计凭证的传递与保管

任务描述

天成电子设备有限责任公司，需要为材料收入业务活动的凭证传递设计合理的流程，并按工作岗位分工完成模块一任务描述中【业务 7】到【业务 17】记账凭证的整理与装订工作。

任务布置

请以天成电子设备有限责任公司财务科财务人员身份完成上述任务。

知识学习

一、会计凭证的传递

企业、单位的一项经济业务往往涉及若干部门和经办人员，会计凭证作为记录经济业务的载体，也要在不同部门和人员之间传递，以反映经济业务的完成情况，履行有关部门的责任和手续。会计凭证的传递是指会计凭证从取得或填制开始，到整理装订归档为止，在本单位内部有关部门和人员之间，按规定的要求进行传递和处理的程序。

正确组织会计凭证传递，对于及时核算和监督经济业务，管理经济活动，协调有关部门、人员工作，进而加强企业、单位内部管理具有重要意义。

由于企业、单位规模大小不一，生产经营组织不同，经济业务性质和核算要求不同，会计凭证传递的具体环节、手续等也不尽相同。因此，要根据实际情况，确定每一种或性质相同的会计凭证的传递要求。其基本要求是：

（一）传递程序要合理

根据交易或事项的特点、企业机构的设置、人员分工的情况及经营管理上的需要，恰当地规定各种会计凭证的格式和传递的程序。

（二）传递时间要节约

根据各环节的工作内容和工作量，以及在正常情况下完成各项工作所需要的时间，来确定凭证的传递时间。所有凭证的传递和处理，都应在报告期内完成，一般不得跨期，以便及时进行会计核算。

（三）传递手续要严密

应制定传递的办法和程序，明确责任，确保会计凭证的安全完整，各环节之间的衔接既要完备，又要简便易行。

二、会计凭证的保管

会计凭证是记录和监督经济业务，明确经济责任，并作为登记账簿依据的书面文件，是重要的经济档案和历史记录。所有企业、单位都要按规定建立会计档案归档制度，都要将会计凭证、账簿等资料保存完善，以备日后核查。

（一）原始凭证的粘贴

记账凭证应连同所附全部原始凭证，一起顺序折叠整齐，以备按期装订成册。原始凭证应粘贴在记账凭证的后面，因原始凭证种类繁多、大小不一，为保证规范性一般粘贴的方法有：从下向上，从右向左，齐线齐边，超大剪折，即在原始凭证排列顺序上按照从上到下或者是从右向左进行排列，可以自主选择，但必须要整齐，如果有太大的凭证，一般可以选择剪裁或者是折叠的方法。具体方法是：

（1）按照小票在下、大票在上的要求在一张空白报销单上从右至左呈阶梯状依次粘贴。

（2）在已贴好的原始报销凭证的空白报销单上粘贴已经填写完整的报销单（将左面对齐粘贴）。

（3）所有原始凭证必须在粘贴单上由上而下、自左至右、均匀排列粘贴。将胶水涂在纸张左侧，从粘贴线开始（粘贴列表左侧2厘米），纸张对右侧均匀地水平排列粘贴，注意不要把纸张粘贴在粘贴纸上，为了避免纸张粘贴不整齐的现象，每张原始凭证应直接粘贴在纸张上，不能将原始凭证粘贴在原始凭证上，以避免丢失；粘贴原始凭证必须放在纸张粘贴线上，上面和右侧不得超过粘贴线，不同文件的个别规格，可以剪下粘贴，但必须保证原始文件的完整性。

（4）原始凭证应该按照报销的经费以及类别进行分类及粘贴，如办公费、招待费、差旅费、车辆使用费等，把相同费用项目的原始凭证粘贴在一起。

（二）日常保管

会计凭证（原始凭证和记账凭证）在审核无误并登记账簿后，应按照分类和编号顺序保管，不能散乱、丢失。

原始凭证不得外借，如遇特殊原因确需外借时，须经会计主管、单位领导批准后复制。对外单位提供复制原始凭证，要设专门登记簿记录，并由提供人员和收取人员共同签名盖章。从外单位取得的原始凭证如有遗失，应取得原开出单位盖有公章的证明，并注明原来凭证的号码、金额和内容等，由经办单位负责人、会计主管人员和单位负责人批准后，才能代作原始凭证。如确实无法取得证明的，如火车、飞机票等，由当事人写出详细情况，由单位负责人批准后代作原始凭证。

（三）定期装订

整理与装订凭证

对记账后顺序整理的会计凭证，应定期装订成册。根据凭证数量多少，可以每日、5 日、10 日、半月、1 月装订。至少每月装订一次，装订好的凭证按年分月妥善保管归档。装订时应按凭证种类、顺序，连同所附原始凭证，一并装订成册。装订成册时，应加具封面、封底，在封面写明凭证名称、年、月份、凭证起止日期、号数、册数、装订人等，并由装订人加盖骑缝章，以明确责任。

经济合同和各种重要的原始单据，需要随时查阅的凭证等，如工资单、存出保证金收据等，可另编目录，单独保存；凭证数量过多，也可单独装订保管，在封面注明记账凭证日期、编号、种类，同时在有关记账凭证上注明“附件另订”。

知识窗

会计凭证如何装订

（1）整齐、美观、牢固。凭证厚度一般为 1.5 厘米，最多不超过 3 厘米，如果本月凭证过多，可装订为多本。

（2）银行对账单、银行存款余额调节表不是原始凭证，但却是重要的会计资料，要单独装订保存。

（3）凭证中不能有大头针、曲别针、订书钉等金属物。

（4）写好凭证封面、单位名称、年度、月份、凭证种类（收付转）、起始日期、起始号数。

（5）线绳结要打在凭证背面。

记账凭证装订方法：从方向上来说，有左边装订线处装订法——“边订法”和左上角包角装订法——“角订法”。“边订法”“角订法”具体步骤如图 4－1 和图 4－2 所示。

（a）将凭证向左上角磕齐后打孔

（b）用线绳订好

（c）将节打在背面，用纸条封好盖

图 4－1　边钉法操作步骤

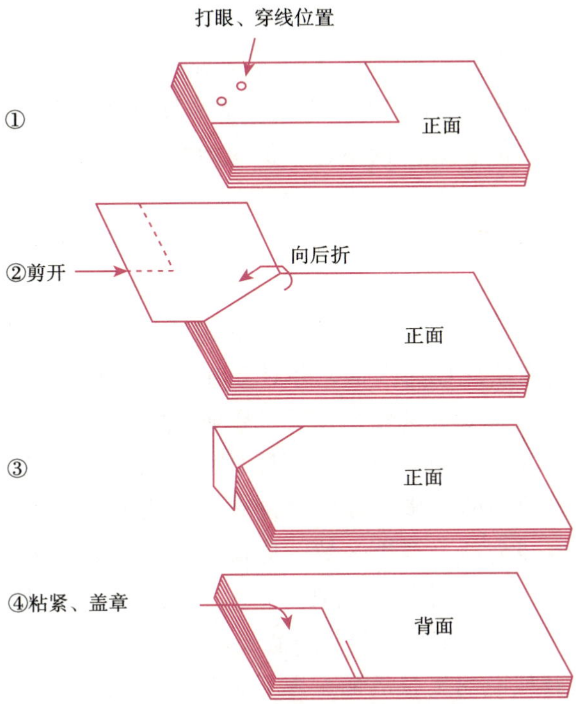

图 4－2　角钉法操作步骤

（四）归档保管

在整理会计档案时，使用的装具应做到整齐统一、类目醒目。记账凭证使用标准卷皮的不可装盒（袋）；会计账簿、财务会计报告以及其他材料必须装入会计档案盒保管。会计档案卷皮、卷盒背脊要注明年月、类别、期限和卷号。

装订成册的会计凭证，应严格、完整保管，年度终了，移交财会档案室登记归档保存。企业的原始凭证和记账凭证是重要的会计档案，保管期限为 30 年。

会计凭证的保管和销毁手续，应严格执行会计制度的有关规定。未到规定期限的会计凭证，任何人都不能随意销毁。对保管期满需要销毁的会计凭证，需经单位领导审查，报经上级主管单位批准后方可进行。

> **温馨提示**
>
> 会计档案的保管期限分为永久、定期两类。定期保管期限一般分为 10 年和 30 年。会计档案的保管期限，从会计年度终了后的第一天算起。

任务实施

步骤 1：材料收入业务活动包括：①购买的原材料运达；②验收入库；③填制“收料单”；④“收料单”送交财会部门；⑤审核“收料单”；⑥根据“收料单”填制记账凭证；⑦根据“收料单”、记账凭证登记账簿；⑧整理保管凭证。

具体流程设计如下：

（1）材料验收入库，由保管员林程依据购货发票填制“收料单”。一份留存，作为登记材料保管账的依据，一份交给财务部门，作为财务部门入账的原始凭证。

（2）“收料单”传递到会计部门由制单会计吴平平核对“收料单”和“发票”填制记账凭证。吴平平根据仓库送来的“收料单”与“发票”核对无误后，选择正确的记账凭证类型登记记账凭证的日期、编号、摘要、会计科目、金额、所附原始凭证的张数，并且要在制单人位置签名或盖章，最后将“收料单”等相关原始凭证粘贴在记账凭证的后面。

（3）制单会计吴平平将填制好的记账凭证交由稽核会计钱丽丽复核。钱丽丽在收到吴平平填制的记账凭证后要检查记账凭证与所附收料单等原始凭证在经济业务内容和金额上是否一致。应借、应贷的账户名称和金额是否正确，记账凭证中的有关项目是否填列齐全，有关人员是否都已签名或盖章，审核无误后，在记账凭证审核或稽核位置签名或盖章。

（4）稽核会计钱丽丽复核后的记账凭证传递给记账员李玉玉，李玉玉根据记账凭证登记“原材料明细账”等相关明细账，再传递给会计主管人员陈玲玲，汇总登记总账，并保管。

步骤2：整理天成电子设备有限责任公司20××年10月份编制的记账凭证，填制记账凭证封面。

步骤3：采用“角订法”或其他方法对天成电子设备有限责任公司20××年10月份所编制的记账凭证进行装订。

学习评价

专业能力测评表

业务能力	评价指标	自测结果	要求
原始凭证的填制与审核	1. 原始凭证的概念 2. 原始凭证的分类 3. 原始凭证的基本内容、填制要求 4. 原始凭证审核的内容 5. 原始凭证审核结果的处理	□A □B □C □A □B □C □A □B □C □A □B □C □A □B □C	1. 能根据原始凭证识别发生的经济业务 2. 能正确地填制原始凭证 3. 能正确地审核原始凭证并对审核结果正确处理
填制记账凭证	1. 记账凭证的概念 2. 记账凭证的种类 3. 记账凭证的填制要求和方法 4. 记账凭证审核的内容 5. 记账凭证审核结果的处理	□A □B □C □A □B □C □A □B □C □A □B □C □A □B □C	1. 能根据原始凭证选择正确的记账凭证类型 2. 正确地填制记账凭证 3. 正确地审核记账凭证并对审核结果正确处理

续表

业务能力	评价指标	自测结果	要求
会计凭证的传递与保管	1. 会计凭证的传递 2. 会计凭证的保管	□A　□B　□C □A　□B　□C	能够明确会计凭证传递的程序并且可以在规定的时间内按要求完成传递，会粘贴、装订会计凭证
说明	（在□中打√，A 掌握，B 基本掌握，C 未掌握）		
教师评语：			
成绩		教师签字	

项目五
登记会计账簿

知识目标

- ◆ 了解账簿的概念和种类；
- ◆ 掌握日记账、总账和明细账的格式和内容；
- ◆ 熟悉账簿的启用规则；
- ◆ 能根据错账的类型选择错账更正方法；
- ◆ 掌握期末对账的内容，以及月结、季节和年结的不同方法。

能力目标

- ◆ 能正确地启用和登记日记账、明细账、总账；
- ◆ 能规范地进行错账更正；
- ◆ 能正确地进行期末对账、结账。

素养目标

- ◆ 通过为账簿粘贴印花税票，树立依法纳税意识；
- ◆ 通过账簿设置和登记，培养严谨细致的工作作风、诚实守信的良好品格。

思维导图

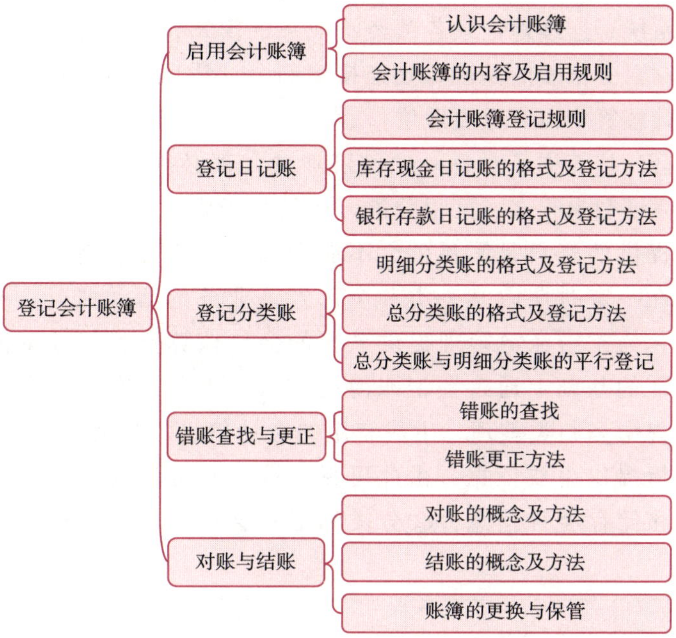

模块一　启用会计账簿

任务描述

天成电子设备有限责任公司20××年10月发生了11笔经济业务（见项目四），根据这些经济业务的原始凭证，填制了记账凭证。

会计账簿的含义

任务布置

请以天成电子设备有限责任公司财务人员身份建立账簿体系，并按照启用账簿的要求，完成相关账簿启用工作。

知识学习

一、认识会计账簿

（一）会计账簿的含义

由于会计凭证对经济业务的记录是分散的，每一张记账凭证通常只反映一项经济业务。为取得系统化的核算资料，必须对分散在会计凭证上的资料进行整理，从而全面、系统、连续地反映会计主体的经济活动和财务收支状况，为编制会计报表和企业内部管理提供必要的、有用的信息。这就要运用会计核算的专门方法，即登记会计账簿来完成。

会计账簿，是指由一定格式的账页组成的，以经过审核的会计凭证为依据，全面、系统、连续地记录各项经济业务的簿籍，简称账簿。设置和登记账簿，是编制财务报表的基础，是连接填制会计凭证和编制财务报表的中间环节，在会计核算中占有重要地位。

企业在会计核算中，对每一项经济业务，都必须取得和填制会计凭证，但由于会计凭证数量很多，又很分散，而且每张凭证只能记载个别经济业务的内容，所提供的资料是零星的，不能全面、连续、系统地反映和监督一个经济单位在一定时期内某一类和全部经济业务的活动情况，不便于日后查阅。因此，为了给经济管理提供系统的会计核算资料，各单位都必须在编制记账凭证的基础上通过登记账簿的方法，把分散在会计凭证上的大量资料，加以集中和归类整理，生成有用的会计信息，从而为编制财务报表、进行会计分析提供主要依据。由此可见，设置和登记会计账簿具有如下作用：①记载和储存会计信息；②分类和汇总会计信息；③检查和校正会计信息。

温馨提示

账簿和账户的关系：两者是形式和内容的关系。账簿是由若干账页组成的一个整体，账簿中的每一账页就是账户的具体存在形式和载体，没有账簿，账户就无法存在；账簿序时、分类地记录经济业务，是在各个具体账户中完成的。因此，账簿只是一个外在形式，账户才是它的实质内容。

（二）会计账簿的种类

1. 按账簿用途的不同，可分为序时账、分类账和备查账

（1）序时账簿。序时账簿，又称日记账，是指按照经济业务发生时间的先后顺序逐日、逐笔登记的账簿。序时账按其记录的内容不同，又分为普通日记账和特种日记账两种。

普通日记账，也称会计分录簿，是对全部经济业务按其发生时间的先后顺序逐日、逐笔登记的账簿。是根据经济业务的原始凭证，直接以会计分录的格式进行序时登记。

特种日记账，是对某一特定种类的经济业务按其发生时间的先后顺序逐日、逐笔顺序登记的账簿。如库存现金日记账、银行存款日记账、销货日记账、购货日记账。在我国，大多数单位一般只设库存现金日记账和银行存款日记账。

（2）分类账簿。分类账簿，是指对经济业务按照会计要素的具体类别而设置的分类账户进行登记的账簿。分类账按其反映经济业务的详细程度不同又分为总分类账簿和明细分类账簿。总分类账簿，又称总账，是指按照总分类账户开设的，能全面地反映企业的经济业务的账簿；明细分类账簿，又称明细账，是指按照明细分类账户开设的，分类登记业务的账簿。总账对所属

明细账起统驭作用，明细账对总账起补充和说明的作用。

实际工作中，经济业务比较简单，且涉及总分类账户较少的单位，为简化记账工作，可以将序时账簿和分类账簿结合在一起，进行序时登记和总分类登记，这种既可进行序时登记，又可进行总分类登记的账簿，称为联合账簿或日记总账。

（3）备查账簿。备查账簿，又称备查簿、辅助登记簿或补充登记簿，是指对某些未能在序时账簿和分类账簿中进行登记或记载不够详细的经济业务进行补充登记的账簿。备查账簿只是对其他账簿记录的一种补充，与其他账簿之间不存在严密的依存和勾稽关系，各单位可根据企业实际需要确定是否需要设置备查账簿。如租入固定资产备查簿、受托加工材料登记簿等。

企业在实际工作中，为了取得经营管理所需要的详细数据，企业一般必须建立由日记账、明细分类账和总分类账组成的完整的账簿体系。

案例

不允许设置账外账，私设“小金库”

2013 年 1 月至 2015 年 7 月，某省统计局 16 个内设处室及直属事业单位先后通过虚构、虚增会议费等方法，套取财政资金共计 52 万余元存放于多家酒店，存在设立和使用“小金库”、使用公款支付个人消费等。相关人员均受到党内严重警告、行政记大过处分等处分。

认定是否属于“小金库”，关键看资金或资产是否列入符合规定的单位账簿。这是认定是否属于“小金库”的唯一标准。所谓“单位账簿”就是指本单位的会计账簿。

《会计法》第三条规定：“各单位必须依法设置会计账簿，并保证其真实、完整”。会计账簿包括总账、明细账、日记账和其他辅助性账簿。《会计法》还对会计核算单位设置会计账簿提出以下基本要求：

第一，必须依照《会计法》和国家统一的会计制度的规定设置会计账簿，不允许不设置会计账簿。国家统一会计制度，是指由财政部制定，或者财政部与国务院有关部门联合制定，或者由财政部审核批准的在全国范围内统一执行的会计规章、准则、制度、办法等规范性文件。

第二，会计账簿包括总账、明细账、日记账和其他辅助性账簿，各会计核算单位必须依法设置，不允许相互替代。

第三，不得违反《会计法》和国家统一的会计制度的规定，在符合规定的会计账簿之外私设会计账簿或账外账。

2. 按外观形式不同，可分为订本账簿、活页账簿和卡片账簿

（1）订本式账簿，简称订本账，是指在启用前就已经将账页装订在一起，并预先对页码进行连续编号的账簿。这种账簿的优点是：账页固定，既可防止账页散失，也可防止抽换账页。其缺点是：由于账页固定，预留账

页数与实际需要量可能不一致，使用起来不够灵活，而且在同一时间内只能由一人登记账簿，不便于分工记账。订本账一般适用于日记账和总账。

（2）活页式账簿，简称活页账，是指在账簿登记完毕之前不把账页固定装订在一起，而是装在活页账夹中的账簿。该种账簿的优点是：可根据内容的变化而随时增加或减少账页，并可同时由数人分工登记账簿；使用完毕（通常一个会计年度结束之后）不再登记时，才加具封面，给账页连续编号，并装订成册。其缺点是：账页容易散失和被随意抽换。活页账适用于明细账。

（3）卡片式账簿，简称卡片账，是指用印有记账格式的卡片，详细登记各项经济业务的账簿。卡片不固定在一起，数量可根据经济业务量增减。使用完毕不再登记时，将卡片穿孔固定保管。卡片账的优缺点与活页账相同，一般适用于不常更换账页的账簿。如固定资产的明细核算一般采用卡片账。

3. 按账页格式不同，可分为两栏式账簿、三栏式账簿、多栏式账簿、数量金额式账簿和横线登记式账簿

（1）两栏式账簿，是指其账页格式只有借方、贷方两个基本金额栏目的账簿。

（2）三栏式账簿，是指其账页格式设有借方、贷方和余额三个金额栏目的账簿。一般适用于只需记录金额的账户，如库存现金日记账、银行存款日记账、总账以及资本、债权债务明细账等，如表 5－1 所示。

表 5－1 **总分类账**

科目：________

年		凭证		摘要	对方科目	借方	贷方	借或贷	余额
月	日	种类	号数						

（3）多栏式账簿，是指在账页的两个基本栏目借方和贷方按需要分设若干专栏的账簿。多栏式账簿借方和贷方栏目按照明细科目或某明细科目的各

明细项目下设专栏，用于反映所记经济业务或事项的构成内容，以便为经济管理提供详细资料。它又分为借方多栏式明细账和贷方多栏式明细账。如管理费用明细账、生产成本明细账、制造费用明细账（见表5－2）等。

表5－2　**制造费用 明细账**

科目：________

年		凭证		摘要	原材料	职工薪酬	动力费用	折旧费用	其他费用	借或贷	合计
月	日	种类	号数								

（4）数量金额式账簿，是指在账页借方、贷方和余额三个栏目内，每个栏目再分设数量、单价和金额三个小栏目，用以反映财产物资的实物数量和价值量的账簿。如材料明细账、库存商品明细账（见表5－3）等。

表5－3　**库存商品 明细账**

编号：

规格：　　单位______　名称______

年		凭证		摘要	借方			贷方			结存		
月	日	种类	号数		数量	单价	金额	数量	单价	金额	数量	单价	金额

（5）横线登记式账簿，又称平行式账簿，是指在账簿账页的借方和贷方，根据需要分设若干栏次，在账页借贷双方同一行内记录某一经济业务或事项的发生至结束全过程的账簿。横线登记式账簿一般适用于需要逐笔结算的经济业务或事项的明细账。如材料采购明细账。

二、会计账簿的内容与启用规则

（一）会计账簿的基本内容

会计账簿包括总账、明细账、日记账和备查账。其格式也是多种多样的。总账、明细账和日记账等主要账簿一般由封面、扉页和账页构成。

1. 封面

封面用来载明记账单位的名称和账簿的名称。

2. 扉页

扉页主要有“账簿启用表及经管人员一览表”（见表5－4）和账户目录（即科目索引）。“账簿启用表及经管人员一览表”的内容有：①单位名称；②账簿名称；③账簿号码；④账簿页数；⑤启用日期；⑥单位主管；⑦财务主管；⑧复核人员；⑨记账人员；⑩经管人员；⑪接管人员和接管日期；⑫移交人员和移交日期；⑬监交人员和监交日期；⑭单位公章；⑮监制号。

表5－4　　账簿启用表及经管人员一览表

监制号：002

<table>
<tr><td>单位名称</td><td colspan="18"></td><td colspan="10" rowspan="5">单位公章</td></tr>
<tr><td>账簿名称</td><td colspan="18"></td></tr>
<tr><td>账簿号码</td><td colspan="18"></td></tr>
<tr><td>账簿页数</td><td colspan="18"></td></tr>
<tr><td>启用日期</td><td colspan="18"></td></tr>
<tr><td rowspan="3">经管人员</td><td colspan="7">单位主管</td><td colspan="7">财务主管</td><td colspan="7">复核人员</td><td colspan="7">记账人员</td></tr>
<tr><td colspan="4">姓名</td><td colspan="3">盖章</td><td colspan="4">姓名</td><td colspan="3">盖章</td><td colspan="4">姓名</td><td colspan="3">盖章</td><td colspan="4">姓名</td><td colspan="3">盖章</td></tr>
<tr><td colspan="4"></td><td colspan="3"></td><td colspan="4"></td><td colspan="3"></td><td colspan="4"></td><td colspan="3"></td><td colspan="4"></td><td colspan="3"></td></tr>
<tr><td rowspan="5">交接记录</td><td colspan="4">经管人员</td><td colspan="8">接管人员</td><td colspan="8">移交人员</td><td colspan="8">监交人员</td></tr>
<tr><td colspan="2">职别</td><td colspan="2">姓名</td><td colspan="2">年</td><td colspan="2">月</td><td colspan="2">日</td><td colspan="2">盖章</td><td colspan="2">年</td><td colspan="2">月</td><td colspan="2">日</td><td colspan="2">盖章</td><td colspan="2">年</td><td colspan="2">月</td><td colspan="2">日</td><td colspan="2">盖章</td></tr>
<tr><td colspan="2"></td><td colspan="2"></td><td colspan="2"></td><td colspan="2"></td><td colspan="2"></td><td colspan="2"></td><td colspan="2"></td><td colspan="2"></td><td colspan="2"></td><td colspan="2"></td><td colspan="2"></td><td colspan="2"></td><td colspan="2"></td><td colspan="2"></td></tr>
<tr><td colspan="2"></td><td colspan="2"></td><td colspan="2"></td><td colspan="2"></td><td colspan="2"></td><td colspan="2"></td><td colspan="2"></td><td colspan="2"></td><td colspan="2"></td><td colspan="2"></td><td colspan="2"></td><td colspan="2"></td><td colspan="2"></td><td colspan="2"></td></tr>
<tr><td colspan="2"></td><td colspan="2"></td><td colspan="2"></td><td colspan="2"></td><td colspan="2"></td><td colspan="2"></td><td colspan="2"></td><td colspan="2"></td><td colspan="2"></td><td colspan="2"></td><td colspan="2"></td><td colspan="2"></td><td colspan="2"></td><td colspan="2"></td></tr>
<tr><td>备注</td><td colspan="28"></td></tr>
</table>

3. 账页

账页是账簿的主体。在每张账页上，应载明：账户名称（即会计科目或明细科目）和相关栏次。其中，相关栏次有：①记账日期栏；②记账凭证种类和号数栏；③摘要栏；④金额栏；⑤总页次和分页次。

（二）账簿启用规则

为了保证会计账簿记录的合法性和会计资料的完整性，明确记账责任，会计账簿应当由专人负责登记。启用会计账簿时，应当注意以下几点：

> **温馨提示**
>
> 启用新账簿一般在年初更换新账时。

1. 填写账簿封面与“账簿启用表及经管人员一览表”

启用会计账簿时，应在账簿封面填写：单位名称和账簿名称。“账簿启用表及经管人员一览表”附在账簿扉页上，会计人员应认真填写“账簿启用表及经管人员一览表”，并加盖单位公章和有关个人名章。

德技并修

启用账簿，勿忘缴纳印花税

2. 顺序编定页码

启用订本式账簿，应当从第一页到最后一页顺序编定页数，不得跳页、缺号；启用活页式账簿时要定期装订成册。活页账装订成册后再按实际使用的账页顺序编定页码，另加目录，记明每个账户的名称和页次。

3. 结转上年金额

年度开始启用新账簿时，应将上年有年末余额的账户结转到新账簿的第一行，并在摘要栏注明“上年结转”。

> **想一想**
>
> 一般情况下，哪类账户期末有余额？哪类账户期末没有余额？

4. 严格交接手续

记账人员或者会计机构负责人、会计主管人员调动工作时，应当注明交接日期、接办人员或者监交人员姓名，并由交接双方人员签名或盖章，以明确有关人员责任，强化有关人员的责任感和维护会计记录的严肃性。

任务实施

步骤 1：填写账簿封面及账簿启用表（以“银行存款日记账”为例），如表 5－5 所示。

会计账簿的启用

表 5－5

账簿启用表及经管人员一览表

监制号：002

<table>
<tr><td>单位名称</td><td colspan="5">天成电子设备有限公司</td><td colspan="3" rowspan="5">公章
天成电子设备有限责任公司</td></tr>
<tr><td>账簿名称</td><td colspan="5">银行存款日记账</td></tr>
<tr><td>账簿号码</td><td colspan="5">NO. 20××0101</td></tr>
<tr><td>账簿页数</td><td colspan="5">100 页</td></tr>
<tr><td>启用日期</td><td colspan="5">20××年 1 月 1 日</td></tr>
<tr><td rowspan="3">经管人员</td><td colspan="2">单位主管</td><td colspan="2">财务主管</td><td colspan="2">复核</td><td colspan="2">记账</td></tr>
<tr><td>姓名</td><td>盖章</td><td>姓名</td><td>盖章</td><td>姓名</td><td>盖章</td><td>姓名</td><td>盖章</td></tr>
<tr><td>李佳韦</td><td>李佳韦印</td><td>赵玲玲</td><td>（签章略）</td><td>钱丽丽</td><td>（签章略）</td><td>李玉玉</td><td>（签章略）</td></tr>
</table>

<table>
<tr><td rowspan="5">交接记录</td><td colspan="2">经管人员</td><td colspan="4">接管人员</td><td colspan="4">交出人员</td><td colspan="4">监交人员</td></tr>
<tr><td>职别</td><td>姓名</td><td>年</td><td>月</td><td>日</td><td>盖章</td><td>年</td><td>月</td><td>日</td><td>盖章</td><td>年</td><td>月</td><td>日</td><td>盖章</td></tr>
<tr><td></td><td></td><td></td><td></td><td></td><td></td><td></td><td></td><td></td><td></td><td></td><td></td><td></td><td></td></tr>
<tr><td></td><td></td><td></td><td></td><td></td><td></td><td></td><td></td><td></td><td></td><td></td><td></td><td></td><td></td></tr>
<tr><td></td><td></td><td></td><td></td><td></td><td></td><td></td><td></td><td></td><td></td><td></td><td></td><td></td><td></td></tr>
<tr><td>备注</td><td colspan="14"></td></tr>
</table>

步骤 2：对于订本式账簿，库存现金日记账、银行存款日记账、总账顺序编定页码，粘贴口取纸。

步骤 3：结转日记账、明细账、总账上年期末余额。以“银行存款日记账”为例，如表 5－6 所示。

表 5－6

账户名称：天成电子设备有限责任公司 **银行存款日记账** 金额单位：元

20××年		凭证		摘要	对方科目	借方	贷方	借或贷	余额
月	日	种类	号数						
1	1			上年结转				借	80 000.00

模块二　登记日记账

任务描述

天成电子设备有限责任公司20××年10月1日库存现金日记账余额为3 800元、银行存款日记账余额为100 000元，10月份发生的经济业务为项目四的【业务7】至【业务17】。

任务布置

以公司出纳员的身份，完成库存现金日记账和银行存款日记账登记工作。

设置日记账

知识学习

一、会计账簿登记规则

为了保证账簿记录的正确性，必须根据审核无误的会计凭证登记会计账簿，并遵循以下规则：

（1）登记会计账簿时，应当将会计凭证的日期、编号、摘要、金额和其他有关资料逐项记入账内，做到数字准确、摘要清楚、登记及时、字迹工整。

（2）登记完毕后，要在记账凭证上签名或盖章，并标明已经登记的符号，表示已经记账。

（3）账簿中书写的文字和数字上面要留有适当的空格，不要写满格，一般应占格距的1/2，最多不超过2/3。

（4）登记账簿要用蓝黑墨水或碳素墨水书写，不得使用圆珠笔（银行的复写账簿除外）或者铅笔书写。

（5）特殊记账使用红色墨水。下列情况，可以用红色墨水记账：

①按照红字冲账的记账凭证，冲销错误纪录；

②在不设减少金额栏的多栏式账页中，登记减少数；

③在三栏式账户的余额栏前，如未印明余额方向的，在余额栏内登记负数余额；

④根据国家统一会计制度的规定可以用红字登记的其他会计记录。

（6）各种账簿按页次顺序连续登记，不得跳行、隔页。如果发生跳行、隔页，应当将空行、空页划一斜线注销，或者注明“此行空白”“此页空白”字样，由记账人员签名或盖章。

（7）凡需要结出余额的账户，结出余额后，应当在“借或贷”栏内写明“借”或“贷”等字样。没有余额的账户，应当在“借或贷”栏内写“平”字，并在余额栏内元位上用“θ”表示。库存现金日记账和银行存款日记账必须逐日结出余额。

（8）每一账页登记完毕结转下页时，应当结出本页合计数及余额，写在本页最后一行和下页第一行有关栏内，并在摘要栏内注明“过次页”和“承前页”字样；也可以不做“过次页”，将本页合计数及余额只写在下页第一行有关栏内，并在摘要栏内注明“承前页”字样。

需要结计本日发生额的账户，结计“过次页”的本页合计数应当为本日发生额合计数；对需要结计本月发生额的账户，结计“过次页”的本页合计数应当为自本月初起至本页末止的发生额合计数；对需要结计本年累计发生额的账户，结计“过次页”的本页合计数应当为自年初起至本页末止的累计数；对既不需要结计本月发生额也不需要结计本年累计发生额的账户，可以只将每页末的余额结计“过次页”。

库存现金日记账的登记方法

学习提升

坚持把发展经济的着力点放在实体经济上，推进新型工业化，加快建设制造强国、质量强国、航天强国、交通强国、网络强国、数字中国。

——摘自党的二十大报告

账簿是用以全面、系统、连续记录各项经济业务的簿籍，是编制财务报表的依据，也是保存会计资料的重要工具。随着人工智能、大数据、云财务、财务机器人的发展，账簿的登记越来越智能化，也体现了数字中国的发展。在实际工作中，不再需要手工登记账簿，但是同学们通过学习账簿的知识，能够明确账簿登记原理、账簿与其他会计资料之间的关系，能够更好地利用账簿为会计信息使用者提供数字化信息。

二、库存现金日记账的格式及登记方法

（一）库存现金日记账的格式

库存现金日记账（见表 5－7），是指用来核算和监督库存现金日常收、付和结存情况的序时账簿。其格式有三栏式和多栏式两种。无论采用三栏式还是多栏式现金日记账，都必须使用订本账。

表 5－7　　**库存现金日记账**　　金额单位：元

年		凭证		摘要	对方科目	借方	贷方	借或贷	余额
月	日	种类	号数						

（二）库存现金日记账的登记方法

库存现金日记账由出纳人员根据库存现金的收、付款凭证、银行存款的付款凭证，逐日逐笔顺序登记，并根据“上日余额＋本日收入－本日支出＝本日余额”的公式，逐日结出库存现金余额，并与库存现金实存数核对，以检查每日库存现金收付是否有误。对于从银行提取现金的业务，由于规定只填制银行存款付款凭证，所以从银行提取现金的收入数，应根据银行存款付款凭证登记。

具体登记方法如下：

1. 日期栏

日期栏，是指记账凭证的日期，应与库存现金实际收付日期一致。

2. 凭证号数栏

凭证号数栏，是指登记入账的库存现金收付凭证和从银行提取现金编制的银行付款凭证的种类和号数，如现金收款凭证 1 号，即简写为“现收 1”；现金付款凭证 3 号，即简写为“现付 3”；银行付款凭证 5 号，即简写为“银付 5”。

3. 摘要栏

摘要栏，简要说明登记入账的库存现金收付业务的内容。所谓“简要”是指其文字既要简练，又要说明问题。

4. 对方科目栏

对方科目栏是指现金收入的来源科目或现金支出的用途科目，如从银行提取现金，其来源科目（即对方科目）为“银行存款”；其作用在于了解现金收付的来龙去脉。

5. 收入金额、支出金额和结余金额栏

收入金额、支出金额和结余金额栏是指现金实际收、付、余的金额。收到现金记入“收入金额”栏，付出现金记入“付出金额”栏。每日终了，应在“结余金额”栏结出余额，月终要计算本月现金收付金额的合计数，并在“结余金额”栏结出本月余额。

三、银行存款日记账的格式及登记方法

（一）银行存款日记账的格式

银行存款日记账，是指用来核算和监督银行存款每日的收入、支出和结余情况的账簿。银行存款日记账应按企业在银行开立的账户和币种分别设置，每个银行账户设置一本日记账，如表 5－8 所示。

表 5-8

银行存款日记账

账号户名：

年		凭证		摘要	对方科目	结算号码	借方	贷方	借或贷	余额
月	日	种类	号数							

（二）银行存款日记账的登记方法

银行存款日记账由出纳人员根据审核后的银行存款收、付款凭证、库存现金付款凭证，逐日逐笔顺序登记。对于将现金存入银行的业务，由于规定只填制现金付款凭证，因而这种业务的存款收入数，应根据有关现金付款凭证登记。每日终了，应分别计算出当日银行存款收入、支出的合计数及账面余额。本日余额的计算方法与现金相同。每日结出银行存款余额，并定期与银行对账单核对。

银行存款日记账的具体登记方法如下：

1. 日期栏

日期栏是指记账凭证的日期，应与银行存款实际收付日期一致。

2. 凭证号数栏

凭证号数栏是指登记入账的银行存款收付凭证种类和号数（与现金日记账的登记方法一致）。

3. 摘要栏

简要说明登记入账的银行存款收付业务的内容。

4. 结算凭证栏

如果所记录的经济业务事项是以银行票据付款结算的，应在这两栏内填写相应的票据号数，以便与开户银行对账。

5. 对方科目栏

对方科目栏是指银行存款收入的来源科目或银行存款支出的用途科目，如从银行提取现金，其来源科目（即对方科目）为“库存现金”；其作用在于了解银行存款收付的来龙去脉。

6. 收入金额、支出金额

收入金额、支出金额是指现银行存款实际收、付、余的金额。每日终了，分别计算银行存款的收入和支出合计数，结出余额，做到日清；月终应计银行存款全月的收入、支出金额的合计数，做到月结。

温馨提示

在会计信息化、人工智能环境下，会计账簿登记工作是由计算机根据记账凭证自动完成的，自动生成会计账簿。但我们必须要了解账簿的体系以及账簿之间的关系。

任务实施

登记日记账

步骤1：根据审核无误的记账凭证逐笔登记库存现金日记账。登记完成的“库存现金日记账”，如表5－9所示。

表5－9

库存现金日记账

20××年		凭证		摘要	对方科目	借方（元）	贷方（元）	借或贷	余额（元）
月	日	种类	号数						
10	1			期初余额				借	3 800.00
	10	现付	002	提现备用	银行存款	7 000.00		借	10 800.00
	14	现付	003	于强预借差旅费	其他应收款		5 000.00	贷	5 080.00
	17	收现	002	报销差旅费余款	其他应收款	100.00		借	5 180.00

温馨提示

因账簿启用在每年的1月1日，此处仅仅列出的是10月份的账务处理，公司1～9月份的账簿登记不再体现，实际工作中应该是连续登记的，这里只是限于篇幅，故省略。

步骤2：根据审核无误的记账凭证登记银行存款日记账。登记完成的“银行存款日记账”，如表5－10所示。

表5－10

银行存款日记账

账号户名：中国工商银行城阳支行
账号：1102003704800007799

20××年		凭证		摘要	对方科目	结算号码	借方（元）	贷方（元）	借或贷	余额（元）
月	日	种类	号数							
10				期初余额					借	100 000.00
1	8	银收	001	收到投资款	实收资本		200 000.00		借	300 000.00
	9	银付	001	购买固定资产	固定资产等			67 800.00	贷	232 200.00
	10	银付	002	提现备用	库存现金			7 000.00	贷	225 200.00
	22	银付	004	支付广告费	销售费用等			5 300.00	贷	219 900.00
	28	银收	003	收回货款	应收账款		70 060.00		借	289 960.00
	29	银付	005	支付前欠货款	应付账款			61 020.00	贷	228 940.00

模块三　登记分类账

任务描述

天成电子设备有限责任公司 10 月 1 日有关账户余额如下：

“原材料”总账余额为 31 000 元，其中甲材料 500 千克，单价 8 元，计 4 000 元；乙材料 900 个，单价 30 元，计 27 000 元。

任务布置

请开设原材料总账和明细账，并根据项目四【业务 7】至【业务 17】的经济业务会计凭证（原始凭证、记账凭证），完成“原材料”总分类账及明细分类账的登记。

知识学习

一、明细分类账的格式及登记方法

设置明细分类账

（一）明细分类账的格式

明细分类账，简称明细账，是根据明细科目设置，用来分类、连续地记录有关经济业务或事项的详细情况的账簿。它对总账起补充、说明作用。

明细账一般为活页账，主要有两栏式、三栏式、多栏式、数量金额式、横线登记式等各种明细账。除少数由国家统一的会计制度明确规定设置明细科目名称外，大部分明细科目只规定设置的方法和原则，主要为单位内部管理服务。

1. 三栏式明细分类账

三栏式明细分类账的格式与三栏式总分类账簿的格式基本相同，设有“借、贷、余”三个基本栏次，但一般不设置反映对应科目的栏次。适用于只进行金额核算的资本、债权、债务明细账，如“应收账款”“应付账款”“其他应收款”“其他应付款”等科目的明细分类核算，如表 5-11 所示。

表 5-11　　明　细　账

明细科目：________　　　　金额单位：元

年		凭证		摘要	对方科目	借方	贷方	借或贷	余额	核对
月	日	种类	号数							

2. 多栏式明细分类账

多栏式明细分类账是将属于同一个总账科目的多个明细科目合并在一张账页上，进行登记，适用于收入、成本、费用、利润和利润分配明细账，如“生产成本”“管理费用”“营业外收入”“利润分配”等科目的明细分类核算，如表 5－12 所示。

表 5－12　　**明 细 账**

产品名称：________

完工数量：________　　金额单位：元

年		凭证		摘要	直接材料	直接人工	制造费用	合计
月	日	种类	号数					

3. 数量金额式明细分类账

数量金额式明细分类账其借方（收入）、贷方（发出）和余额（结存）都分别设有数量、单价和金额三个专栏。数量金额式明细账适用于既要进行金额核算，又要进行数量核算的各种财产物资类科目的明细分类核算。例如，对“原材料”“库存商品”等总账账户的明细分类核算，可采用数量金额式明细账，如表 5－13 所示。

表 5－13　　**明 细 账**

编号：________　　单位：______

规格：________　　名称：______

金额单位：元

年		凭证		摘要	借方			贷方			结存		
月	日	种类	号数		数量	单价	金额	数量	单价	金额	数量	单价	金额

（二）明细分类账的登记方法

不同类型经济业务的明细分类账可根据管理需要，依据记账凭证、原始凭证或汇总原始凭证逐日逐笔或定期汇总登记。固定资产、债权、债务等明细账应逐日逐笔登记；原材料、库存商品收发明细账以及收入、费用明细账可逐笔登记，也可定期汇总登记。

对于只设有借方的多栏式明细账，平时在借方登记“制造费用”“管理费用”“主营业务成本”等账户的发生额，平时如果发生贷方发生额，应该用红字在多栏式账页的借方栏中登记，表示冲减；对于只设有贷方的多栏式明细账，平时在贷方登记“主营业务收入”“营业外收入”等账户的发生额，平时如果发生借方发生额，应该用红字在多栏式账页的贷方栏中登记表示冲减。

明细分类账一般应于会计期末结算出当期发生额及期末余额。

设置总分类账

二、总分类账的格式及登记方法

（一）总分类账的格式

总分类账简称总账，是单位按照总分类账户分类登记以提供总括会计信息的账簿。企业一般采用订本式账簿，采用三栏式账页，如表 5－14 所示。

表 5－14 **总分类账**

科目：__________

金额单位：元

年		凭证		摘要	对方科目	借方	贷方	借或贷	余额
月	日	种类	号数						

（二）总分类账的登记方法

登记总分类账

总分类账的登记依据，由于所采用的账务处理程序不同，可以是记账凭证，也可以根据科目汇总表（记账凭证汇总表）或汇总记账凭证登记。月终，在全部经济业务事项登记入账后，结出各账户的本期发生额和期末余额，在与明细账余额核对相符后，作为编制会计报表的主要依据。

具体登记方法如下：

（1）会计科目，是指开设的总账账户名称。实际工作中，单位可以把开设的账户填在口取纸上，依次粘贴到账页上方，作为总账目录。这样，既不妨碍查找账页页次，又便于检索翻阅。

（2）日期栏，是指登记总账的凭证编制日期。例如，记账凭证核算形式下，是指编制记账凭证的日期；科目汇总表核算形式下，是指科目汇总表编制的日期。

（3）凭证栏，是指据以登记总账的凭证。例如，记账凭证核算形式下，是指编制记账凭证的种类和编号；汇总记账凭证核算形式下，是指汇总记账凭证编制的种类和编号。

（4）摘要栏：是指对所记经济业务或事项的简要说明。

（5）“借方”“贷方”及“余额”三栏，是指所开设账户实际登记的增加数、减少数及余额。

（6）“借或贷”栏，是指开设账户所记余额的方向。

三、总分类账与明细分类账的平行登记

（一）总分类账与明细分类账平行登记的要点

总分类账户与其所属明细账户的记录是采用平行登记的方法进行的。平行登记是指对所发生的每项经济业务事项都要以会计凭证为依据，一方面记入有关总分类账户，另一方面记入有关总分类账户所属明细分类账户的方法。总分类账户与明细分类账户平行登记要求做到：

1. 凭证相同

凭证相同即依据的会计凭证相同。对每一项经济业务，一方面要记入有关总账账户，另一方面要在其所属的明细账账户中进行明细分类核算，即进行明细登记，由于是同一项业务，因此登记时依据的是同一会计凭证。

2. 方向一致

方向一致即记入的借贷方向相同。记入总账账户和记入其所属的明细账账户的方向应当一致，即在总账中记借方，在其所属的明细账中也应记借方；在总账中记贷方，则在其所属明细账户中也记贷方。

3. 期间相同

期间相同即记入的会计期间相同。在平行登记时，总账和明细账的登记应登记在同一个会计期间的账簿上，否则，不同会计期间的总账和明细账的发生额合计和余额数字就不相等，就不符合总账和明细账的基本关系。

4. 金额相等

金额相等即记入总分类账户的金额与记入其所属明细分类账户的合计金额相等。记入总账的金额应当与记入其所属明细账金额相等。如果一个总分类账户同时涉及几个明细分类账户，则记入总分类账户的金额与记入其所属的几个明细分类账户的金额之和应当相等。

（二）总分类账与明细分类账的核对

平行登记的结果使总账与其所属明细账之间在数量上存在如下的勾稽关系：

（1）总账账户的期初余额 = 所属明细账户期初余额合计。

（2）总账账户的本期发生额 = 所属明细账户本期发生额合计。

（3）总账账户的期末余额 = 所属明细账户期末余额合计。

总分类账户与其所属的明细分类账可以根据上述勾稽关系，定期进行核对，及时发现可能存在的错误。

总分类账和明细分类账平行登记可以通过“总分类账和明细分类账试算平衡表”检查，如表 5 - 15 所示。

表 5 - 15　　**总分类账和明细分类账试算平衡表**　　金额单位：元

明细分类账户	期初余额		本期发生额		期末余额	
	借方	贷方	借方	贷方	借方	贷方

登记数量金额式明细分类账

任务实施

步骤 1：根据审核无误的记账凭证登记甲材料、乙材料明细分类账，如表 5 - 16 和表 5 - 17 所示。

表 5 - 16

名称：甲材料　　**原材料　明细账**

编号：　　金额单位：元

规格：　　数量单位：千克

20××年		凭证		摘要	借方			贷方			结存		
月	日	种类	号数		数量	单价	金额	数量	单价	金额	数量	单价	金额
10	1			期初余额							500	8.00	4 000.00
	16	转	001	材料验收入库	3 000	8.00	24 000.00				3 500	8.00	28 000.00
	18	转	003	生产领用				2 000	8.00	16 000.00	1 500	8.00	12 000.00

表 5－17

名称：乙材料

原材料　明细账

编号：　　金额单位：元

规格：　　数量单位：千克

20××年		凭证		摘要	借方			贷方			结存		
月	日	种类	号数		数量	单价	金额	数量	单价	金额	数量	单价	金额
10	1			期初余额							900	30.00	27 000.00
	16	转	001	材料验收入库	1 000	30.00	30 000.00				1 900	30.00	57 000.00
	18	转	003	生产领用				700	30.00	21 000.00	1 200	30.00	36 000.00

步骤 2：登记原材料总分类账，如表 5－18 所示。

表 5－18

科目：

原材料　总分类账

单位：元

20××年		凭证		摘要	对方科目	借方	贷方	借或贷	余额
月	日	种类	号数						
10	1			期初余额				借	31 000.00
	16	转	001	材料验收入库		54 000.00		借	85 000.00
	18	转	003	生产领用			37 000.00	贷	48 000.00

步骤 3：原材料总分类账和明细账进行核对，编制总分类账与明细账试算平衡表，如表 5－19 所示。

表 5－19

总分类账和明细账试算平衡表

单位：元

明细分类账户	期初余额		本期发生额		期末余额	
	借方	贷方	借方	贷方	借方	贷方
原材料——甲材料	4 000.00		24 000.00	16 000.00	12 000.00	
原材料——乙材料	27 000.00		30 000.00	21 000.00	36 000.00	
合计	31 000.00		54 000.00	37 000.00	48 000.00	

由此可以看出，原材料总分类账账户的期初余额、本期借方发生额、本期贷方发生额、期末余额，分别与甲、乙材料明细账户的期初余额、本期借方发生额、本期贷方发生额、期末余额相加之和是相等的。

模块四　错账查找与更正

任务描述

假定20××年10月31日，天成电子设备有限责任公司计提短期借款利息6 000元，已经编制了正确的记账凭证，登记“财务费用”“应付利息”账户时误记为600元，并已登记入账，应如何更正。

任务布置

请以财务人员身份，完成错账更正工作。

知识学习

一、错账的查找

（一）错账的种类

（1）方向记错，是指记账时把会计账簿中借方和贷方的记账方向颠倒，即把借方记成贷方或把贷方记成借方。

（2）账户记错，是指记账时将账户搞错，如应登记在库存现金日记账，却误记入了银行存款日记账。

（3）数字移位，是指登记会计账簿时将数字位数（或小数点）向前或向后移动。如将100.00元写成1 000.00元，将500.00元写成50.00元。

（4）邻位数字颠倒，是指登记会计账簿时将一个数字中的相邻两位数字颠倒。如将32元写成23元，将152元写成512元。

（5）重记，是指将已经记入会计账簿的金额，又重复登记入账。

（6）漏记，是指在登记会计账簿时将记账凭证上的金额遗漏，未记入账簿。

（二）错账的查找方法

1. 按错账查找的顺序划分

（1）顺查法，是指按照记账程序（查找会计凭证→会计账簿→账户余额），进行逐笔检查的一种方法。这种方法主要用于期末对账簿进行全面核对检查。

（2）逆查法，是指按照查找账户余额→会计账簿→会计凭证，进行检查的一种方法。这种方法能快速查找错误。

2. 按错账查找的技术方法划分

（1）差数法，是指按照错账的差数查找错账的方法。这种方法主要用于查找重记或漏记的错误。如某日库存现金日记账的余额为135元，实有库存现金为95元，其差额为40元，即可根据其差额查找库存现金日记账中是否有收入重记40元或支出漏记40元。

（2）尾数法，是指对于发生的差错只需查找末位数，以提高差错效率的方法。这种方法适合于借贷方金额其他位数都一致，而只有末位数出现差错的情况。

（3）除2法，是指以差数除以2来查找错账的方法。当某个借方金额记入贷方金额时或者相反贷方金额记入借方金额，出现错账的差数表现为错账的2倍，将此差数用2去除，得出的商数即是反方向的金额。如错账的差数为956元，将此数除以2，其商为478元，即可从账簿记录中查找是否有478元这个数字，如果有此数，再看它借贷方向是否记错。

（4）除9法，是指以差数除以9来查找错账的方法。这种方法主要用于数字错位而写大数字或写小数字、邻位数字颠倒而引起的错误。①数字错位。如500.00元写成50.00元，两数相差450.00元，将此数除以9，其商为50.00元，即从账簿记录中查找500.00元或50.00元的数字，再看它是否有错位情况。②邻位数字颠倒。如将745元写成754元，其差数为9，除以9，其商为1元，即可能是1与0、2与1、3与2、4与3、5与4、6与5、7与6、8与7、9与8，相差1的两个邻位数字颠倒，由于商数是个位数，即可能是十位与个位数字颠倒；又如将745元写成475元，其差数为270元，除以9，其商为30元，即可能是3与0、4与1、5与2、6与3、7与4、8与5、9与6，相差3的两个邻位数字颠倒，由于商数为十位数，即可能是百位与十位数字颠倒，依次类推。

二、错账更正方法

账簿记录发生错误时，不能刮擦、挖补、涂抹或用化学药水更改字迹，应根据错账的不同情况，按照规定的方法进行更正。更正错账的方法主要有划线更正法、红字更正法、补充登记法三种。

（一）划线更正法

在结账前，如果发现账簿记录有文字或者数字错误，而记账凭证没有错误，应采用划线更正法。

更正的方法分三步进行：一是在错误的文字或数字正中划红色横线，表示注销；二是在划线的上方用蓝字或黑字写上正确的文字或者数字；三是在划线处加盖更正人图章，以明确责任。

> **温馨提示**
>
> 采用划线更正法时如果数字错误，应将整笔数字划掉，不能只划掉其中一个或几个写错的数字，并保持被划去的字迹仍可清晰辨认。

红字更正法

（二）红字更正法

红字更正法，是指记账后，在当年内发现由于记账凭证中会计科目名称、记账方向及金额错误而导致账簿记录发生错误而采用的一种错账更正方法。红字更正法具体分为红字全额更正法和红字差额更正法。

1. 红字全额更正法

记账以后，如果发现账簿记录中的错误，是由于记账凭证中应借、应贷会计科目名称、借贷方向错误而引起的，应用红字全额更正法进行更正。

更正的方法分四步进行：一是先用红字金额填写一张会计科目与原错误记账凭证完全相同的记账凭证，在“摘要”栏中写明“冲销×月×日第×号凭证错账”；二是根据编制的红字记账凭证，据以用红字金额登记相关账簿，以冲销原来错误的账簿记录；三是用蓝字或黑字填写一张正确的记账凭证，在“摘要”栏中写明“补记×月×日账”；四是根据蓝字填写正确的记账凭证，据以用蓝字或黑字登记相关账簿。

【例5-1】假定某企业20××年11月30日，发现11月10日生产车间一般性耗费领用甲材料6 100元，编制如下记账凭证（用会计分录代替，下同）：

借：生产成本　　6 100

　　贷：原材料——甲材料　　6 100

根据上述记账凭证，登记生产成本、原材料账户。

发现错误后，更正的方法是：

（1）先用红字填写一张会计科目与原错误记账凭证完全相同的记账凭证，在“摘要”栏中写明“冲销11月10日第×号凭证错账”，编制如下记账凭证：

借：生产成本　　6 100

　　贷：原材料——甲材料　　6 100

（2）根据上述记账凭证，据以用红字登记生产成本、原材料账户，以冲销原来错误的账簿记录。

（3）再用蓝字或黑字填写一张正确的记账凭证，在“摘要”栏中写明“补记11月10日账”，编制如下记账凭证：

借：制造费用　　6 100

　　贷：原材料——甲材料　　6 100

（4）根据上述记账凭证，据以用蓝字或黑字登记制造费用、原材料账户。

想一想

在会计信息化条件下，错账如何更正？

2. 红字差额更正法

记账以后，如果发现记账凭证和账簿记录中应借、应贷的会计科目名称、记账方向没有错误，只是所记金额大于应记的正确金额，应采用红字差额更正法进行更正。

更正的方法分为两步：一是将多记的金额用红字填制一张应借、应贷会计科目与原错误记账凭证相同的记账凭证，在“摘要”栏写明“冲销×月×日第×号多记金额”；二是根据编制的红字记账凭证，据以用红字金额登记相关账簿，以冲销多记的金额。

【例5-2】 假定某企业20××年11月30日，发现11月15日采购的甲材料900元验收入库，误记金额为9 000元，编制如下记账凭证（用会计分录代替，下同）：

借：原材料——甲材料　　9 000

　　贷：在途物资——甲材料　　9 000

并已据以登记原材料和在途物资账户。

发现错误后，更正的方法是：

（1）用红字填制一张凭证，红字金额为多记的金额8 100元，摘要栏中写明“冲销11月15日第×号凭证多记金额”，编制如下记账凭证：

借：原材料——甲材料　　[8 100]

　　贷：在途物资——甲材料　　[8 100]

（2）根据上述记账凭证，据以用红字登记原材料、在途物资账户，以冲销原来多记的账簿记录。

（三）补充登记法

记账以后，如果发现记账凭证和账簿记录中应借、应贷的会计科目名称、记账方向没有错误，只是所记金额小于应记的正确金额，应采用补充登记法进行更正。

更正的方法分两步进行：一是将少记的金额用蓝字或黑字填制一张应借、应贷会计科目与原错误记账凭证相同的记账凭证，在“摘要”栏中写明“补充×月×日第×号少记金额”；二是根据上述编制的记账凭证，据以登记相关账簿，以补充登记原来少记的金额。

【例5-3】 假定某企业20××年11月30日，发现11月28日预提应由本月负担但尚未支付的短期借款利息1 600元，误记金额为600元，编制如下记账凭证（用会计分录代替，下同）：

借：财务费用　　600

　　贷：应付利息　　600

并据以登记财务费用、应付利息账户。

发现错误后，更正的方法是：

（1）用蓝字或黑字填制一张记账凭证，金额为少记的金额1 000元，摘要栏中写明“补记11月28日第×号凭证少记金额”，编制如下记账凭证：

借：财务费用　　1 000

　　贷：应付利息　　1 000

（2）根据上述记账凭证，据以登记财务费用、应付利息账户，以补充原来少记的金额。

任务实施

步骤1：因记账凭证无误，账簿记录有误，因此采用划线更正法。在错误的金额正中划单红线。

步骤2：在错误记录上方空白处用蓝字填写正确的数字。

步骤3：由会计人员和会计机构负责人在更正处盖章以明确责任，如表5－20所示。

表5－20

科目 应付利息　　　　**应付利息 总分类账**　　　　金额单位：元

20××年		凭证		摘要	对方科目	借方	贷方	借或贷	余额
月	日	种类	号数						
				…………	……				
11	31	记	29	计提应付利息	……		6 000.00 ~~600.00~~	李玉玉 赵玲玲	
				……	……				
				……	……				

模块五　对账与结账

任务描述

天成电子设备有限责任公司20××年10月份的各种账簿记录，见项目四的【业务7】至【业务17】。

任务布置

请以天成电子设备有限责任公司财务人员身份，对公司20××年10月份的各种账簿记录进行核对，并办理结账。

知识学习

一、对账的概念及方法

对账，就是核对账目，是指在本期内对账簿记录所进行的核对工作。在实际工作中，由于种种原因，账簿记录难免会出现错记、漏记的情况。因此，各单位应当定期对会计账簿记录的有关数字与库存实物、货币资金、有价证券、往来单位或者个人等进行相互核对，尤其是在结账之前，更要对账，以保证账证相符、账账相符、账实相符、账表相符。对账工作每年至少进行一次。对账包括账证核对、账账核对、账实核对。

（一）账证核对

账证核对，是指各种账簿的记录与有关会计凭证进行核对。核对会计账簿记录与原始凭证、记账凭证的时间、凭证字号、内容、金额是否一致，记账方向是否相符。一般是在日常编制凭证和记账过程中进行，检查所记账目是否正确。

（二）账账核对

账账核对，是指各种账簿之间的有关数字进行核对。主要包括：

（1）总分类账之间的核对。核对总分类账各账户本月借方发生额合计数与贷方发生额合计数是否相等，核对总分类账簿期末借方余额合计数与贷方余额合计数是否相等，以检查总分类账的登记是否正确。

（2）总分类账与所属明细分类账之间的核对。核对总分类账与其所属各明细分类账的本期借、贷方发生额合计数及期末余额合计数是否相等，以检查各明细分类账的登记是否正确。

（3）总分类账与序时账之间的核对。核对总分类账与库存现金日记账和银行存款日记账的本期借、贷方发生额合计数及期末余额合计数是否相符，以检查日记账的登记是否正确。

（4）明细分类账之间进行的核对。核对会计部门有关财产物资的明细分类账结存数与财产物资保管或使用部门的有关保管账的账存数是否相符，以检查双方记录是否正确。

（三）账实核对

账实核对，是指各种财产物资、债权债务等账面余额与实存数额之间的核对。具体内容包括：

（1）库存现金日记账账面余额与库存现金实有存数逐日核对是否相符；

（2）银行存款日记账账面余额与开户银行对账单的余额核对是否相符；

（3）各种财产物资明细分类账账面余额与财产物资的实有数是否相符；

（4）有关债权债务明细分类账账面余额与有关债务、债权单位的账面记录核对是否相符。

账实核对一般是通过财产清查进行的。其具体方法，将在项目七企业期末账项调整与财产清查一章中做详细说明。

想一想

银行存款日记账账面余额与开户银行对账单的余额核对为什么属于账实核对？

二、结账的概念及方法

结账

结账，是指在将本期内所发生的经济业务全部登记入账的基础上，于会计期末（月末、季末、年末）按照规定的方式结算账目，并作出结账记录的一项工作。结账包括月结、季结和年结。结账的内容包括两个方面：一是结清各种损益类账户，并据以计算确定本期利润；二是结出资产、负债和所有者权益账户的本期发生额合计和期末余额。

（一）结账的程序

（1）结账前，必须将本期内发生的各项经济业务全部登记入账，并在对账的基础上，做到账证、账账、账实核对，如发现错账，应在结账前及时更正。

（2）按照权责发生制的要求，及时调整需进行期末调整的账项，合理确定本期应计的收入和费用。编制有关调整账项的会计分录，并据以登记入账。

（3）在结账前，应认真核对和及时清理往来账目，妥善处理应收、应付及暂收、暂付款项的清偿事宜，力争减少呆账和坏账损失的发生。

（4）在确认当期发生的经济业务、调整账项及有关转账业务已全部登记入账后，可办理结账手续。

（二）结账的主要方法

结账时，不同的账户记录应分别采用不同的方法：

1. 月结

每月结账时，应在各账户本月最后一笔记录下面划一条通栏红线，表示本月结束；然后，在红线下面结出本月发生额和月末余额，如果没有余额，在借贷方向栏写“平”，在余额栏内写上“θ”符号。同时，在摘要栏内注明“本月合计”或“×月份发生额及余额”字样，最后，在下面划一条通栏红线，表示完成月结工作。

2. 季结

季结的结账方法与月结基本相同，应在各账户本季度最后一个月月结红线下结出本季度发生额和季末余额，如果没有余额，在借贷方向栏写“平”，在余额栏内写上“θ”符号，但在摘要栏内注明“本季合计”或“第×季度发生额及余额”字样，最后，在下面划一条通栏红线，表示完成季结工作。

3. 年结

办理年结时，应在12月份月结下面（需办理季结的，应在第四季度的季结下面）结算填列全年12个月的月结发生额和年末余额，如果没有余额，在借贷方向栏写“平”，在余额栏内写上“θ”符号，并在摘要栏内注明“本年合计”或“年度发生额及余额”字样，最后在合计数下面划通栏双红线表示封账，此时完成了年结工作。需要更换新账的，应在新账有关账户的第一行摘要栏内注明“上年结转”或“年初余额”字样，并将上年的年末余额以相同方向记入新账中的余额栏内，同时在原账页“本年合计”下一行“摘要”栏内注明“结转下年”，如表 5 - 21 和表 5 - 22 所示。

表 5 - 21　　银行存款 总分类账　　单位：元

20××年		凭证		摘要	借方	贷方	借或贷	余额
月	日	种类	号数					
1	1			上年结转			借	170 000.00
1	5	（略）	（略）		50 000.00		借	220 000.00
1	31			本月合计	360 000.00	300 000.00	借	230 000.00
3	31			本季合计	420 000.00	460 000.00	借	190 000.00
12	31			本年累计	2 100 000.00	2 210 000.00	借	80 000.00
12	31			结转下年		80 000.00	平	θ

表 5 - 22　　银行存款 总分类账

会计科目：银行存款　　单位：元

20××年		凭证		摘要	借方	贷方	借或贷	余额
月	日	种类	号数					
1	1			上年结转			借	80 000.00

三、账簿的更换与保管

（一）账簿的更换

会计账簿的更换是指在会计年度终了，将上年旧账更换为次年新账。

更换新账的程序是：年度终了，在本年有余额的账户“摘要”栏内注明“结转下年”字样。在更换新账时，注明各账户的年份，在第一行“日期”栏内写明 1 月 1 日；“记账凭证”栏空置不填；将各账户的年末余额直接抄入新账余额栏内，并注明余额的借贷方向。过入新账的有关账簿余额的转让事项，不需要编制记账凭证。在新的会计年度建账并不是所有的账簿都更换为新的。一般来说，现金日记账、银行存款日记账、总分类账、大多数明细分类账应每年更换一次。但是有些财产物资明细账和债权债务明细账，由于材料品种、规格和往来单位较多，更换新账，重抄一遍，工作量较大，因此，可以跨年度使用，不必每年更换一次。第二年使用时，可直接在上年终了的双线下面记账。各种备查簿也可以连续使用。

（二）账簿的保管

会计账簿是各单位重要的经济资料，必须建立管理制度，妥善保管。账簿管理分为平时管理和归档保管两部分。

各种账簿要分工明确，指定专人管理，账簿经管人员既要负责记账、对账、结账等工作，又要负责保证账簿安全。会计账簿未经领导和会计负责人或者有关人员批准，非经管人员不能随意翻阅查看会计账簿。会计账簿除需要与外单位核对外，一般不能携带外出，对携带外出的账簿，一般应由经管人员或会计主管人员指定专人负责。会计账簿不能随意交于其他人员管理，以保证账簿安全和防止任意涂改账簿等问题发生。

年度终了更换并启用新账后，对更换下来的旧账要整理装订，造册归档。归档前旧账的整理工作包括检查和补齐应办的手续，如改错盖章、注销空行及空页、结转余额等。活页账应撤出未使用的空白账页，再装订成册，并注明各账页号数。旧账装订时应注意：活页账一般按账户分类装订成册，一个账户装订成一册或数册；某些账户账页较少，也可以合并装订成一册。装订时应检查账簿扉页的内容是否填写齐全。装订后应由经办人员及装订人员、会计主管人员在封口处签名或盖章。旧账装订完毕应编制目录和编写移交清单，然后按期移交档案部门保管。各种账簿同会计凭证和会计报表一样，都是重要的经济档案，必须按照制度统一规定的保存年限妥善保管，不得丢失和任意销毁。

温馨提示

会计档案的保管期限分为永久、定期两类。定期保管期限一般分为 10 年和 30 年。会计账簿是企业重要的会计档案之一，总账、明细账、日记账、固定资产卡片、其他辅助性账簿等保管期限均为 30 年。

任务实施

步骤 1：总账与总账进行核对。验证所有总账账户的期初借方余额合计 = 所有总账账户的期初贷方余额合计。

步骤 2：总账与日记账进行核对相符（以银行存款日记账与银行存款总账为例），如表 5－23 与表 5－24 所示。

表 5－23

银行存款日记账

账号户名：中国工商银行城阳支行

账号：　1102003704800007799

20××年		凭证		摘要	对方科目	结算号码	借方（元）	贷方（元）	借或贷	余额（元）	核对
月	日	种类	号数								
10	1			期初余额					借	100 000.00	√
	8	银收	001	收到投资款	实收资本		200 000.00		借	300 000.00	√
	9	银付	001	购买固定资产	固定资产等			67 800.00	借	232 200.00	√
	10	银付	002	提现备用	库存现金			7 000.00	借	225 200.00	√
	22	银付	004	支付广告费	销售费用等			5 300.00	借	219 900.00	√
	28	银收	003	收回货款	应收账款		70 060.00		借	289 960.00	√
	29	银付	005	支付前欠货款	应付账款			61 020.00	借	228 940.00	√
	31			本月合计			270 060.00	141 120.00	借	228 940.00	√

表 5－24

银行存款总账

单位：元

20××年		凭证		摘要	借方	贷方	借或贷	余额	核对
月	日	种类	号数						
10				期初余额				100 000.00	√
	8	银收	001	收到投资款	200 000.00			300 000.00	√
	9	银付	001	购买固定资产		67 800.00		232 200.00	√
	10	银付	002	提现备用		7 000.00		225 200.00	√
	22	银付	004	支付广告费		5 300.00		219 900.00	√
	28	银收	003	收回货款	70 060.00			289 960.00	√
	29	银付	005	支付前欠货款		61 020.00		228 940.00	√
	31			本月合计	270 060.00	141 120.00	借	228 940.00	√

经核对，银行存款总账 10 月末余额 228 940 元与银行存款日记账 10 月末余额一致，划“√”表示相符。

步骤 3：总账和明细账核对相符（以原材料总账和明细账核对为例）。经核对，原材料总账账户 10 月末余额 48 000 元（见表 5－18）与其所属甲材料明细账 12 000 元（见表 5－16）、乙材料明细账余额 36 000 元（见表 5－17）相加之和相等，两者相符。

步骤 4：财会部门的实物明细账与实物保管部门的实物保管账核对相符。（略）

步骤 5：办理结账，核对无误后，在账户记录的最末一笔经济业务的下一行，摘要栏写“本月合计”，加计本期借方发生额、贷方发生额及余额，在合计金额记录上下方划通栏单红线。

温馨提示

实际工作中，银行存款日记账的结账工作是由企业与银行核对，在账实相符的基础上再办理结账。

学习评价

专业能力测评表

业务能力	评价指标	自测结果	要求
启用会计账簿	1. 账簿的概念及分类 2. 账簿的基本内容及启用规则	□A　□B　□C □A　□B　□C	熟悉账簿的格式与内容，能按照规范启用会计账簿
登记日记账	1. 库存现金日记账的格式及登记方法 2. 银行存款日记账的格式及登记方法	□A　□B □C □A　□B　□C	能掌握库存现金日记账和银行存款日记账的登记依据，并能规范、正确地登记
登记分类账	1 总分类账的格式及登记方法 2 明细分类账的格式及登记方法	□A　□B　□C □A　□B　□C	能掌握总分类账和明细分类账的登记依据，并能规范正确地登记
错账更正	1. 错账查找 2. 划线更正法的适用范围及更正方法 3. 红字更正法的适用范围及更正方法 4. 补充登记法的适用范围及更正方法	□A　□B　□C □A　□B　□C □A　□B　□C □A　□B　□C	熟悉错账的类型，能快速查找错账，能正确运用三种方法进行错账的更正
对账与结账	1. 对账的方法 2. 结账的方法	□A　□B　□C □A　□B　□C	掌握对账的方法，能完成期末总账和明细账、总账和总账、总账和日记账的核对，能正确、规范地进行期末结账
说明	（在□中打√，A 掌握，B 基本掌握，C 未掌握）		
教师评语：			
成绩		教师签字	

项目六

企业日常主要经济业务的核算

知识目标

- 了解制造业的经营过程；
- 熟悉制造企业筹集资金、供应过程、生产过程、销售过程、对外投资等主要经济业务及核算账户。

能力目标

- 能识别制造业筹集资金、供应过程、生产过程、销售过程、对外投资等主要经济业务的原始凭证，并能运用借贷记账法编制会计分录，填制记账凭证；
- 能正确地进行制造业的材料采购成本、产品生产成本、产品销售成本的计算。

素养目标

- 通过制造业日常主要经济业务处理，培养坚持准则，遵纪守法意识；
- 通过材料采购成本、产品生产成本、销售成本计算，树立成本意识；
- 通过增值税进项税额、销项税额的核算，培养依法纳税意识；
- 通过经济业务的账务处理，培养诚实守信的良好会计品格。

思维导图

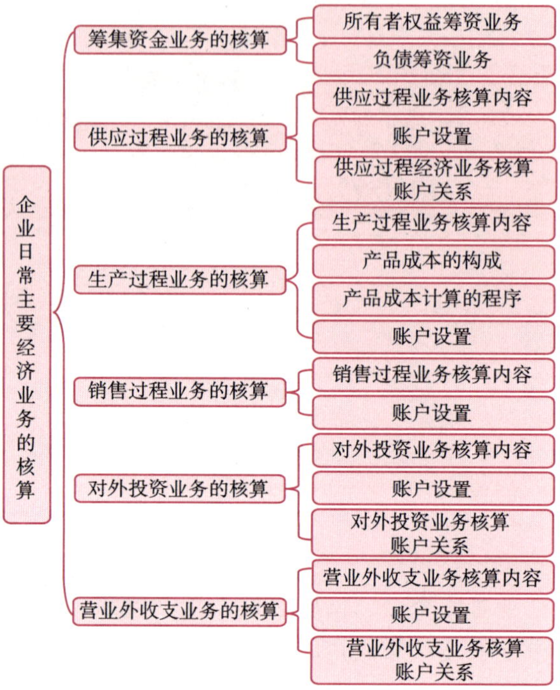

模块一　筹集资金业务的核算

任务描述

天成电子设备有限责任公司为增值税一般纳税人，增值税率为13%，城市维护建设税率为7%、教育费附加率为3%、所得税率为25%。公司20××年12月发生下列经济业务：

【业务18】[①] 12月1日，收到东鲁钢铁集团有限公司投入资金600 000元，款项已存入银行，已办理了增资手续。原始凭证为“投资协议书”“股东出资明细表”“网上银行电子回单”。

【业务19】12月3日，收到华盛板材有限责任公司投入全新设备一台价值300 000元、专利技术一项价值90 000元。原始凭证为“产权转移书”“股东出资明细表”“固定资产验收单”。

【业务20】12月4日，企业从中国工商银行借入期限为6个月的生产周转借款400 000元，年利率7.2%，款项已存入银行。原始凭证为“贷款转存凭证”“贷款合同”。

① 业务18至业务77为一个连续经济业务。

任务布置

请具体分析天成电子设备有限责任公司发生的【业务 18】至【业务 20】，完成投资者投入资金、借入银行借款等供应过程业务的账务处理，并编制记账凭证。

知识学习

制造业是立国之本，强国之基。党的二十大报告指出，“坚持把发展经济的着力点放在实体经济上，推进新型工业化，加快建设制造强国、质量强国、航天强国、交通强国、网络强国、数字中国。”党的十八大以来，制造业规模、外汇储备稳居世界第一。2022 年，我国工业增加值突破 40 万亿元大关，占 GDP 比重达到了 33.2%，其中制造业增加值占 GDP 比重为 27.7%，制造业规模已经连续 13 年居世界首位，成为稳定中国经济大盘的“压舱石”。

德技并修

印在人民币上的中国制造

典型企业——制造业的资金运动过程为“资金进入企业—供应过程—生产过程—销售过程—资金退出企业”。那么如何运用借贷记账法将资金运动的全过程记录并反映出来，形成会计信息呢？

企业从事生产经营活动首先需要一定数量的资金，即资金进入企业，这是企业经济活动的起点和开始。资金进入企业的形式有两种：一是投资者投入企业的资金，投资者投入的资金一般不允许随意抽回，在企业实现盈利时，投资者以投资比例分享企业实现的盈利；如果企业发生亏损，投资者则以投资比例承担企业发生的亏损。二是企业向银行或其他金融机构借入的资金，借入的资金与投资者投入的资金不同，企业要按照合同规定的时间偿还出借银行或其他金融机构，同时还要按规定的利率支付利息。企业接受投资者投入资金业务和向银行或其他金融机构借入资金业务，我们统称为筹集资金业务。筹集资金既是企业资金运动的起点，也是企业从事生产经营活动的前提条件。

企业筹集资金业务按其资金来源的不同，通常分为向投资者筹集资金和向债权人筹集资金，向投资者筹集资金也称为所有者权益筹资，向债权人筹集资金也称为负债筹资。

一、所有者权益筹资业务

（一）所有者投入资本业务

企业从事生产经营活动必须依法注册，企业在工商行政管理部门办理注册登记的资金是资本金（又称注册资本）。所有者作为资本实际投入企业的资金数额，称为实收资本。当所有者全部交付投资额时，实收资本就是资本金。企业可以接受投资者以货币资金、实物资产、无形资产等投资。所有者投入企业的资本，一般情况下无须偿还，企业可以长期周转使用。

所有者权益筹资业务核算

所有者投入企业的资本按投资主体的不同分为国家资本金、法人资本金、个人资本金和外商资本金。

企业可以接受投资者以货币资金、实物资产、无形资产的形式投资。接受货币资金投资的，应以企业实际到账金额入账；接受房屋、建筑物、机器设备、存货等实物资产，以及无形资产投资的，应按投资各方确认的价值入账。

所有者投入的资本包括实收资本（股份有限公司为股本）和资本公积。

实收资本（股本），是指企业投资者按照企业章程、合同或者协议的约定，实际投入企业的资本金。

资本公积，是指企业投资者投入的超出其注册资本（或股本）中所占份额的投资，以及直接计入所有者权益的利得和损失等。

（二）账户设置

1. “实收资本（或股本）”账户

该账户属于所有者权益类账户，如果是股份有限公司则改为“股本”账户，用来核算企业接受投资者投入的实收资本。该账户贷方登记企业实际收到的投资者投入的资本金的增加额，借方登记企业按法定程序报经批准减少的注册资本金的数额，期末余额在贷方，反映企业期末实收资本（或股本）实有总额，如图6－1所示。该账户按照投资者不同设置明细账户，进行明细分类核算。

借方　　　　实收资本	贷方
报经批准减少的注册资本金的数额	期初余额：期初实收资本（或股本）实有总额 实际收到的实收资本
	期末实收资本（或股本）实有总额

图6－1　“实收资本（或股本）”账户T型结构图

2. “银行存款”账户

该账户属于资产类账户，用来核算企业存入银行或其他金融机构的各种款项。该账户借方登记银行存款的增加额，贷方登记银行存款的减少额，期末余额在借方，表示企业银行存款实有数额，如图6－2所示。该账户按开户银行和其他金融机构及存款种类，分别进行明细分类核算。

借方　　　　银行存款	贷方
期初余额：期初实有存款额 银行存款的增加额	银行存款的减少额
期末实有的存款数额	

图6－2　“银行存款”账户T型结构图

3. “固定资产”账户

该账户属于资产类账户，用来核算企业为生产商品、提供劳务、经营管理而持有的，使用寿命超过一个会计年度的有形资产的原价。借方登记增加的固定资产原价，贷方登记减少的固定资产原价，期末余额在借方，表示企业现有固定资产的原价，如图6－3所示。该账户按固定资产的类别设二级账，按固定资产项目设置明细账进行明细核算。

借方　　　　　固定资产	贷方
期初余额：期初固定资产的原价 　　　　　增加的固定资产的原价	减少的固定资产原价
企业现有固定资产的原价	

图 6－3　“固定资产”账户 T 型结构图

4. “无形资产”账户

该账户属于资产类账户，用来核算企业拥有或控制的没有实物形态的可辨认的非货币性资产，主要包括专利权、非专利技术、商标权、著作权、土地使用权等。借方登记企业购入、自行创造并按法律程序申请取得和接受其他单位投资转入而增加的无形资产，贷方登记对外投资或转销而减少的无形资产，期末余额在借方，表示现有无形资产的成本，如图 6－4 所示。该账户按无形资产的项目设置明细账进行明细核算。

借方　　　　　无形资产	贷方
期初余额：期初无形资产的成本 　　　　　增加的无形资产	减少的无形资产
现有无形资产的成本	

图 6－4　“无形资产”账户 T 型结构图

（三）所有者权益资金筹集业务核算账户关系（见图 6－5）

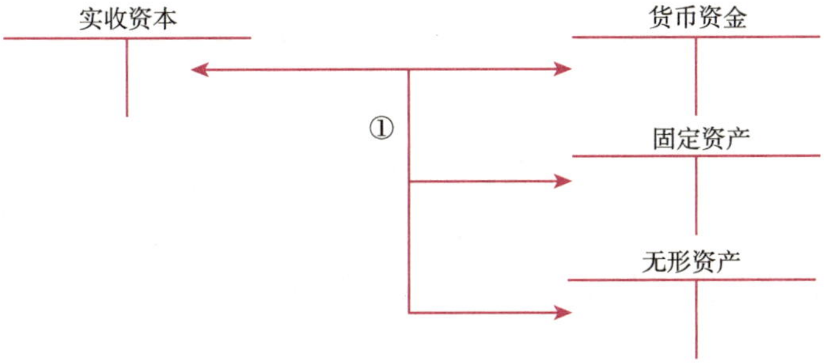

图 6－5　所有者权益筹集业务核算账户关系图

说明：

①接受投资者投入货币资金、固定资产、无形资产。

二、负债筹资业务

（一）负债筹资的构成

企业在生产经营过程中向银行或其他金融机构借款，以补充资金的不足，以借款方式筹集资金形成企业的负债。负债筹资主要包括短期借款、长期借款和结算形成的负债等。

负债筹资业务

短期借款是指企业为临时性资金需要，向银行或其他金融机构借入的偿还期在一年以内（含一年）的各种借款。

长期借款是指企业向银行或其他金融机构借入的偿还期在一年以上（不含一年）的各种借款。

负债筹资业务主要包括：企业向银行借入短期或长期借款、借款利息的会计处理、归还借款本金和利息的核算。

温馨提示

负债和所有者权益的区别。

（二）账户设置

短期借款业务核算

1. “短期借款”账户

该账户属于负债类账户，用来核算企业向银行或其他金融机构借入的期限在一年以下（含一年）的各种借款。该账户贷方登记借入的短期借款本金的增加数，借方登记偿还的短期借款本金，期末余额在贷方，反映企业期末尚未偿还的短期借款本金，如图 6－6 所示。该账户应按借款种类和币种设置明细账户，进行明细核算。

借方　　短期借款	贷方
偿还短期借款本金	期初余额：期初尚未偿还的短期借款本金 借入的短期借款本金
	期末尚未偿还的短期借款本金

图 6－6　“短期借款”账户 T 型结构图

2. “长期借款”账户

该账户属于负债类账户，用来核算企业向银行或其他金融机构借入的一年以上（不含一年）的各项借款，该账户贷方登记借入的长期借款本金并计算应计利息。借方登记归还的长期借款本金和利息，期末余额在贷方，反映企业期末尚未偿还的长期借款本金和利息，如图 6－7 所示。该账户应按借款种类和币种设置明细账户，进行明细核算。

借方　　长期借款	贷方
偿还长期借款本金和利息	期初余额：期初尚未偿还的长期借款的本金和利息 借入的长期借款本金 计算应计利息
	期末尚未偿还的长期借款的本金和利息

图 6－7　“长期借款”账户 T 型结构图

3. “财务费用”账户

该账户属于损益类账户，用来核算企业为筹集生产所需资金等而发生的各项费用。包括利息支出（减利息收入）、汇兑损失（减汇兑收益）以及相关的手续费等。借方登记发生的各项财务费用；贷方登记期末转入“本年利润”账户的财务费用数额；期末结转后，无余额，如图 6－8 所示。该账户应按费用项目设置明细账户，进行明细核算。

借方　　　　财务费用	贷方
发生的各项财务费用	结转本年利润
期末无余额	

图 6－8　“财务费用”账户 T 型结构图

4.“应付利息”账户

该账户属于负债类账户，用来核算企业计提的应付未付的借款利息。贷方登记计提的应付未付的利息；实际支付借款利息登记在借方；期末余额在贷方，表示企业尚未支付的利息，如图 6－9 所示。该账户可按应支付利息的银行或机构设置明细账户，进行明细核算。

借方　　　　应付利息	贷方
实际支付时的利息	期初余额：应付未付的借款利息 计提的应付未付的借款利息
	期末尚未支付借款利息

图 6－9　“应付利息”账户 T 型结构图

（三）负债资金筹集业务核算账户关系（见图 6－10）

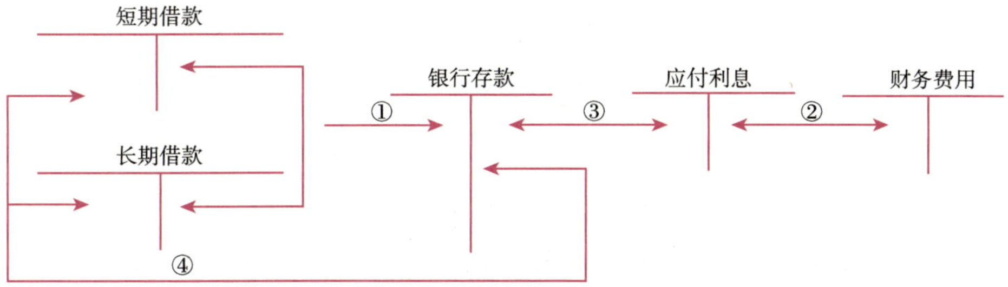

图 6－10　负债资金筹集业务核算账户关系图

说明：

①借入短期借款或长期借款；

②期末计提借款利息；

③支付借款利息；

④归还短期借款或长期借款本金。

任务实施

【业务 18】12 月 1 日，收到东鲁钢铁集团有限责任公司投入资金 600 000 元，款项已存入银行，已办理了增资手续。原始凭证“投资协议书”“股东出资明细表”“网上银行电子回单”，如单据 6－1 至单据 6－3 所示。

单据 6－1

投资协议书（摘录）

投出单位：东鲁钢铁集团有限责任公司

投入单位：天成电子设备有限责任公司

……

第四，东鲁钢铁集团有限责任公司向天成电子设备有限责任公司投资，人民币 600 000 元整。

……

投资方

单位名称：东鲁钢铁集团有限责任公司

开户银行：中国银行济南市天桥区支行

单位地址：山东济南市天桥区 1183 号

电话：0531－270324589

法人代表：张辉江

接受投资方

单位名称：天成电子设备有限责任公司

开户银行：中国工商银行城阳支行

单位地址：青岛市城阳区平阳路 281 号

电话：0532－87808801

法人代表：李佳韦

20××年 12 月 1 日

单据 6－2

股东出资明细表

公司名称：天成电子设备有限责任公司　　20××年 12 月 1 日　　货币单位：人民币元

股东名称	认缴新增注册资本	货币	实物	无形资产	净资产	合计	其中：实缴新增注册资本
东鲁钢铁集团有限责任公司	600000.00	600000.00				600000.00	600000.00
合计	600000.00	600000.00				600000.00	600000.00

中国注册会计师事务所（签章）　山东省诚志会计师事务所

中国注册会计师（签章）　王玲印旭

单据 6－3

中国工商银行　网上银行电子回单（打印）

电子回单号码：1110229234555　　20××年 12 月 01 日

付款人			收款人		
付款人	全称	东鲁钢铁集团有限责任公司	收款人	全称	天成电子设备有限责任公司
	账号	1102003104800035467		账号	1102003704800007799
	开户银行	中国银行济南市天桥区支行		开户银行	中国工商银行城阳支行
人民币（大写）陆拾万元整			小写	￥600000.00	
凭证种类			凭证号码		
结算方式	网上银行		用途	投资款	
此单证已经验资，不得销毁、退票、涂改。 山东省诚志会计师事务所			打印柜员：1109724 打印机构：中国工商银行城阳支行 打印卡号：21973745677 中国工商银行股份有限公司城阳支行 20××.12.01 核算专用章（1）		

第二联收款回单

打印时间：20××－12－01

[业务分析] 该笔经济业务，资金运动的终点（借）是银行存款，起点（贷）是实收资本。根据原始凭证"网上银行电子回单"，证明企业的银行存款增加了600 000元，应记入资产类账户"银行存款"的借方；同时根据原始凭证"投资协议"及"股东出资明细表"证明天成电子设备有限责任公司因接受东鲁钢铁集团有限责任公司资金投入而使实收资本增加了600 000元，应记入所有者权益类账户"实收资本"的贷方。编制会计分录如下：

借：银行存款　　600 000

　　贷：实收资本——东鲁公司　　600 000

编制记账凭证，如凭证6-1所示。

凭证6-1

记　账　凭　证

20××年12月01日　　记字第 001 号

摘要	会计科目		借方金额	贷方金额	记账符号
	总账科目	明细科目			
接受投资	1002 银行存款		600 000.00		
	4001 实收资本	东鲁公司		600 000.00	
合计金额			¥600 000.00	¥600 000.00	

附单据3张

会计主管 赵玲玲　　记账 李玉玉　　出纳 孙会会　　复核 钱丽丽　　制证 吴平平

【业务19】12月3日，收到华盛板材有限责任公司投入全新设备一台价值300 000元、专利技术一项价值90 000元。原始凭证为"产权转移书""股东出资明细表""固定资产验收单"，如单据6-4至单据6-6所示。

单据6-4

产权转移书

华盛板材有限责任公司将价值300000元的全新设备以投资形式转让给天成电子设备有限责任公司，从即日起，该设备所有权由华盛板材有限责任公司转移给天成电子设备有限责任公司，特此说明。

投资方	接受投资方
单位名称：华盛板材有限责任公司	单位名称：天成电子设备有限责任公司
开户银行：中国工商银行淄博支行	开户银行：中国工商银行城阳支行
单位地址：山东淄博鲁泰大道83号	单位地址：青岛市城阳区平阳路281号
电话：0533-270324589	电话：0532-87808801
法人代表：鲁光慧	法人代表：李佳韦
20××年12月3日	20××年12月3日

单据 6－5

股东出资明细表

公司名称：天成电子设备有限责任公司　　　　20××年12月3日　　　　货币单位：人民币元

股东名称	认缴新增注册资本	货币	实物	无形资产	净资产	合计	其中：实缴新增注册资本
华盛板材有限责任公司	390000		300000	90000		390000	390000
合计	390000		300000	90000		390000	390000

中国注册会计师事务所（签章）山东省诚志会计师事务所　　　　中国注册会计师（签章）王旭印玲

单据 6－6

固定资产验收单

资产编号	G0011	资产名称	组装生产线		
规格（型号）	GB2852	资产代码		购置日期	
计量单位	台	单价（元/台）	300000.00	金额（元）	叁拾万元整
出厂日期	20××年12月3日	管理人	叶洪涛		
生产厂家	华盛板材有限责任公司		安装使用地点	总装车间	
附件情况					
固定资产验收情况说明：良好					
参加验收人员签字：田原野　董江海　验收日期：20××年12月03日					
管理部门经理签字：景宏伟　景宏伟					
公司总经理签字：李佳韦　李佳韦					

注：此表一式三份，使用部门、管理部门、财务部门各一份。

［业务分析］该笔经济业务，资金运动的终点（借）是固定资产、无形资产，起点（贷）是实收资本。根据原始凭证“固定资产验收单”“产权转移书”“股东出资明细表”，企业生产设备增加了一台价值300 000元、专利技术增加了一项价值90 000元，应分别记入资产类账户“固定资产”的借方和“无形资产”的借方；同时引起实收资本增加了390 000元，应记入所有者权益类账户“实收资本”账户的贷方。编制会计分录如下：

借：固定资产　　　　300 000

　　无形资产　　　　90 000

　　贷：实收资本——华盛公司　　　　390 000

编制记账凭证，如凭证6－2所示。

凭证 6－2　　**记　账　凭　证**

20××年 12 月 03 日　　记字第 002 号

<table>
<tr><td rowspan="2">摘要</td><td colspan="2">会计科目</td><td rowspan="2">借方金额</td><td rowspan="2">贷方金额</td><td rowspan="2">记账符号</td></tr>
<tr><td>总账科目</td><td>明细科目</td></tr>
<tr><td>接受投资</td><td>1601 固定资产</td><td></td><td>300 000. 00</td><td></td><td></td></tr>
<tr><td></td><td>1701 无形资产</td><td></td><td>90 000. 00</td><td></td><td></td></tr>
<tr><td></td><td>4001 实收资本</td><td>华盛公司</td><td></td><td>390 000. 00</td><td></td></tr>
<tr><td></td><td></td><td></td><td></td><td></td><td></td></tr>
<tr><td></td><td></td><td></td><td></td><td></td><td></td></tr>
<tr><td colspan="3">合计金额</td><td>¥390 000. 00</td><td>¥390 000. 00</td><td></td></tr>
</table>

附单据 3 张

会计主管 赵玲玲　记账 李玉玉　出纳　复核 钱丽丽　制证 吴平平

【业务 20】12 月 4 日，企业从中国工商银行借入期限为 6 个月的生产周转借款 400 000 元，年利率 7. 2%，款项已存入银行。原始凭证为“贷款转存凭证”“贷款合同”，如单据 6－7 与单据 6－8 所示。

单据 6－7

中国工商银行 贷款转存凭证（借款借据）　　№ 9726326

20××年 12 月 4 日　　贷款种类：短期

<table>
<tr><td rowspan="3">借款人</td><td>全称</td><td colspan="2">中国工商银行股份有限公司城阳支行</td><td rowspan="3">收款人</td><td>全称</td><td colspan="9">天成电子设备有限责任公司</td><td rowspan="7">第四联 收款人收款通知</td></tr>
<tr><td>账号</td><td colspan="2">1102003704800007799</td><td>账号</td><td colspan="9">1102003704800007799</td></tr>
<tr><td>开户银行</td><td colspan="2">中国工商银行城阳支行</td><td>开户银行</td><td colspan="9">中国工商银行城阳支行</td></tr>
<tr><td rowspan="2">人民币（大写）</td><td colspan="3" rowspan="2">肆拾万元整</td><td>千</td><td>百</td><td>十</td><td>万</td><td>千</td><td>百</td><td>十</td><td>元</td><td>角</td><td>分</td></tr>
<tr><td></td><td>¥</td><td>4</td><td>0</td><td>0</td><td>0</td><td>0</td><td>0</td><td>0</td><td>0</td></tr>
<tr><td colspan="3" rowspan="2">委托你行将上述款项金额转存/支付工行城阳支行存款户。
借款人：（盖章）
20××年 12 月 4 日</td><td colspan="3" rowspan="2">业务主管：宋建成
经办人：刘余童
（信贷部门盖章）
20××年 12 月 4 日</td><td colspan="8">合同号：20201201</td></tr>
<tr><td colspan="8"></td></tr>
</table>

单据 6－8

中国工商银行贷款合同

立合同单位：中国工商银行城阳支行（以下简称贷款方）
　　　　　　天成电子设备有限责任公司（以下简称借款方）
　　　　　　华茂有限责任公司（以下简称保证方）

为明确责任，恪守合同，特签订本合同，共同信守。

一、贷款种类：短期流动资金借款

二、借款金额：人民币肆拾万元整

三、借款用途：生产周转用

四、借款利率：年利率 7. 2%，利随本清。如遇国家调整利率，按调整后的规定计算。

………

［业务分析］该项经济业务，资金运动的终点（借）是银行存款，起点（贷）是短期借款。根据原始凭证“贷款转存凭证”企业的银行存款增加了400 000元，应记入资产类账户“银行存款”的借方；同时根据“贷款合同”，企业增加了期限为6个月的借款400 000元，应记入负债类账户“短期借款”的贷方；因此，该经济业务引起资产要素和负债要素同时增加。编制会计分录如下：

借：银行存款　　400 000

　　贷：短期借款　　400 000

编制记账凭证，如凭证6－3所示。

凭证6－3

记　账　凭　证

20××年12月04日　　　　记字第 003 号

摘要	会计科目		借方金额	贷方金额	记账符号
	总账科目	明细科目			
向银行借款	1002 银行存款		400 000.00		
	2001 短期借款			400 000.00	
合计金额			¥400 000.00	¥400 000.00	

附单据2张

会计主管 赵玲玲　记账 李玉玉　出纳 孙会会　复核 钱丽丽　制证 吴平平

模块二　供应过程业务的核算

任务描述

天成电子设备有限责任公司为增值税一般纳税人，增值税税率为13%，城市维护建设税税率为7%，教育费附加征收比率为3%，所得税税率为25%。公司20××年12月发生下列经济业务：

【业务21】12月5日，从远洋公司购入甲材料9 000千克，单价8元，计买价72 000元，计增值税进项税额9 360元，款项以银行存款支付，材料运到，验收入库。原始凭证为“增值税专用发票”“电子银行转账凭证”“材料验收入库单”。

【业务22】12月9日，从四通钢铁有限责任公司购入乙材料200吨，单价1 900元，计买价380 000元，计增值税进项税额49 400元，对方代垫运输费20 000元，运输费增值税税率9%，增值税进项税额1 800元。价款、运输费及增值税尚未支付，材料尚未运到。原始凭证为“增值税专用发票”（供货单位)、“增值税专用发票”(运输单位)。

【业务 23】12 月 10 日,从四通钢铁有限责任公司购入乙材料 200 吨,货已运到并验收入库。原始凭证为“收料单”。

【业务 24】12 月 10 日,采购员王伟山出差预借差旅费 5 000 元,以库存现金支付。原始凭证为“借款单”。

【业务 25】12 月 13 日,王伟山报销差旅费 4 674 元,余款 326 元交回现金。原始凭证为“差旅费报销单”。

【业务 26】12 月 13 日,从江河铝业有限责任公司购买丙材料 30 吨,单价 8 000 元,买价计 240 000 元,丁材料 20 吨,单价 5 000 元,买价计100 000 元,增值税进项税额计 44 200 元,材料未到,价款及增值税以商业承兑汇票支付。原始凭证为“增值税专用发票”“商业承兑汇票”。

【业务 27】12 月 14 日,支付上述丙材料、丁材料的运输费 30 000 元,增值税税率 9%,增值税额 2 700 元,价税合计 32 700 元,运输费按甲、乙两种材料重量所占比例分配。原始凭证为“增值税专用发票”“电子银行转账凭证(回单)”“运输费用分配表”。

【业务 28】12 月 15 日,上述丙材料、丁材料运到并验收入库,结转入库材料实际采购成本。原始凭证为“材料采购成本计算单”“收料单”。

【业务 29】12 月 16 日,签发转账支票,以银行存款支付四通钢铁有限责任公司购料款 451 200 元。原始凭证为“转账支票存根”。

【业务 30】12 月 17 日,向普利钢铁有限责任公司预付购买丙材料货款 70 000元,以银行存款支付。原始凭证为“电子银行转账凭证(回单)”。

【业务 31】12 月 19 日,向普利钢铁有限责任公司购入丁材料 10 吨,单价 5 600 元,计买价 56 000 元,计增值税 7 280 元,已按实际成本验收入库。原始凭证为“增值税专用发票”“收料单”。

任务布置

请具体分析天成电子设备有限责任公司发生的【业务 21】至【业务 31】,完成购买材料付款、材料验收入库、分配运杂费、用预付账款购买材料等供应过程业务的账务处理,并编制记账凭证。

知识学习

一、供应过程业务核算内容

原材料采购成本的计算

供应过程,又称采购过程,是指从采购材料物资开始,到材料物资验收入库的整个过程。是企业的货币资金转变为生产储备资金的过程,它的主要任务是组织采购材料物资,正确储备,以保证生产经营的需要。这一过程的主要经济业务包括:一是购进材料支付货款(含增值税);二是发生的运输费、装卸费、搬运费等，这些费用是由于购买材料而发生的，因而应区分是否计入材料成本，如果计入材料成本是在购进多种材料的情况下，还应该分配计入材料成本；三是材料运到验收入库；四是企业采用预付账款等特殊购买方式购买材料时的处理。供应过程的核算可以归纳为材料采购成本的计算与核算。

（一）材料采购成本的内容

材料采购成本，是指企业物资从采购到入库前所发生的全部支出，包括买价和采购费用。其中：

（1）材料的买价，是指购买材料时的发票价格。

（2）采购费用，是指材料物资采购过程中发生的各项费用，具体包括：

①运杂费（从供应单位运到企业所在地的运输费、装卸费、包装费、仓储费、保险费等）。

②运输途中的合理损耗。

③入库前的挑选整理费用（包括挑选整理中发生的工费支出和必要的损耗，扣除回收的下脚废料价值）。

④购入材料物资负担的税金和其他费用，如进口货物的关税等。

按现行税收制度规定，增值税一般纳税人购进时所支付的价外增值税，不计入采购成本，应作为进项税额处理，在本期纳税时从销项税额中予以抵扣。

（二）材料采购成本的计算方法

在计算材料物资采购成本中，凡是能直接计入各种材料物资的直接费用，应直接计入各种材料物资的采购成本；不能直接计入各种材料物资的间接费用，可以先进行归集。期末，按照所购材料的存储情况进行分摊（按照一定标准在有关材料物资之间进行分配）。

材料采购成本的计算公式如下：

某种材料的采购成本 = 该种材料的买价 + 材料应负担的采购费用

材料单位成本 = 材料采购成本 ÷ 采购材料数量

采购费用分配率 = 采购费用总额 ÷ 各种材料的重量（或者体积、买价）之和

某种材料应负担的采购费用 = 该种材料的重量（或者体积、买价）× 采购费用分配率

二、账户设置

（一）“原材料”账户

原材料采购业务的核算

该账户属于资产类账户，用来核算企业库存各种材料，包括原料及主要材料、辅助材料、外购半成品（外购件）、修理用备件（备品备件）、包装材料、燃料等的实际成本。该账户借方登记已经验收入库材料的实际成本；贷方登记发出材料的实际成本；期末余额在借方，反映库存材料的实际成本。该账户可按材料的保管地点（仓库）、材料类别、品种和规格等设置明细账户，进行明细核算，如图 6－11 所示。

原材料

借方	贷方
期初余额：期初库存材料实际成本 验收入库材料的实际成本	发出材料的实际成本
期末库存材料实际成本	

图 6－11　“原材料”账户 T 型结构图

（二）“在途物资”账户

该账户属于资产类账户，用来核算已经付款、但尚未验收入库的在途物资的实际采购成本。该账户借方登记购入材料、商品的买价和采购费用（采购实际成本）；贷方登记已验收入库材料、商品等物资应结转的实际采购成本；期末余额在借方，反映企业期末在途材料、商品等物资的采购成本，如图 6－12 所示。该账户可按供应单位和材料物资的品种、类别设置明细账户，进行明细核算。

在途物资

借方	贷方
期初余额：期初尚未到达或尚未验收入库的在途材料物资采购成本 已经付款、但尚未验收入库的在途物资的实际采购成本	已经验收入库的材料物资的采购成本
期末尚未到达或尚未验收入库的在途材料物资采购成本	

图 6－12　“在途物资”账户 T 型结构图

（三）“应付账款”账户

该账户属于负债类账户，用来核算企业因购买材料、商品和接受劳务供应等经营活动而应付给供应单位的款项。该账户贷方登记企业因购买材料、商品和接受劳务供应等尚未支付的款项；借方登记实际偿还的应付账款；期末余额一般在贷方，反映企业期末尚未支付的供应单位的款项；如果在借方，反映企业期末预付账款余额，如图 6－13 所示。该账户应按债权人（供应单位）设置明细账户，进行明细核算。

应付账款

借方	贷方
期初余额：期初预付账款余额 偿还应付供应单位款项	期初余额：期初尚未支付的款项 因购买材料、商品和接受劳务供应等尚未支付的款项
期末预付账款余额	期末尚未支付的款项

图 6－13　“应付账款”账户 T 型结构图

（四）“应付票据”账户

该账户属于负债类账户，用来核算企业购买材料、商品和接受劳务供应等而开出、承兑的商业汇票，包括银行承兑汇票和商业承兑汇票。该账户贷方登记企业开出、承兑的商业汇票；借方登记已经支付或者到期无力支付的商业汇票，期末余额在贷方，表示企业尚未到期的商业汇票的票面金额，如图 6－14 所示。该账户可按债权人设置明细账户，进行明细核算。

借方　　应付票据	贷方
到期兑付的商业汇票	期初余额：期初尚未到期的商业汇票 开出、承兑的商业汇票
	期末尚未到期的商业汇票

图 6－14　“应付票据”账户 T 型结构图

（五）“预付账款”账户

该账户属于资产类账户，用来核算企业按照合同规定预付给供应单位的款项。该账户借方登记企业因购货预付或补付给供应单位的款项；贷方登记企业收到所购材料、商品或接受劳务后实际应支付的金额及退回多付的款项；期末余额在借方，表示企业实际预付的款项，期末余额在贷方，则表示尚未补付的款项，如图 6－15 所示。该账户可按供应单位设置明细账户，进行明细核算。

借方　　预付账款	贷方
期初余额：预付的款项 预付供货单位货款 补付的货款	期初余额：应付的款项 实际应支付的金额 退回多付的款项
期末预付的款项	期末尚未补付的款项

图 6－15　“预付账款”账户 T 型结构图

温馨提示

企业预付账款不多的企业，也可以不设置该账户，将预付款项直接记入“应付账款”账户。

（六）“应交税费”账户

该账户属于负债类账户，用来核算企业按照税法等法律法规规定计算应缴纳的各种税费，包括增值税、消费税、企业所得税、资源税、土地增值税、城市维护建设税、房产税、土地使用税、车船使用税、教育费附加，以及企业代扣代缴的个人所得税等。该账户贷方登记应交未交的各种税费的增加额；借方登记实际缴纳的各种税费；期末余额在贷方，表示期末尚未缴纳的税费，如期末余额在借方，则表示多交或尚未抵扣的税费，如图 6－16 所示。该账户应按税费种类设置“应交增值税”“应交消费税”“应交所得税”等明细账户，进行明细核算。

借方	应交税费	贷方
实际缴纳的各种税费		期初余额：期初尚未缴纳的税费 计算应交未交的各种税费
期末多交的或尚未抵扣的税费		期末尚未缴纳的税费

图 6－16　“应交税费”账户 T 型结构图

温馨提示

企业应交的增值税在“应交税费——应交增值税”明细账户核算，企业购进货物、接受应税劳务或服务支付的进项税额记入“应交税费——应交增值税”账户的借方；企业销售货物或提供应税劳务或服务支付的销项税额记入“应交税费——应交增值税”账户的贷方。贷方的销项税额减去借方的进项税额就是企业应交的增值税。

三、供应过程经济业务核算账户关系（见图 6－17）

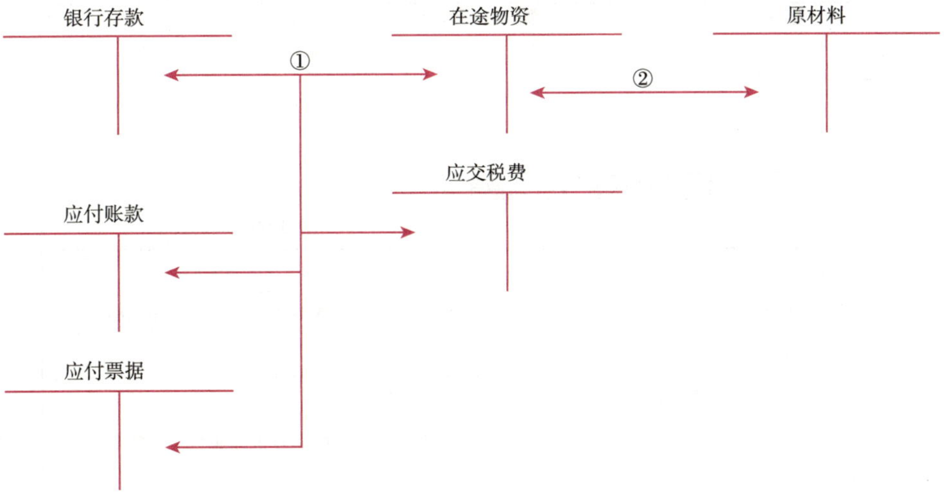

图 6－17　供应过程业务核算账户关系图

说明：

①购入货物的价款和增值税，以银行存款支付，或者确认为应付账款、应付票据等。

②购入的货物验收入库。

任务实施

【业务 21】12 月 5 日，从远洋公司购入甲材料 9 000 千克，单价 8 元，计买价 72 000 元，计增值税进项税额 9 360 元，款项以银行存款支付，材料运到，验收入库。原始凭证“增值税专用发票”“电子银行转账凭证”“材料验收入库单”，如单据6－9至单据6－11所示。

单据6－9

山东增值税专用发票

3700193130　　　　　　　　　　　№ 15424722　3700193130
15424722

发票联　　　　　　　　　　开票日期：20××年12月05日

购买方	名　　称：天成电子设备有限责任公司 纳税人识别号：370214560006888123 地 址、电 话：山东省青岛市城阳区平阳路281号　0532—87808801 开户行及账号：中国工商银行城阳支行　1102003704800007799			密码区	+46*54* 172-275 〈182*59*312-4 096 〈/18 12*59*09618153 〈/81321〉 〈8182*59*153 +153 〈/0 702-9〉 9*〉 2-3 〈4 〈3*2 〉 2-3*08/4〉 *〉 〉 〉 25-275 〈1*0/9/		
货物或应税劳务、服务名称	规格型号	单位	数量	单价	金额	税率	税额
*有色金属*甲材料			9000	8.00	72000.00	13%	9360.00
合　计					¥72000.00		¥9360.00
价税合计（大写）	⊗ 捌万壹仟叁佰陆拾元整				（小写）¥81360.00		
销售方	名　　称：远洋股份有限责任公司 纳税人识别号：370306378915866777 地 址、电 话：山东省日照市东港路38号　0633-5879998 开户行及账号：中国工商银行滨海支行　36030300583638089			备注			

收款人：张明奇　　复核：桂惠玲　　开票人：闫玉玉　　销售方：（章）

税总函［20××］××号××××公司

第三联：发票联　购买方记账凭证

单据6－10

电子银行转账凭证（回单）

20××年12月5日　　　　序号 60006564

付款人	户名	天成电子设备有限责任公司		
	账号	1102003704800007799	汇出地点	青岛市城阳区平阳路281号
	汇出行	中国工商银行城阳支行		
收款人	户名	远洋股份有限责任公司		
	账号	36030300583638089	汇入地点	山东日照东港路38号
	汇入行	中国工商银行海滨支行		
金额大写		人民币捌万壹仟叁佰陆拾元整		
金额小写		¥81360.00	用途	购货款及代垫运杂费
加急标志： 客户标志： 渠道： 流水号：				
上列款项已委托办理 （经办行盖章）　中国工商银行股份有限公司城阳支行 20××.12.05 核算专用章（1）				

付款通知

单据 6-11

材料验收入库单

发票号码：2000877　　20××年 12 月 5 日　　收料单编号：93634

供应单位：远洋股份有限责任公司　　收料仓库：材料库

材料类别：原料及主要材料　　金额单位：元

编号	名称	规格	计量单位	数量		实际成本					备注
				应收	实收	买价		运杂费	其他	合计	
						单价	金额				
	甲材料		千克	9000	9000	8.00 元/千克	72000.00			72000.00	
合计							72000.00			72000.00	

第一联：记账联

主管：赵玲玲　　检验员：常　青　　保管员：陆学文　　会计：李玉玉

[业务分析] 该项经济业务，资金运动的终点（借）是原材料、应交税费，起点（贷）是银行存款。根据远洋股份有限责任公司开具的“增值税专用发票”以及天成电子设备有限责任公司的“材料验收入库单”，原材料运到，验收入库，企业库存的甲材料增加了 72 000 元，应记入资产类账户“原材料”账户的借方，增值税 9 360 元属于进项税额，要抵减销项税额，应记入负债类账户“应交税费——应交增值税（进项税额）”的借方；同时根据“电子银行转账凭证”支付货款 81 360 元，企业银行存款减少 81 360 元，应记入资产类账户“银行存款”的贷方。编制会计分录如下：

借：原材料——甲材料　　72 000

　　应交税费——应交增值税（进项税额）　　9 360

　　贷：银行存款　　81 360

编制记账凭证，如凭证 6-4 所示。

凭证 6-4

记　账　凭　证

20××年 12 月 05 日　　记字第 004 号

摘要	会计科目		借方金额	贷方金额	记账符号
	总账科目	明细科目			
购买材料	140301 原材料	甲材料	72 000.00		
	2221 应交税费	应交增值税（进项税额）	9 360.00		
	1002 银行存款			81 360.00	
合计金额			¥81 360.00	¥81 360.00	

附单据 3 张

会计主管 赵玲玲　　记账 李玉玉　　出纳 孙会会　　复核 钱丽丽　　制证 吴平平

【业务 22】12 月 9 日，从四通钢铁有限责任公司购入乙材料 200 吨，单价 1 900 元，计买价 380 000 元，计增值税 49 400 元，对方代垫运输费 20 000 元，运输费增值税税率 9%，增值税税额 1 800 元。价款、运输费及增值税尚未支付，材料尚未运到。原始凭证“增值税专用发票”（供货单位）、“增值税专用发票”（运输单位），如单据 6－12 和单据 6－13 所示。

单据 6－12

山东 增值税专用发票

3700193130　　No 84219411　3700193130　84219411

发票联

开票日期：20××年12月09日

购买方	名　　称：天成电子设备有限责任公司 纳税人识别号：370214560006888123 地 址、电 话：山东省青岛市城阳区平阳路281号 0532-87808801 开户行及账号：中国工商银行城阳支行 1102003704800007799	密码区	-275〈1+46172-4*618312-4* 82*59* 154*321〉〈81*09153〈/82*59618 702-94〈3*2 〉2-3*+153〈/0〉9〈 *〉-3*0*08/4〉/9/〉2〉-275〈1〉25

货物或应税劳务、服务名称	规格型号	单位	数量	单价	金额	税率	税额
*有色金属*乙材料		吨	200	1900.00	380000.00	13%	49400.00
合　　计					¥380000.00		¥49400.00
价税合计（大写）	⊗ 肆拾贰万玖仟肆佰元整				（小写）¥429400.00		

销售方	名　　称：四通钢铁有限责任公司 纳税人识别号：370104688139822217 地 址、电 话：山东省济南市莱芜区莱城路92号 0531-5873766 开户行及账号：中国工商银行莱城支行 36010100627162159	备注	

收款人：乐清海　　复核：柳传林　　开票人：梅婷婷　　销售方：（章）

（印章：四通钢铁有限责任公司 370104688139822217 发票专用章）

税总函[20××]××号×××公司

第三联：发票联　购买方记账凭证

单据 6－13

山东 增值税专用发票

3700193130　　No 04366961　3700193130　04366961

发票联

开票日期：20××年12月09日

购买方	名　　称：天成电子设备有限责任公司 纳税人识别号：370214560006888123 地 址、电 话：山东省青岛市城阳区平阳路281号 0532-87808801 开户行及账号：中国工商银行城阳支行 1102003704800007799	密码区	172312-4-275〈1+46*54* 82*59* 181321〉〈8182*59*09618153〈/ 〈4〈3*2702-9〉9*+153〈/0 〉2-3 *08/4〉*〉〉2-3*0/9/〉〉25-275〈1

货物或应税劳务、服务名称	规格型号	单位	数量	单价	金额	税率	税额
*运输服务*运费		吨公里	1000	20.00	20000.00	9%	1800.00
合　　计					¥20000.00		¥1800.00
价税合计（大写）	⊗ 贰万壹仟捌佰元整				（小写）¥21800.00		

销售方	名　　称：山东省鸿运物流运输有限责任公司 纳税人识别号：37451000187863355 地 址、电 话：山东省青岛市城阳区东海大道38号 0532-5888866 开户行及账号：中国建设银行城阳支行 61020037048000386266	备注	

收款人：李华　　复核：章成宇　　开票人：江涛涛　　销售方：（章）

（印章：山东省鸿运物流运输有限责任公司 37451000187863355 发票专用章）

税总函[20××]××号×××公司

第三联：发票联　购买方记账凭证

[业务分析] 该项经济业务，资金运动的终点（借）是在途物资、应交税费，起点（贷）是应付账款。根据原始凭证“增值税专用发票”（供货单位）“增值税专用发票”（运输单位），企业购入乙材料的价款 380 000 元，对方代垫的运杂费 20 000 元，应计入材料采购成本，由于尚未验收入库，应记入资产类账户“在途物资”账户的借方；支付给供应单位的 13% 增值税 49 400 元及运输费 9% 的增值税 1 800 元属于进项税额，要抵减销项税额，应记入负债类账户“应交税费——应交增值税（进项税额）”的借方；同时因货款尚未支付，企业承担了将来还款的义务，应记入负债类账户“应付账款”账户的贷方；该业务引起企业资产要素和负债要素同时发生变化。编制会计分录如下：

借：在途物资——乙材料　　400 000
　　应交税费——应交增值税（进项税额）　　51 200
　　贷：应付账款——四通钢铁公司　　451 200

编制记账凭证，如凭证 6－5 所示。

凭证 6－5　　**记 账 凭 证**

20××年 12 月 09 日　　记字第 005 号

摘要	会计科目		借方金额	贷方金额	记账符号
	总账科目	明细科目			
购买材料	1402 在途物资	乙材料	400 000.00		
	2221 应交税费	应交增值税（进项税额）	51 200.00		
	2202 应付账款	四通钢铁公司		451 200.00	
合计金额			￥451 200.00	￥451 200.00	

附单据 2 张

会计主管 赵玲玲　　记账 李玉玉　　出纳　　复核 钱丽丽　　制证 吴平平

【业务 23】12 月 10 日，从四通钢铁有限责任公司购入乙材料 200 吨，货已运到并验收入库。原始凭证“收料单”，如单据 6－14 所示。

单据 6－14　　**收料单**

发票号码：2008999　　20××年 12 月 10 日　　收料单编号：93635

供应单位：四通钢铁有限责任公司　　收料仓库：材料库

材料类别：原料及主要材料　　金额单位：元

编号	名称	规格	计量单位	数量		实际成本					备注
				应收	实收	买价		运杂费	其他	合计	
						单价	金额				
	乙材料		吨	200	200	1900 元/吨	380000.00	20000.00		400000.00	
合计							380000.00	20000.00		400000.00	

第一联 记账联

主管：赵玲玲　　检验员：常　青　　保管员：陆学文　　会计：李玉玉

［业务分析］该项经济业务，资金运动的终点（借）是原材料，起点（贷）是在途物资。根据“收料单”，企业库存的乙材料增加了 400 000 元；同时在途的乙材料减少了 400 000 元，应记入资产类账户“在途物资”的贷方；该业务引起企业资产要素一增一减，同时发生变化。编制会计分录如下：

借：原材料——乙材料 400 000

　　贷：在途物资——乙材料 400 000

编制记账凭证，如凭证 6－6 所示。

凭证 6－6

记　账　凭　证

20××年 12 月 10 日　　　　记字第 006 号

摘要	会计科目		借方金额	贷方金额	记账符号
	总账科目	明细科目			
材料验收入库	140302 原材料	乙材料	400 000		
	140201 在途物资	乙材料		400 000	
合计金额			¥400 000	¥400 000	

附单据 1 张

会计主管 赵玲玲　　记账 李玉玉　　出纳 孙会会　　复核 钱丽丽　　制证 吴平平

【业务 24】12 月 10 日，采购员王伟山出差预借差旅费 5 000 元，以库存现金支付。原始凭证“借款单”，如单据 6－15 所示。

单据 6－15

借　款　单

20××年 12 月 10 日

借款单位：采购科		
借款理由：出差借款		
借款数额：（大写）人民币伍仟元整　　¥5000.00 元　　现金付讫		
本单位负责人意见：同意　　李佳韦　　借款人：王伟山		
会计主管核批： 赵玲玲	付款方式： 现 金	出纳： 孙会会

［业务分析］该项经济业务，资金运动的终点（借）是其他应收款，起点（贷）是库存现金。根据“借款单”，预借差旅费，将来要收回，企业应收的债权增加，应记入资产类账户“其他应收款”的借方；同时，库存现金减少，应记入“库存现金”账户的贷方。编制会计分录如下：

借：其他应收款——王伟山 5 000

　　贷：库存现金 5 000

编制记账凭证，如凭证 6－7 所示。

凭证 6 – 7

记　账　凭　证

20 × ×年 12 月 10 日　　记字第 007 号

摘要	会计科目		借方金额	贷方金额	记账符号
	总账科目	明细科目			
预借差旅费	123101 其他应收款	王伟山	5 000. 00		
	1001 库存现金			5 000. 00	
合计金额			¥5 000. 00	¥5 000. 00	

附单据 1 张

会计主管 赵玲玲　　记账 李玉玉　　出纳 孙会会　　复核 钱丽丽　　制证 吴平平

【业务 25】12 月 13 日，王伟山报销差旅费 4 674 元，余款 326 元交回现金。原始凭证“差旅费报销单”，如单据 6 – 16 所示。

单据 6 – 16

差旅费报销单

20 × ×年 12 月 13 日　　附件 3 张

姓名	王伟山	出差地点	广州	出差事由	参加订货会	日期	12 月 10 日起 12 月 13 日止

项目						说明
乘火车费	自　站至　站			金额		说明： 另住宿费增值税 54 元。 原借款 5000 元，抵扣后交回现金。 现金收讫
乘汽车费	自　站至　站			金额		
乘飞机费	自 青岛 站至 广州 站			金额	3000. 00	
行李运费	公斤	每公斤　元		金额		
出差补助费	4 天	定额	180	金额	720. 00	
旅 馆 费	3 天	定额	300	金额	900. 00	
其他						
合计金额	小写	¥4674. 00				单位负责人　李佳韦
	大写	人民币肆仟陆佰柒拾肆元整				20 × ×年 12 月 13 日

会计主管：赵玲玲　　出纳：孙会会　　报销人：王伟山

注：其中住宿费增值税：900 ×6% =54（元）。

[业务分析] 该项经济业务，资金运动的终点（借）是管理费用、库存现金、应交税费，起点（贷）是其他应收款。根据“差旅费报销单”，实际报销差旅费 4 620 元，应记入损益类账户“管理费用”的借方，“应交税费”账户的借方为 54 元，余款交回现金，使库存现金增加，应记入“库存现金”账户的借方，原预借款项减少，应记入“其他应收款”账户的贷方。编制会计分录如下：

借：管理费用　　4 620

　　库存现金　　326

应交税费——应交增值税（进项税额）　　　　54

贷：其他应收款——王伟山　　　　5 000

编制记账凭证，如凭证 6－8 所示。

凭证 6－8

记　账　凭　证

20××年 12 月 13 日　　　　记字第 008 号

摘要	会计科目		借方金额	贷方金额	记账符号
	总账科目	明细科目			
报销差旅费	6602 管理费用	王伟山	4 620.00		
	1001 库存现金		326.00		
	2221 应交税费	应交增值税（进项税额）	54.00		
	123101 其他应收款	王伟山		5 000.00	
合计金额			¥5 000.00	¥5 000.00	

附单据 8 张

会计主管 赵玲玲　　记账 李玉玉　　出纳 孙会会　　复核 钱丽丽　　制证 吴平平

【业务 26】12 月 13 日，从江河铝业有限责任公司购买丙材料 30 吨，单价 8 000 元，买价计 240 000 元，丁材料 20 吨，单价 5 000 元，买价计 100 000 元，增值税计 44 200 元，材料未到，价款及增值税以商业承兑汇票支付。原始凭证“增值税专用发票”“商业承兑汇票”，如单据 6－17 与单据 6－18 所示。

单据 6－17

河北 增值税专用发票

1300193130　　　　№ 08162258　　1300193130　08162258

发票联

开票日期：20××年12月13日

税总函〔20××〕××号×××公司

购买方	名　　称：天成电子设备有限责任公司 纳税人识别号：370214560006888123 地 址、电 话：山东省青岛市城阳区平阳路281号 0532-87808801 开户行及账号：中国工商银行城阳支行 1102003704800007799				密码区	367212-4-275〈1+46*54* 82*59* 276411〉〈8182*59*096783162〈/ 〈4〈3*3741-9〉9*+231〈/0 〉2-3 *08/4〉*〉〉2-3*0/9/〉〉25-986〈1	
货物或应税劳务、服务名称	规格型号	单位	数量	单价	金额	税率	税额
*有色金属*丙材料		吨	30	8000.00	240000.00	13%	31200.00
*有色金属*丁材料		吨	20	5000.00	100000.00	13%	13000.00
合　计					¥340000.00		¥44200.00
价税合计（大写）	⊗ 叁拾捌万肆仟贰佰元整				（小写）¥384200.00		
销售方	名　　称：江河铝业有限责任公司 纳税人识别号：130434510009753001 地 址、电 话：河北省邯郸市白云区 0310-72898038 开户行及账号：中国工商银行邯郸支行36020200555576768				备注	江河铝业有限责任公司 130434510009753001 发票专用章	

第三联：发票联　购买方记账凭证

收款人：杨文华　　复核：余辉赞　　开票人：秦永杰　　销售方：（章）

单据 6－18

中国工商银行 商业承兑汇票 2

10200060
29379085

出票日期（大写） 贰零××年 壹拾贰 月 壹拾叁 日

付款人	全称	天成电子设备有限责任公司	收款人	全称	江河铝业有限责任公司
	账号	1102003704800007799		账号	36020200555576768
	开户银行	中国工商银行城阳支行		开户银行	中国工商银行邯郸支行

出票金额	人民币（大写）	亿	千	百	十	万	千	百	十	元	角	分
	叁拾捌万肆仟贰佰元整			¥	3	8	4	2	0	0	0	0

汇票到期日（大写）	××××年零叁月壹拾叁日[①]	付款人开户行	行号	102452105028
交易合同号码	34457245		地址	青岛市城阳区平阳路281号 0532-87808801

本汇票已经承兑，到期无条件付票款	本汇票请予以承兑于到期日付款
天成电子设备有限责任公司 财务专用章　韦李印佳	天成电子设备有限责任公司 财务专用章　韦李印佳
承兑日期 年 月 日　承兑人签章	出票人签章

此联持票人开户行随托收凭证寄付款人开户行作借方凭证附件

［业务分析］该项经济业务，资金运动的终点（借）是在途物资、应交税费，起点（贷）是应付票据。根据“增值税专用发票”，企业购入的丙材料增加了240 000元、丁材料增加了100 000元，由于材料尚未运到，应记入资产类账户“在途物资”的借方，支付给供应单位的增值税44 200元属于进项税额，要抵减销项税额，应记入负债类账户“应交税费——应交增值税（进项税额）”的借方；同时根据“商业承兑汇票”企业承担的应付票据款项增加了384 200元，应记入负债类账户“应付票据”的贷方；该业务引起企业资产要素和负债要素同时发生变化。编制会计分录如下：

借：在途物资——丙材料	240 000	
——丁材料	100 000	
应交税费——应交增值税（进项税额）	44 200	
贷：应付票据		384 200

编制记账凭证，如凭证6－9所示。

① 票据期限为3个月。

凭证 6－9

记 账 凭 证

20××年 12 月 13 日　　　　记字第 009 号

摘要	会计科目		借方金额	贷方金额	记账符号
	总账科目	明细科目			
材料验收入库	140203 在途物资	丙材料	240 000.00		
	140204 在途物资	丁材料	100 000.00		
	2221 应交税费	应交增值税（进项税额）	44 200.00		
	2201 应付票据			384 200.00	
合计金额			¥384 200.00	¥384 200.00	

附单据 2 张

会计主管 赵玲玲　　记账 李玉玉　　出纳　　复核 钱丽丽　　制证 吴平平

【业务 27】12 月 14 日，支付上述丙材料、丁材料的运输费 30 000 元，增值税税率 9%，增值税额 2 700 元，价税合计 32 700 元，运输费按甲、乙两种材料重量比例分配。原始凭证“增值税专用发票”“电子银行转账凭证（回单）”“运输费用分配表”，如单据 6－19 至单据 6－21 所示。

单据 6－19

河北增值税专用发票

1300194130　　　　№ 41495836　1300194130　41495836

（全国统一发票监制章 河北 国家税务总局监制）

发票联

开票日期：20××年12月14日

<table>
<tr><td>购买方</td><td colspan="5">名　　称：天成电子设备有限责任公司
纳税人识别号：370214560006888123
地 址、电 话：山东省青岛市城阳区平阳路281号 0532-87808801
开户行及账号：中国工商银行城阳支行 1102003704800007799</td><td>密码区</td><td colspan="2">*09618153〈〈1+46*54* 82*59*
〈81,82*59/172312-4-27121〉5181321〉
02-9〉9*+153〈/0 〉2-3〈4〈3*27
/9/〉〉25-275〈108*/4〉*〉〉2-3*0</td></tr>
<tr><td colspan="2">货物或应税劳务、服务名称</td><td>规格型号</td><td>单位</td><td>数 量</td><td>单 价</td><td>金 额</td><td>税率</td><td>税 额</td></tr>
<tr><td colspan="2">*运输服务*运费</td><td></td><td>吨公里</td><td>1000</td><td>30.00</td><td>30000.00</td><td>9%</td><td>2700.00</td></tr>
<tr><td colspan="2">合　　计</td><td></td><td></td><td></td><td></td><td>¥30000.00</td><td></td><td>¥2700.00</td></tr>
<tr><td colspan="2">价税合计（大写）</td><td colspan="5">⊗ 叁万贰仟柒佰元整</td><td colspan="2">（小写）¥32700.00</td></tr>
<tr><td>销售方</td><td colspan="5">名　　称：河北省鸿运物流运输有限责任公司
纳税人识别号：130434510001878633
地 址、电 话：河北省邯郸市和平路98号 0310-7111783
开户行及账号：中国工商银行邯郸支行 6202003704800038626 6</td><td>备注</td><td colspan="2">（河北省鸿运物流运输有限责任公司 130434510001878633 发票专用章）</td></tr>
</table>

收款人：袁立薇　　复核：陈江丽　　开票人：艾琳　　销售方：（章）

税总函[20××]××号×××××公司

第三联：发票联 购买方记账凭证

单据 6－20

电子银行转账凭证（回单）

20××年 12 月 14 日　　　　序号 60006564

付款人	户名	天成电子设备有限责任公司		
	账号	1102003704800007799	汇出地点	青岛市城阳区平阳路 281 号
	汇出行	中国工商银行城阳支行		
收款人	户名	河北省鸿运物流运输有限公司		
	账号	61020037048000386266	汇入地点	河北省邯郸市和平路 98 号
	汇入行	中国工商银行邯郸支行		
金额大写		人民币叁万贰仟柒佰元整		
金额小写		￥32700.00	用 途	购货款及代垫运杂费
加急标志：		客户标志：	渠道：	流水号：
上列款项已委托办理 （经办行盖章）中国工商银行股份有限公司城阳支行 20××.12.14 核算专用章（1）				

付款通知

单据 6－21　　**运输费用分配表**

20××年 12 月 14 日

材料名称	计量单位	重量	分配率（元/吨）	运输费（元）
丙材料	吨	30	600	18000
丁材料	吨	20	600	12000
合计	—	50	—	30000

会计主管 赵玲玲　　复核 钱丽丽　　记账 李玉玉

温馨提示

采购费用分配率＝30 000÷（30＋20）＝600（元/吨）

丙材料应负担的采购费用＝30×600＝18 000（元）

丁材料应负担的采购费用＝20×600＝12 000（元）

［业务分析］该项经济业务，资金运动的终点（借）是在途物资、应交税费，起点（贷）是银行存款。根据“增值税专用发票”，企业购入的丙材料、丁材料发生运输费 30 000 元，应计入材料采购成本，应记入资产类账户“在途物资”的借方，支付给运输部门的增值税税额 2 700 元属于进项税额，可以抵减销项税额，应记入负债类账户“应交税费——应交增值税（进项税额）”的借方；同时根据“电子银行转账凭证（回单）”企业银行存款减少了 32 700 元，应记入资产类账户“银行存款”的贷方；该业务引起企业资产要素和负债要素同时发生变化。编制会计分录如下：

借：在途物资——丙材料 18 000

——丁材料 12 000

应交税费——应交增值税（进项税额） 2 700

贷：银行存款 32 700

编制记账凭证，如凭证 6－10 所示。

凭证 6－10

记 账 凭 证

20××年 12 月 14 日 记字第 010 号

摘要	会计科目		借方金额	贷方金额	记账符号
	总账科目	明细科目			
支付材料运费	140203 在途物资	丙材料	18 000.00		
	140204 在途物资	丁材料	12 000.00		
	2221 应交税费	应交增值税（进项税额）	2 700.00		
	1002 银行存款			32 700.00	
合计金额			¥32 700.00	¥32 700.00	

附单据 3 张

会计主管 赵玲玲 记账 李玉玉 出纳 孙会会 复核 钱丽丽 制证 吴平平

【业务 28】12 月 15 日，上述丙材料、丁材料运到并验收入库，结转入库材料实际采购成本。填制原始凭证“材料采购成本计算单”“收料单”，如单据 6－22 和单据 6－23 所示。

单据 6－22

材料采购成本计算单

20××年 12 月 15 日

材料名称	计量单位	重量	单价（元/吨）	买价（元）	运输费（元）	实际采购成本（元）	实际单位成本（元）
丙材料	吨	30	8000	240000	18000	258000	8600
丁材料	吨	20	5000	100000	12000	112000	5600
合计	—	50	—	340000	30000	370000	—

会计主管 赵玲玲 复核 钱丽丽 记账 李玉玉

单据 6－23

收 料 单

发票号码：20202721 20××年 12 月 15 日 收料单编号：93635

供应单位：江河铝业有限责任公司 收料仓库：材料库

材料类别：原料及主要材料 金额单位：元

编号	名称	规格	计量单位	数量		实际成本					备注
				应收	实收	买价		运杂费	其他	合计	
						单价（元/吨）	金额				
	丙材料		吨	30	30	8000.00	240000.00	18000.00		258000.00	
	丁材料		吨	20	20	5000.00	100000.00	12000.00		112000.00	
合计						—	340000.00	30000.00		370000.00	

第一联 记账联

主管：赵玲玲 检验员：常 青 保管员：陆学文 会计：李玉玉

［业务分析］该项经济业务，资金运动的终点（借）是原材料，起点（贷）是在途物资。根据“材料入库单”，企业丙材料、丁材料分别增加了258 000元、112 000元，应记入资产类账户“原材料”的借方；同时在途物资丙材料和丁材料分别减少了258 000元和112 000元，应记入资产类账户“在途物资”的贷方；该业务引起企业资产要素内部同时发生变化。编制会计分录如下：

借：原材料——丙材料　　258 000

　　　　　——丁材料　　112 000

　贷：在途物资——丙材料　　258 000

　　　　　　　——丁材料　　112 000

编制记账凭证，如凭证6－11所示。

凭证6－11

记　账　凭　证

20××年12月15日　　　　记字第 011 号

摘要	会计科目		借方金额	贷方金额	记账符号
	总账科目	明细科目			
材料验收入库	140303 原材料	丙材料	258 000.00		
	140304 原材料	丁材料	112 000.00		
	140203 在途物资	丙材料		258 000.00	
	140204 在途物资	丁材料		112 000.00	
合计金额			¥370 000.00	¥370 000.00	

附单据2张

会计主管 赵玲玲　记账 李玉玉　出纳　复核 钱丽丽　制证 吴平平

【业务29】12月16日，签发转账支票，以银行存款支付四通钢铁有限责任公司购料款451 200元。原始凭证“转账支票存根”，如单据6－24所示。

单据6－24

中国工商银行
转账支票存根

10201120
85596981

××印务有限公司·××年印制

附加信息

出票日期　20××年　12月　16日

收款人：　四通钢铁公司

金　额：　¥451200.00

用　途：　支付购料款

单位主管　赵丽丽　会计　吴平平

（印章：大成电子设备……财务专用章）

［业务分析］该项经济业务，资金运动的终点（借）是应付账款，起点（贷）是银行存款。企业支付四通钢铁有限责任公司货款后，使企业的负债减少 451 200 元，应记入负债类账户“应付账款”的借方；根据“支票存根”，企业银行存款减少了 451 200 元，应记入资产类账户“银行存款”的贷方；该业务引起企业负债要素和资产要素同时减少。编制会计分录如下：

借：应付账款——四通钢铁公司　　451 200

　　贷：银行存款　　451 200

编制记账凭证，如凭证 6－12 所示。

凭证 6－12

记 账 凭 证

20××年 12 月 16 日　　记字第 012 号

摘要	会计科目		借方金额	贷方金额	记账符号
	总账科目	明细科目			
支付前欠货款	2202 应付账款	四通钢铁公司	451 200.00		
	1002 银行存款			451 200.00	
合计金额			￥451 200.00	￥451 200.00	

附单据 1 张

会计主管 赵玲玲　记账 李玉玉　出纳 孙会会　复核 钱丽丽　制证 吴平平

【业务 30】12 月 17 日，向普利钢铁有限责任公司预付购买丁材料货款 70 000元，以银行存款支付。原始凭证“电子银行转账凭证（回单）”，如单据 6－25 所示。

单据 6－25

电子银行转账凭证（回单）

20××年 12 月 17 日　　序号 600024231

付款人	户名	天成电子设备有限责任公司		
	账号	1102003704800007799	汇出地点	青岛市城阳区平阳路 281 号
	汇出行	中国工商银行城阳支行		
收款人	户名	普利钢铁有限责任公司		
	账号	1102003704800078382	汇入地点	山东省临沂市
	汇入行	中国工商银行临沂支行		
金额大写		人民币柒万元整		
金额小写		￥70000.00	用 途	预付购买丁材料款
加急标志：		客户标志：	渠道：	流水号：
上列款项已委托办理 （经办行盖章）中国工商银行股份有限公司城阳支行 20××.12.17 核算专用章（1）				

付款通知

［业务分析］该项经济业务，资金运动的终点（借）是预付账款，起点（贷）是银行存款。企业预付普利钢铁公司购货款 70 000 元，使企业的债权增加，应记入资产类账户“预付账款”的借方；根据“支票存根”，企业银行存款减少了 70 000 元，应记入资产类账户“银行存款”的贷方；该业务引起企业资产要素内部同时发生变化。编制会计分录如下：

借：预付账款——普利钢铁公司　　70 000

　　贷：银行存款　　70 000

编制记账凭证，如凭证 6－13 所示。

凭证 6－13

记　账　凭　证

20××年 12 月 17 日　　记字第 013 号

摘要	会计科目		借方金额	贷方金额	记账符号
	总账科目	明细科目			
预付货款	112301 预付账款	普利钢铁公司	70 000. 00		
	1002 银行存款			70 000. 00	
合计金额			¥70 000. 00	¥70 000. 00	

附单据 1 张

会计主管 赵玲玲　记账 李玉玉　出纳 孙会会　复核 钱丽丽　制证 吴平平

【业务 31】12 月 19 日，从普利钢铁有限责任公司购入丁材料 10 吨，单价 5 600 元，计买价 56 000 元，计增值税 7 280 元，已按实际成本验收入库。原始凭证“增值税专用发票”“收料单”，如单据 6－26 和单据 6－27 所示。

单据 6－26

山东 增值税专用发票

3700193130　　№ 37852541　3700193130　37852541

发票联

（全国统一发票监制章 山东 国家税务总局监制）

开票日期：20××年12月19日

税总函［20××］××号×××公司

购买方	名称：天成电子设备有限责任公司 纳税人识别号：370214560006888123 地址、电话：山东省青岛市城阳区平阳路281号 0532-87808801 开户行及账号：中国工商银行城阳支行 1102003704800007799	密码区	368891-4-275〈1+46*54* 82*59* 4672211〉〈1243*59*09618153〈/ 〈6〈3*2702-9〉9*+153〈/0 〉2-3 *09/4〉*〉〉2-3*0/9/〉〉25-125〈5

货物或应税劳务、服务名称	规格型号	单位	数量	单价	金额	税率	税额
*有色金属*丁材料		吨	10	5600. 00	56000. 00	13%	7280. 00
合　　计					¥56000. 00		¥7280. 00
价税合计（大写）	⊗ 陆万叁仟贰佰捌拾元整				（小写）¥63280. 00		

销售方	名称：普利钢铁有限责任公司 纳税人识别号：370059000078229944 地址、电话：山东省临沂市兰山区通达路103号 0539-3701231 开户行及账号：中国工商银行临沂支行 1102003704800078382	备注	（普利钢铁有限责任公司 370059000078229944 发票专用章）

收款人：姜舒婷　复核：刘成章　开票人：于成刚　销售方：（章）

第三联：发票联　购买方记账凭证

单据 6－27

收 料 单

发票号码：20203455　　20××年 12 月 19 日　　收料单编号：93637

供应单位：普利钢铁有限责任公司　　收料仓库：材料库

材料类别：原料及主要材料　　金额单位：元

编号	名称	规格	计量单位	数量		实际成本					备注	第一联记账联
				应收	实收	买价		运杂费	其他	合计		
						单价	金额					
	丁材料		吨	10	10	5600.00(元/吨)	56000.00			56000.00		
合计							56000.00			56000.00		

主管：赵玲玲　　检验员：常　青　　保管员：陆学文　　会计：李玉玉

［业务分析］该项经济业务，资金运动的终点（借）是原材料、应交税费，起点（贷）是预付账款。根据“增值税专用发票”“材料入库单”，企业的丁材料增加了 56 000 元，应记入资产类账户“原材料”的借方，支付给供应单位的增值税 7 280 元属于进项税额，要抵减销项税额，应记入负债类账户“应交税费——应交增值税（进项税额）”的借方；同时，原来的预付账款产生的债权减少了 63 280 元，应记入资产类账户“预付账款”的贷方；该业务引起企业资产要素和负债要素同时发生变化。编制会计分录如下：

借：原材料——丁材料　　56 000

　　应交税费——应交增值税（进项税额）　　7 280

　　贷：预付账款——普利钢铁公司　　63 280

编制记账凭证，如凭证 6－14 所示。

凭证 6－14

记 账 凭 证

20××年 12 月 19 日　　记字第 014 号

摘要	会计科目		借方金额	贷方金额	记账符号
	总账科目	明细科目			
收到材料	140304 原材料	丁材料	56 000.00		
	2221 应交税费	应交增值税（进项税额）	7 280.00		
	112301 预付账款	普利钢铁公司		63 280.00	
合计金额			¥63 280.00	¥63 280.00	

附单据 2 张

会计主管 赵玲玲　　记账 李玉玉　　出纳　　复核 钱丽丽　　制证 吴平平

模块三　生产过程业务的核算

任务描述

天成电子设备有限责任公司为增值税一般纳税人，增值税税率为13%，城市维护建设税税率为7%、教育费附加征收比率为3%、所得税税率为25%。公司20××年12月发生下列经济业务：

【业务32】12月20日，领用甲、乙、丙、丁材料各一批，价值共计696 000元。原始凭证为“发出材料汇总表”。

【业务33】12月21日，结算本月份应付职工薪酬共计860 000元，其中车间生产工人工资500 000元（按生产工时比例分配给A型、B型产品），车间管理人员工资120 000元，厂部管理人员工资100 000元，专设销售机构人员工资140 000元。原始凭证为“职工薪酬费用分配汇总表”。

【业务34】12月21日，按工资总额30%的比例计提职工各种社会保险及住房公积金。原始凭证为“社会保险及住房公积金提取表”。

【业务35】12月22日，以银行存款支付电费96 000元，增值税额12 480元，其中：基本生产车间耗用81 000元，行政管理部门耗用9 000元，专设销售机构耗用6 000元。原始凭证为“增值税专用发票”“电子银行转账凭证（回单）”“电费分割单”。

【业务36】12月23日，开出转账支票支付零星办公用品购买价款1 500元，增值税税率13%，增值税额195元，价税合计1 695元，其中：基本生产车间耗用1 000元，行政管理部门耗用500元。原始凭证为“增值税专用发票”“转账支票存根”“物品领用单”。

【业务37】12月28日，计提本月固定资产折旧57 000元，其中：车间固定资产折旧42 000元，行政管理部门固定资产折旧10 000元，专设销售机构固定资产折旧5 000元。原始凭证为“固定资产折旧计算表”。

【业务38】12月30日，归集分配本月制造费用。归集总额见“制造费用明细账”，原始凭证为“制造费用分配表”。

【业务39】12月30日，本月A型产品500台全部生产完工，并已验收入库；B型产品完工400台，尚有在产品成本12 850元（全部为直接材料），归集总额见“生产成本明细账”，原始凭证为“完工产品成本计算单”“库存商品入库单”。

任务布置

请具体分析天成电子设备有限责任公司发生的【业务32】至

【业务39】，根据生产业务核算的相关知识，完成生产领用材料、分配职工薪酬、计提折旧、制造费用的归集与分配、完工产品入库等生产业务的账务处理，并编制记账凭证。

知识学习

一、生产过程业务核算内容

生产过程的核算内容

生产过程，是指制造业从材料投入生产起直到产品完工入库止的全部过程，它是企业再生产过程的中心环节。在这一过程中劳动者利用劳动资料对劳动对象进行加工，制成劳动产品。因此生产过程既是产品制造过程，又是物化劳动（指劳动资料和劳动对象）和活劳动的消耗过程。

企业在一定时期为生产产品而发生的各种耗费称为生产费用，主要包括为生产产品消耗的材料费、生产工人工资及职工福利费、厂房和机器设备等固定资产折旧费以及为组织和管理生产等而发生的其他各种费用，包括直接费用和间接费用。直接费用是指直接用于产品生产的费用，如直接用于产品生产所消耗的原材料、辅助材料、燃料和动力费、支付给生产工人的工资及福利费等。间接费用是指企业为生产产品和提供劳务而发生的，须采用适当方法分配计入各种产品成本的费用，如车间管理人员的工资、车间固定资产的折旧费、修理费、劳动保护费和机物料消耗等。这些生产费用，要按一定种类的产品进行归集和分配，以计算产品的生产成本。

二、产品成本的构成

生产成本

将企业在产品生产过程中发生的各项耗费（如材料费用、工资费用、折旧费用、修理费用、办公费用等）的货币表现，称之为生产费用。

产品生产成本的计算，就是将企业在生产经营过程中所发生的生产费用，按照生产的各种产品进行归集和分配，计算出该产品的实际总成本和单位成本的一种会计核算方法。

生产费用按其经济用途或与产品成本的关系不同，又可分为生产成本和期间费用两大类。

生产成本是指企业为生产产品或提供劳务而发生的、计入产品成本的费用。产品生产成本构成项目包括直接材料、直接人工和制造费用。

（1）直接材料，是指企业在生产产品和提供劳务过程中所消耗的，直接用于产品生产，构成产品实体的原料及主要材料、外购半成品及有助于产品形成的辅助材料等。

（2）直接人工，是指企业在生产产品和提供劳务过程中，直接参加生产产品的工人薪酬以及按生产工人工资总额和规定比例计提的社会保险费等。

（3）制造费用，是指应由产品生产成本负担的，不能直接计入各产品成本的各项费用。主要是指企业各生产单位（分厂、生产车间）为组织和管理生产而发生的各项间接费用，包括生产单位发生的管理人员工资及福利费、折旧费、修理费、水电费、机物料消耗、劳动保护费以及其他费用。

对于各种间接费用应采用一定的标准进行分配后再计入相关产品生产成本。

三、产品成本计算的程序

产品生产成本计算是指将企业生产过程中为制造产品所发生的各种费用按照成本计算对象进行归集和分配，以便计算各种产品的总成本和单位成本。企业应设置产品成本明细账，用来归集应计入各种产品的生产费用。

（一）材料费用的归集与分配

企业在生产经营过程中领用的各种材料，应根据领料凭证区分车间、部门和不同用途后，按照确定的结果将发出材料的成本分别记入有关账户。

材料费用核算

（1）直接用于某种产品生产的各种材料费用，应借记“生产成本”账户，并记入生产成本明细账中的直接材料项目。

（2）各生产部门（车间）维护生产设备和管理生产等间接耗用的各种材料费用，借记“制造费用”账户。

（3）行政管理部门为组织管理企业经营活动而耗用的各种材料费用，借记“管理费用”账户。

（4）专设销售机构耗用的各种材料费用，应借记“销售费用”账户。

> **温馨提示**
>
> 直接用于产品生产、构成产品实体的材料，直接记入相应产品成本的“直接材料”项目。对于不能分产品领用的，需要采用适当的分配方法，分配记入各相关产品成本的“直接材料”成本项目。

（二）人工费用的归集与分配

人工费用是指企业支付给企业职工的薪酬，是企业为获得职工提供的服务或者解除劳动关系而给予各种形式的报酬或者补偿。具体包括：短期薪酬、离职后福利、辞退福利和其他长期职工福利。企业提供给职工配偶、子女、受赡养人、已故员工遗属及其他受益人等的福利，也属于职工福利。企业应根据职工提供服务的受益对象不同，对应付职工薪酬分别按以下情况处理：

人工费用核算

（1）直接从事产品的生产工人的职工薪酬，借记“生产成本”账户。

（2）生产部门（车间）管理人员、技术人员、服务人员的职工薪酬，借记“制造费用”账户。

（3）企业行政管理部门人员的职工薪酬，借记“管理费用”账户。

（4）专设销售机构人员的职工薪酬，借记“销售费用”账户。

企业在实际工作中，通常是月末根据“职工薪酬费用结算表”编制“职工薪酬费用分配汇总表”。

温馨提示

直接进行产品生产的生产工人的职工薪酬，直接计入产品成本的“直接人工”成本项目，不能直接计入产品成本的职工薪酬，按生产工时、产品产量、产值比例等方式进行合理分配，计入各有关产品成本的“直接人工”项目。

（三）制造费用的归集与分配

1. 制造费用的归集

制造费用的核算

制造业的生产耗费，除了直接材料费、直接人工费以外，还有其他一些费用，如固定资产的折旧费、办公费、水电费、保险费、劳动保护费等，这些费用应按其用途和发生地点进行归集。其中，生产部门（如车间、分厂）发生的，构成产品成本的组成部分，应记入“制造费用”账户，会计期末应将其分配转入“生产成本”账户，“制造费用”账户期末结转后一般没有余额。

2. 制造费用的分配

制造费用的归集

在生产一种产品的车间中，制造费用可直接计入其生产的产品成本，在生产多种产品的车间中，应当选择合理的分配标准，将制造费用分配计入产品生产成本。制造费用的分配标准可以根据企业的具体情况来确定，具体包括生产工时、机器工时、生产工人薪酬等。

制造费用分配率＝归集的制造费用总额÷各种产品机器工时（或生产工时、生产工人薪酬）之和

该种产品应分配的制造费用＝该种产品生产工时（或机器工时、生产工人薪酬）数×分配率

制造费用的分配

（四）发生水电费等费用的归集与分配

企业发生办公费、水电费、保险费、劳动保护费时，按其用途和发生地点分别记入有关成本费用账户，其中生产部门（如车间、分厂）发生的，构成产品成本的组成部分，应记入“制造费用”账户，行政管理部门发生的记入“管理费用”账户，销售部门发生的记入“销售费用”账户。

（五）固定资产折旧的归集与分配

固定资产折旧，是指企业的厂房、机器设备、运输工具等固定资产在使用过程中，因使用磨损、技术进步和其他原因而减少的价值，这部分价值要转移到产品成本或者费用中去，构成产品成本或者当期损益。企业应在月末按照规定的方法计提固定资产折旧，记入成本费用账户，企业计提生产用固定资产折旧时，应借记“制造费用”账户；计提行政管理部门固定资产折旧时，应借记“管理费用”账户；计提销售部门固定资产折旧时，应借记“销售费用”账户。

温馨提示

应当按生产车间分别汇总各车间的制造费用，并按照合理的分配标准分配计入各该成本核算对象的生产成本。制造费用分配方法很多，通常采用生产工时比例、机器工时比例法、生产工人工资比例法、计划分配率分配法等。

（六）计算完工产品成本

期末，企业应通过“生产成本明细账”分别加计期初和本月发生的直接材料、直接人工、制造费用，计算生产费用合计数，并将其在完工产品和在产品之间进行分配，计算完工产品的总成本和单位成本。

完工产品入库的核算

期初在产品成本＋本期发生的生产费用＝期末完工产品成本＋月末在产品成本

一般会出现以下几种情况：

（1）如果月末某种产品全部完工，该种生产成本明细账户归集的所有费用就是该种完工产品的总成本。

即：期初在产品成本＋本期发生的生产费用＝期末完工产品成本

用该种产品的总成本除以该种产品的完工总产量就是该种产品的单位成本。

（2）如果月末该种产品全部未完工，该种生产成本明细账户归集的所有费用就是该种产品在产品的总成本。

即：期初在产品成本＋本期发生的生产费用＝月末在产品成本

此时，没有完工产品，不需要计算和结转完工产品成本。

（3）如果月末某种产品一部分完工，一部分未完工，则该种生产成本明细账户归集的所有费用还要采用适当的方法在完工产品和在产品之间直接进行分配，然后计算完工产品的总成本和单位成本。

即：完工产品生产成本＝期初在产品成本＋本期发生的生产费用－期末在产品成本

关于部分完工，部分未完工，完工产品和在产品成本的划分方法，将来学习“成本会计”课程时会具体学习，本书不再赘述。

当产品完工验收入库时，根据“产成品入库单”，借记“库存商品”账户，贷记“生产成本”账户。

四、账户设置

（一）“生产成本”账户

该账户属于成本类账户，用来核算企业生产各种产品（产成品、自制半成品等）、自制材料、自制工具、自制设备等发生的各项生产成本。该账户借方登记应计入产品生产成本的各项费用，包括直接计入产品生产成本的直接材料费、直接人工费和其他直接支出，以及期末按照一定的方法分配计入产品生产成本的制造费用；贷方登记验收入库产品的实际生产成本。期末余额在借方，表示企业尚未加工完成的在产品实际成本，如图6－18所示。该账户应设置“基本生产成本”和“辅助生产成本”两个明细账户进行明细核算。基本生产成本应当按照基本生产车间和成本核算对象（如产品的品种、类别、订单、批别、生产阶段等）设置明细账户（或成本计算单），并按成本项目设置专栏，进行明细核算。

借方　　　　生产成本	贷方
期初余额：期初在产品的实际成本 直接材料 直接人工 其他直接支出 期末分配转入的制造费用	验收入库产品的实际生产成本
尚未完工的在产品的实际成本	

图 6－18　“生产成本”账户 T 型结构图

（二）“制造费用”账户

该账户属于成本类账户，用来归集核算企业生产车间（部门）为生产产品和提供劳务而发生的不能直接计入产品成本的各项间接费用。该账户借方登记实际发生的各项制造费用；贷方登记期末按照一定标准分配转入“生产成本”账户借方的制造费用，结转后一般无余额，如图 6－19 所示。该账户应按不同的生产车间、部门和具体费用项目设置明细账户，进行明细核算。

借方　　　　制造费用	贷方
本期发生的各项间接费用	期末分配转入“生产成本”账户

期末一般无余额

图 6－19　“制造费用”账户 T 型结构图

（三）“应付职工薪酬”账户

该账户属于负债类账户，用来核算企业根据有关规定应付给职工的各种薪酬，包括工资、奖金、津贴、五险一金、工会经费、职工教育经费等。该账户贷方登记当期计算的应付给职工各种薪酬总额；借方登记实际支付给职工的各种薪酬；期末余额在贷方，表示企业应付未付的职工薪酬，如图 6－20 所示。该账户可按“工资”“职工福利”“社会保险”“住房公积金”“工会经费”“职工教育经费”等设置明细账户，进行明细核算。

借方　　　　应付职工薪酬	贷方
实际支付的职工薪酬	期初余额：期初尚未支付的职工薪酬 应付职工薪酬
	期末尚未支付的职工薪酬

图 6－20　“应付职工薪酬”账户 T 型结构图

（四）“累计折旧”账户

该账户属于资产类账户，实际是固定资产的备抵调整账户，用来核算固定资产因磨损而减少的价值。该账户贷方登记按月提取的折旧额；借方登记因减少固定资产而减少的累计折旧；期末余额在贷方，表示现有固定资产已提累计折旧额，如图 6－21 所示。

借方　　累计折旧	贷方
固定资产折旧的转销	期初余额：期初累计折旧余额 按月计提的固定资产折旧额
	期末累计折旧余额

图 6－21　“累计折旧”账户 T 型结构图

（五）“库存商品”账户

该账户属于资产类账户，用来核算企业库存的各种商品（库存产成品、外购商品、存放在门市部准备出手的商品、发出展览的商品以及寄存在外的商品）的实际成本。该账户借方登记验收入库的库存商品的实际成本；贷方登记已销售商品的销售成本；期末余额在借方，表示企业期末库存商品的实际成本，如图 6－22 所示。该账户应按库存商品的种类、品种和规格设置明细账户，进行明细核算。

借方　　库存商品	贷方
期初余额：期初库存商品的实际成本 已完工入库的库存商品的实际成本	已出售商品的实际成本
期末库存商品的实际成本	

图 6－22　“库存商品”账户 T 型结构图

（六）“管理费用”账户

该账户属于损益类账户，用来核算企业为组织和管理企业生产经营所发生的各种管理费用。包括公司经费、工会经费、职工教育经费、劳动保险费、待业保险费、董事会费、咨询费、审计费、诉讼费、排污费、绿化费、税金、土地使用税、土地损失补偿费、技术转让费、技术开发费、无形资产摊销、开办费摊销、业务招待费，存货盘亏、毁损和报废（减盘盈）损失，以及其他管理费用。该账户借方登记发生的各项管理费用；贷方登记期末转入“本年利润”账户的管理费用数额；期末结转后，无余额，如图 6－23 所示。该账户应按费用项目设置明细账户，进行明细核算。

借方　　管理费用	贷方
发生的各项管理费用	结转本年利润

期末无余额

图 6－23　“管理费用”账户 T 型结构图

五、生产过程业务核算账户关系（见图 6－24）

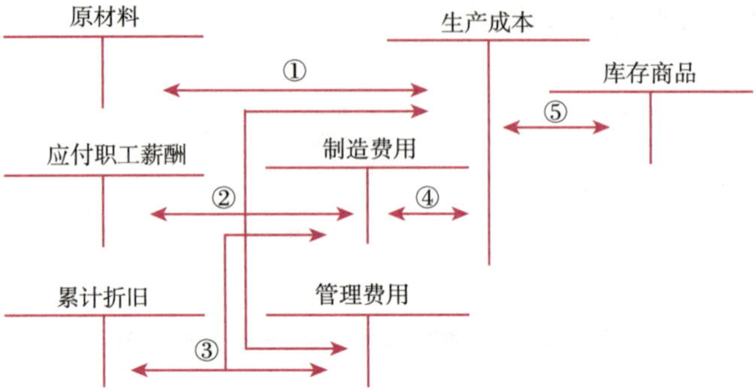

图 6－24　生产过程业务核算账户关系图

说明：

①材料费用归集与分配；

②人工费用归集与分配；

③计提固定资产折旧费；

④制造费用归集与分配；

⑤产品完工验收入库。

任务实施

【业务 32】12 月 20 日，领用甲、乙、丙、丁材料各一批，价值共计 696 000 元。原始凭证“发出材料汇总表”，如单据 6－28 所示。

企业在实际工作中，由于领用材料频繁，为简化手续，企业通常是月末根据“材料领料单”汇总编制“发出材料汇总表”（见单据 6－28），会计部门根据“发出材料汇总表”进行账务处理。

单据 6－28

发出材料汇总表

20××年 12 月 20 日

项目	甲材料			乙材料			丙材料			丁材料			合计
	数量（千克）	单价（元/千克）	金额（元）	数量（吨）	单价（元/吨）	金额（元）	数量（吨）	单价（元/吨）	金额（元）	数量（吨）	单价（元/吨）	金额（元）	金额（元）
生产 A 型产品耗用	4000	8	32000	120	2000	240000	15	8600	129000	9	5600	50400	451400
生产 B 型产品耗用	3000	8	24000	50	2000	100000	8	8600	68800	5	5600	28000	220800
车间一般耗用	200	8	1600				1	8600	8600			0	10200
管理部门耗用	1000	8	8000									0	8000
专设销售机构耗用										1	5600	5600	5600
合计	8200	8	65600	170	2000	340000	24	8600	206400	15	5600	84000	696000

会计主管：赵玲玲　　复核：钱丽丽　　记账：李玉玉　　保管：陆学文　　制单：吴平平

［业务分析］该项经济业务，资金运动的终点（借）是生产成本、制造费用、管理费用、销售费用，起点（贷）是原材料。根据“发出材料汇总表”生产A型产品耗用的材料451 400元，生产B型产品耗用220 800元，使产品成本增加了，应记入成本类账户“生产成本”的借方，车间一般耗用的材料10 200元，应记入成本类账户“制造费用”的借方，管理部门耗用的材料8 000元，应记入损益类账户“管理费用”的借方，专设销售机构耗用的材料5 600元，应记入“销售费用”的借方，同时，原来的甲、乙、丙、丁材料分别减少65 600元、340 000元、206 400元、84 000元，应记入资产类账户“原材料”的贷方；该业务引起企业成本费用要素和资产要素发生变化。编制会计分录如下：

借：生产成本——A型产品　451 400
　　　　　　——B型产品　220 800
　　制造费用　10 200
　　管理费用　8 000
　　销售费用　5 600
　　贷：原材料——甲材料　65 600
　　　　　　　——乙材料　340 000
　　　　　　　——丙材料　206 400
　　　　　　　——丁材料　84 000

编制记账凭证，如凭证6－15所示。

凭证6－15

记　账　凭　证

20××年12月20日　　记字第 015 号

摘要	会计科目		借方金额	贷方金额	记账符号
	总账科目	明细科目			
领用材料	500101 生产成本	A型产品	451 400.00		
	500102 生产成本	B型产品	220 800.00		
	5101 制造费用		10 200.00		
	6602 管理费用		8 000.00		
	6601 销售费用		5 600.00		
	140301 原材料	甲材料		65 600.00	
	140302 原材料	乙材料		340 000.00	
	140303 原材料	丙材料		206 400.00	
	140304 原材料	丁材料		84 000.00	
合计金额			¥696 000.00	¥696 000.00	

附单据1张

会计主管 赵玲玲　记账 李玉玉　出纳　复核 钱丽丽　制证 吴平平

【业务33】12月21日，结算本月份应付职工薪酬共计860 000元，其中：车间生产工人工资500 000元（按生产工时比例分配给A型、B型产品），车间管理人员工资120 000元，厂部管理人员工资100 000元，专设销售机构人员工资140 000元。原始凭证“职工薪酬费用分配汇总表”，如单据6－29所示。

单据6－29

职工薪酬费用分配汇总表

20××年12月21日

车间及部门		应付职工薪酬		
		生产工时（小时）	分配率（元/小时）	分配额（元）
基本生产车间	A型产品生产工人	15400	25	385000
	B型产品生产工人	4600	25	115000
	小计	20000	25	500000
	车间管理人员	—	—	120000
行政管理部门		—	—	100000
专设销售机构人员		—	—	140000
合计		—	—	860000

会计主管：赵玲玲　　复核：钱丽丽　　制单：吴平平

［业务分析］该项经济业务，资金运动的终点（借）是生产成本、制造费用、管理费用、销售费用，起点（贷）是应付职工薪酬。根据“职工薪酬费用分配汇总表”，生产A型产品工人的工资385 000元，生产B型产品工人的工资115 000元，使产品成本增加了，应记入成本类账户“生产成本”的借方，车间管理人员工资120 000元，应记入成本类账户“制造费用”的借方，行政管理部门人员工资100 000元，应记入损益类账户“管理费用”的借方，专设销售机构人员工资140 000元，应记入损益类账户“销售费用”的借方，同时，企业对职工的负债增加了860 000元，应记入负债类账户“应付职工薪酬”的贷方；该业务引起企业成本费用要素和负债要素发生变化。编制会计分录如下：

借：生产成本——A型产品　　385 000
　　　　　　——B型产品　　115 000
　　制造费用　　120 000
　　管理费用　　100 000
　　销售费用　　140 000
　　贷：应付职工薪酬　　　860 000

编制记账凭证，如凭证6－16所示。

凭证 6－16

记 账 凭 证

20××年 12 月 21 日　　记字第 016 号

摘要	会计科目		借方金额	贷方金额	记账符号
	总账科目	明细科目			
分配职工薪酬	500101 生产成本	A 型产品	385 000.00		
	500102 生产成本	B 型产品	115 000.00		
	5101 制造费用		120 000.00		
	6602 管理费用		100 000.00		
	6601 销售费用		140 000.00		
	2211 应付职工薪酬			860 000.00	
合计金额			¥860 000.00	¥860 000.00	

附单据 1 张

会计主管 赵玲玲　记账 李玉玉　出纳 孙会会　复核 钱丽丽　制证 吴平平

【业务 34】12 月 21 日，按工资总额 30% 的比例计提“五险一金”（养老保险、医疗保险、失业保险、工伤保险、生育保险，以及住房公积金）。原始凭证“社会保险及住房公积金提取表”，如单据 6－30 所示。

单据 6－30

社会保险及住房公积金提取表

20××年 12 月 21 日　　单位：元

部门		应付职工薪酬	养老保险（10%）	医疗保险（6%）	失业保险（1%）	工伤保险（0.5%）	生育保险（0.5%）	住房公积金（12%）	合计
基本生产车间	A 型产品生产工人	385000	38500	23100	3850	1925	1925	46200	115500
	B 型产品生产工人	115000	11500	6900	1150	575	575	13800	34500
	小计	500000	50000	30000	5000	2500	2500	60000	150000
车间管理人员		120000	12000	7200	1200	600	600	14400	36000
行政管理人员		100000	10000	6000	1000	500	500	12000	30000
专设销售机构人员		140000	14000	8400	1400	700	700	16800	42000
合计		860000	86000	51600	8600	4300	4300	103200	258000

会计主管：赵玲玲　复核：钱丽丽　制单：吴平平

学习提升

扩大社会保险覆盖面，健全基本养老、基本医疗保险筹资和待遇调整机制，推动基本医疗保险、失业保险、工伤保险省级统筹。

——摘自党的二十大报告

由企业和个人承担的基本医疗保险、养老保险和失业保险等社会保险费，体现了国家构建的社会保障体系。目前，我国社会保障改革已进入系统集成、高效协同发展阶段。通过学习职工薪酬，同学们能够掌握基本医疗保险等社会保险费的核算，明确国家对社会保障体系的建设内涵，对企业为职工缴纳养老保险等社会保险费起到监督作用，助力不断提高社会保障体系的运行效率和保障水平，为实现人民对美好生活的向往贡献力量。

［业务分析］该项经济业务，资金运动的终点（借）是生产成本、制造费用、管理费用、销售费用，起点（贷）是应付职工薪酬。根据“社会保险及住房公积金提取表”按生产A型产品工人的工资提取各种社会保险及住房公积金115 500元，按生产B型产品工人的工资提取各种社会保险及住房公积金34 500元，使产品成本增加了，应记入成本类账户“生产成本”的借方，按车间管理人员的工资提取各种社会保险及住房公积金36 000元，应记入成本类账户“制造费用”的借方，按行政管理部门人员的工资提取各种社会保险及住房公积金30 000元，应记入损益类账户“管理费用”的借方，按专设销售机构人员的工资提取各种社会保险及住房公积金42 000元，应记入损益类账户“销售费用”的借方，同时，企业对职工的负债增加了258 000元，应记入负债类账户“应付职工薪酬”的贷方；该业务引起企业成本费用要素和负债要素发生变化。编制会计分录如下：

借：生产成本——A型产品　　115 500
　　　　　　——B型产品　　34 500
　　制造费用　　36 000
　　管理费用　　30 000
　　销售费用　　42 000
　　贷：应付职工薪酬——五险一金　　258 000

编制记账凭证，如凭证6－17所示。

凭证6－17

记　账　凭　证

20××年12月21日　　　　记字第 017 号

摘要	会计科目		借方金额	贷方金额	记账符号
	总账科目	明细科目			
社会保险及住房公积金	500101 生产成本	A型产品	115 500.00		
	500102 生产成本	B型产品	34 500.00		
	5101 制造费用		36 000.00		
	6602 管理费用		30 000.00		
	6601 销售费用		42 000.00		
	2211 应付职工薪酬			258 000.00	
合计金额			¥258 000.00	¥258 000.00	

附单据1张

会计主管 赵玲玲　　记账 李玉玉　　出纳　　复核 钱丽丽　　制证 吴平平

【业务35】12月22日，以银行存款支付电费96 000元，增值税额12 480元，其中：基本生产车间耗用81 000元，行政管理部门耗用9 000元，专设销售机构耗用6 000元。原始凭证“增值税专用发票”“电子银行转账凭证（回单）”“电费分割单”，如单据6－31至单据6－33所示。

单据 6－31

山东增值税专用发票

发票联

№ 05750511 3700193130 05750511

3700193130

开票日期：20××年12月22日

税总函[20××]××号××××公司

购买方	名称：天成电子设备有限责任公司 纳税人识别号：370214560006888123 地址、电话：山东省青岛市城阳区平阳路281号 0532-87808801 开户行及账号：中国工商银行城阳支行 1102003704800007799				密码区	1783312-4-275〈1+78*54* 82*42* 284561〉〈8182*59*09618153〈/ 8/4〉*〉〉2-3*0/9/〉〉25-275〈2 〈4〈3*2702-9〉9*+153〈/0 〉5-6*0	
货物或应税劳务、服务名称	规格型号	单位	数量	单价	金额	税率	税额
*供电*电		千瓦时	96000	1.00	96000.00	13%	12480.00
合计					¥96000.00		¥12480.00
价税合计（大写）	⊗壹拾万捌仟肆佰捌拾元整				（小写）¥108480.00		
销售方	名称：青岛汇通电业有限责任公司 纳税人识别号：370107838889920011 地址、电话：山东青岛市城东路876号 0532-87655533 开户行及账号：中国工商银行城东路支行 3702010078382991				备注		

收款人：周慧明 复核：吴晶晶 开票人：艾聪聪 销售方：（章）

第三联：发票联 购买方记账凭证

单据 6－32

电子银行转账凭证（回单）

20××年12月22日 序号 600024231

付款人	户名	天成电子设备有限责任公司		
	账号	1102003704800007799	汇出地点	青岛市城阳区平阳路281号
	汇出行	中国工商银行城阳支行		
收款人	户名	青岛汇通电业有限责任公司		
	账号	3702010078382991	汇入地点	山东青岛市城东路
	汇入行	中国工商银行城东路支行		
金额大写		人民币壹拾万捌仟肆佰捌拾元整		
金额小写		¥108480.00	用途	支付电费
加急标志：		客户标志：	渠道：	流水号：
上列款项已委托办理 （经办行盖章）				

付款通知

单据 6－33

电费分割单

20××年12月22日

使用部门	数量（千瓦时）	单价（元/千瓦时）	合计（元）
基本生产车间	81000	1.00	81000.00
行政管理部门	9000	1.00	9000.00
专设销售机构	6000	1.00	6000.00
合计	96000	—	96000.00

会计主管：赵玲玲 复核：钱丽丽 制单：吴平平

［业务分析］该项经济业务，资金运动的终点（借）是制造费用、管理费用、销售费用、应交税费，起点（贷）是银行存款。企业支付电费96 000元，其中：生产车间电费81 000元，应计入产品成本，但该费用属于间接的生产费用，应记入成本类账户“制造费用”的借方，行政管理部门电费9 000元，应记入损益类账户“管理费用”的借方，专设销售机构电费6 000元，应记入损益类账户“销售费用”的借方，支付的增值税12 480元，记入“应交税费——应交增值税（进项税额）”账户借方；同时，网银支付电费及增值税108 480元，应记入“银行存款”账户的贷方。编制会计分录如下：

借：制造费用　　81 000
　　管理费用　　9 000
　　销售费用　　6 000
　　应交税费——应交增值税（进项税额）　　12 480
　　贷：银行存款　　108 480

编制记账凭证，如凭证6-18所示。

凭证6-18

记　账　凭　证

20××年12月22日　　　　记字第 018 号

摘要	会计科目		借方金额	贷方金额	记账符号
	总账科目	明细科目			
支付电费	5101 制造费用		81 000.00		
	6602 管理费用		9 000.00		
	6601 销售费用		6 000.00		
	2221 应交税费	应交增值税（进项税额）	12 480.00		
	1002 银行存款			108 480.00	
合计金额			¥108 480.00	¥108 480.00	

附单据3张

会计主管 赵玲玲　　记账 李玉玉　　出纳 孙会会　　复核 钱丽丽　　制证 吴平平

【业务36】12月23日，开出转账支票支付购买零星办公用品1 500元，增值税税率13%，增值税税额195元，价税合计1 695元，其中：基本生产车间耗用1 000元，行政管理部门耗用500元。原始凭证“增值税专用发票”“转账支票存根”“物品领用单”，如单据6-34至单据6-36所示。

单据 6－34

山东增值税专用发票

3700151140　　№ 63474986　3700151140　63474986

发票联

开票日期：20××年12月23日

购买方	名　　称：天成电子设备有限责任公司 纳税人识别号：370214560006888123 地 址、电 话：山东省青岛市城阳区平阳路281号 0532-87808801 开户行及账号：中国工商银行城阳支行1102003704800007799	密码区	〈8182*59〈/72312*09618153〉181321 -4-275〈1+46*54* 82*59* 9/〉〉 〈4〈3*2702-9〉*08/4〉*〉〉2-9 *+15325-275〈1〈/0 〉2-33*0/21

货物或应税劳务、服务名称	规格型号	单位	数量	单价	金额	税率	税额
*纸及纸质品*打印纸		包	10	60.00	600.00	13%	78.00
*低压开关、保护控制装置*插排		支	20	20.00	400.00	13%	52.00
*蓄电池*充电宝		个	5	100.00	500.00	13%	65.00
合　　计					¥1500.00		¥195.00
价税合计（大写）	⊗壹仟陆佰玖拾伍元整				（小写）¥1695.00		

销售方	名　　称：佳慧文具有限责任公司 纳税人识别号：370106000087654236 地 址、电 话：山东青岛市城东路98号 0532-28662222 开户行及账号：中国工商银行城东支行 37020100568889922	备注	

收款人：迟丽丽　　复核：曾媛媛　　开票人：宋晓湘　　销售方：（章）

税总函［20××］××号××××公司

第三联：发票联　购买方记账凭证

单据 6－35

中国工商银行
转账支票存根

10201120
85596982

附加信息

出票日期　20××年　12　月　23　日

收款人：	佳慧文具有限责任公司
金　额：	¥1695.00
用　途：	付办公用品款

单位主管　赵丽丽　会计　吴平平

××印务有限公司·××年印制

单据 6 - 36

物品领用单

20××年12月23日

使用部门	品种	计量单位	数量	单价	金额
基本生产车间	插　排	个	20	20.00 元/个	400.00 元
基本生产车间	打印纸	包	10	60.00 元/包	600.00 元
行政管理部门	充电宝	个	5	100.00 元/个	500.00 元
合计	—	—	—	—	1500.00 元

会计主管：赵玲玲　　复核：钱丽丽　　制单：吴平平

［业务分析］该项经济业务，资金运动的终点（借）是制造费用、管理费用、应交税费，起点（贷）是银行存款。企业生产车间耗用办公用品 1 000 元应计入产品成本，但该费用属于间接的生产费用，应记入成本类账户“制造费用”的借方，行政管理部门耗用办公用品 500 元，应记入损益类账户“管理费用”的借方；应付的增值税 195 元，记入“应交税费——应交增值税（进项税额）”账户借方。同时，开出转账支票支付，应记入“银行存款”的贷方。编制会计分录如下：

借：制造费用　　1 000
　　管理费用　　500
　　应交税费——应交增值税（进项税额）　　195
　　贷：银行存款　　1 695

编制记账凭证，如凭证 6 - 19 所示。

凭证 6 - 19

记　账　凭　证

20××年12月23日　　记字第 019 号

摘要	会计科目		借方金额	贷方金额	记账符号
	总账科目	明细科目			
购买办公用品	5101 制造费用		1 000.00		
	6602 管理费用		500.00		
	2221 应交税费	应交增值税（进项税额）	195.00		
	1002 银行存款			1 695.00	
合计金额			¥1 695.00	¥1 695.00	

附单据 3 张

会计主管 赵玲玲　　记账 李玉玉　　出纳 孙会会　　复核 钱丽丽　　制证 吴平平

【业务 37】12 月 28 日，计提本月固定资产折旧 57 000 元，其中：车间固定资产折旧 42 000 元，行政管理部门固定资产折旧 10 000 元，专设销售机构固定资产折旧 5 000 元。原始凭证“固定资产折旧计算表”，如单据 6 - 37 所示。

单据 6－37

固定资产折旧计算表

20××年 12 月 28 日　　　　单位：元

使用部门	固定资产项目	上月折旧额	上月增加固定资产		上月减少固定资产		本月折旧额
			原价	折旧额	原价	折旧额	
基本生产车间	厂房	10000.00					10000.00
	机器设备	32000.00					32000.00
	小计	42000.00					42000.00
行政管理部门	房屋建筑物	3000.00					3000.00
	办公设备	7000.00					7000.00
	小计	10000.00					10000.00
专设销售机构	房屋建筑物	2000.00					2000.00
	办公设备	3000.00					3000.00
	小计	5000.00					5000.00
合计		57000.00					57000.00

会计主管：赵玲玲　　复核：钱丽丽　　制单：吴平平

［业务分析］该项经济业务，资金运动的终点（借）是制造费用、管理费用、销售费用，起点（贷）是累计折旧。企业计提生产用固定资产折旧 42 000 元，应计入产品成本，但该费用属于间接的生产费用，应记入成本类账户“制造费用”的借方，计提行政管理部门用固定资产折旧 10 000 元，应记入损益类账户“管理费用”的借方，计提专设销售机构固定资产折旧 5 000 元，应记入损益类账户“销售费用”的借方；同时，企业计提折旧使固定资产价值减少，累计折旧增加，应记入资产类备抵账户“累计折旧”的贷方。编制会计分录如下：

借：制造费用　　42 000
　　管理费用　　10 000
　　销售费用　　5 000
　　贷：累计折旧　　57 000

温馨提示

计提固定资产折旧，理论上讲应减少“固定资产”，为了保持“固定资产”账户的原始价值，企业设置“累计折旧”账户，反映固定资产减少的价值。因此，“累计折旧”账户实质上是固定资产的备抵调整账户。

编制记账凭证，如凭证 6－20 所示。

凭证 6－20 **记 账 凭 证**

20××年 12 月 28 日 记字第 020 号

摘要	会计科目		借方金额	贷方金额	记账符号
	总账科目	明细科目			
计提折旧	5101 制造费用		42 000.00		
	6602 管理费用		10 000.00		
	6601 销售费用		5 000.00		
	1602 累计折旧			57 000.00	
合计金额			¥57 000.00	¥57 000.00	

附单据 1 张

会计主管 赵玲玲 记账 李玉玉 出纳 复核 钱丽丽 制证 吴平平

【业务 38】12 月 30 日，归集分配本月制造费用。归集总额见“制造费用明细账”（见表 6－1）。原始凭证“制造费用分配表”，如单据 6－38 所示。

期末，企业应将日常发生的制造费用加计，计算出发生的制造费用总额，然后再在受益产品之间进行分配，制造费用应通过“制造费用明细账”进行归集，“制造费用明细账”如表 6－1 所示。本月归集的制造费用总额为 290 200 元。

表 6－1 **制造费用明细账**

生产车间名称：一车间 单位：元

20××年		凭证号数	摘要	直接材料	职工薪酬费用	社会保险费	电费	办公费	折旧费	合计
月	日									
12	21		材料费	10 200						10 200
	21		职工薪酬费用		120 000					120 000
	21		社会保险费			36 000				36 000
	22		电费				81 000			42 000
	23		办公用品费					1 000		81 000
	28		折旧费						42 000	1 000
			合计	10 200	120 000	36 000	81 000	1 000	42 000	290 200

单据 6－38 **制造费用分配表**

20××年 12 月 30 日

产品名称、项目	分配标准（生产工时）（小时）	分配率（元/小时）	分配金额（元）
A 型产品——制造费用	15000	14.51	217650
B 型产品——制造费用	5000	14.51	72550
合计	20000	—	290200

会计主管：赵玲玲 复核：钱丽丽 制单：吴平平

制造费用分配率＝290 200÷（15 000＋5 000）＝14.51（元/小时）

［业务分析］该项经济业务，资金运动的终点（借）是生产成本，起点

（贷）是制造费用。根据“制造费用分配表”，A 型产品应分配制造费用 217 650 元，B 型产品应分配制造费用 72 550 元，应记入成本类账户“生产成本”的借方；同时，制造费用分配后转入产品成本，应记入“制造费用”账户的贷方。编制会计分录如下：

借：生产成本——A 型产品　　217 650
　　　　　　——B 型产品　　72 550
　贷：制造费用　　290 200

编制记账凭证，如凭证 6－21 所示。

凭证 6－21

记　账　凭　证

20××年 12 月 30 日　　记字第 021 号

摘要	会计科目		借方金额	贷方金额	记账符号
	总账科目	明细科目			
分配制造费用	500101 生产成本	A 型产品	217 650.00		
	500102 生产成本	B 型产品	72 550.00		
	5101 制造费用			290 200.00	
合计金额			¥290 200.00	¥290 200.00	

附单据 1 张

会计主管 赵玲玲　记账 李玉玉　出纳　复核 钱丽丽　制证 吴平平

【业务 39】12 月 30 日，本月 A 型产品 500 台全部生产完工，并已验收入库；B 型产品完工 400 台，尚有在产品成本 12 850 元（全部为直接材料），“生产成本明细账”，如表 6－2 和表 6－3 所示。原始凭证“完工产品成本计算单”“库存商品入库单”，如单据 6－39 和单据 6－40 所示。

表 6－2

生产成本明细账

产品名称：A 型产品　　单位：元

20××年		凭证号数	摘要	直接材料	直接人工	制造费用	合计
月	日						
12	1		月初在产品成本	40 000	30 000	17 950	87 950
	21		分配材料费用	451 400			451 400
	21		分配职工薪酬费用		385 000		385 000
	21		分配社会保险费及住房公积金		115 500		115 500
	30		分配制造费用			217 650	217 650
	30		合计	491 400	530 500	235 600	1 257 500
	30		转出完工产品	491 400	530 500	235 600	1 257 500

表 6-3 **生产成本明细账**

产品名称：B 型产品 单位：元

20××年		凭证号数	摘要	直接材料	直接人工	制造费用	合计
月	日						
12	21		分配材料费用	220 800			220 800
	21		分配职工薪酬费用		115 000		115 000
	21		分配社会保险费		34 500		34 500
	30		分配制造费用			72 550	72 550
	30		合计	220 800	149 500	72 550	442 850
	30		转出完工产品	207 950	149 500	72 550	430 000
	30		在产品	12 850			12 850

单据 6-39

完工产品成本计算单

20××年 12 月 30 日

项目	A 型产品（完工 500 台）		B 型产品（完工 400 台）	
	总成本（元）	单位成本（元/台）	总成本（元）	单位成本（元/台）
直接材料	491400.00	982.80	207950.00	519.875
直接人工	530500.00	1061.00	149500.00	373.750
制造费用	235600.00	471.20	72550.00	181.375
合计	1257500.00	2515.00	430000.00	1075.000

会计主管：赵玲玲 复核：钱丽丽 制单：吴平平

单据 6-40

库存商品入库单

交库单位：生产车间 20××年 12 月 30 日 编号：68754 金额单位：元

产品名称	规格	计量单位	交付数量	入库数量	单价	金额	备注
A 型产品		台	500	500	2515.00	1257500.00	
B 型产品		台	400	400	1075.00	430000.00	

检验：李华琳 仓库验收：丁大永 车间交件人：高名玲

［业务分析］该项经济业务，资金运动的终点（借）是库存商品，起点（贷）是生产成本。根据“产品成本计算单”“库存商品入库单”，A 型产品总成本 1 257 500 元，B 型产品总成本 430 000 元，并已经验收入库，应记入资产类账户“库存商品”的借方；同时，完工入库后，在产品减少，应记入成本类账户“生产成本”账户的贷方。编制会计分录如下：

借：库存商品——A 型产品 1 257 500
　　　　　　——B 型产品 430 000
　贷：生产成本——A 型产品 1 257 500
　　　　　　——B 型产品 430 000

编制记账凭证，如凭证 6-22 所示。

凭证 6－22

记　账　凭　证

20××年 12 月 30 日　　　　记字第 022 号

摘要	会计科目		借方金额	贷方金额	记账符号
	总账科目	明细科目			
分配制造费用	140601 库存商品	A 型产品	1 257 500.00		
	140601 库存商品	B 型产品	430 000.00		
	500101 生产成本	A 型产品		1 257 500.00	
	500102 生产成本	B 型产品		430 000.00	
合计金额			¥1 687 500.00	¥1 687 500.00	

附单据 2 张

会计主管 赵玲玲　　记账 李玉玉　　出纳　　复核 钱丽丽　　制证 吴平平

模块四　销售过程业务的核算

任务描述

天成电子设备有限责任公司为增值税一般纳税人，增值税税率为 13%，城市维护建设税税率为 7%、教育费附加征收比率为 3%、所得税税率为 25%。公司 20××年 12 月发生下列经济业务：

【业务 40】12 月 23 日，向光华机械制造有限责任公司销售 A 型产品 300 台，每台售价 3 200 元，计价款 960 000 元，增值税税率 13%，增值税税额 124 800元，产品已发出，价款及增值税款已收到并存入银行。原始凭证为“增值税专用发票”“银行收账通知”。

【业务 41】12 月 23 日，向广达公司销售 B 型产品 150 台，每台售价 2 000 元，计价款 300 000 元，计增值税 39 000 元，产品已发出，价款及增值税款尚未收到。原始凭证为“增值税专用发票”。

【业务 42】12 月 24 日，销售给红星公司 B 型产品 100 台，每台售价 2 000 元，计价款 200 000 元，计增值税 26 000 元，产品已发出，收到对方签发并承兑的商业汇票一张价值 226 000 元。原始凭证为“增值税专用发票”“商业承兑汇票”。

【业务 43】12 月 25 日，预收通达公司购买 A 型产品货款 330 000 元，原始凭证为“银行收账通知”。

【业务 44】12 月 28 日，销售给通达公司 A 型产品 90 台，单价 3 200 元，计价款 288 000 元，计增值税 37 440 元，共计 325 440 元，余款尚未结清。原始凭证为“增值税专用发票”。

【业务45】12月29日，出售给民源有限责任公司丁材料5吨，售价8 000元，计价款40 000元，计增值税5 200元，货款存入银行。原始凭证为“增值税专用发票”“银行进账单”。

【业务46】12月29日，结转出售丁材料成本，每吨5 600元，共计28 000元。原始凭证为“销售材料成本计算表”。

【业务47】12月31日，结转已销售产品成本。本月销售A型产品390台，单价2 515元，B型产品250台，单价1 075元，实际制造成本1 249 600元。原始凭证为“销售产品成本计算表”见单据6-40。

【业务48】12月31日，签发转账支票一张，以银行存款支付广告费20 000元，增值税税率6%，增值税1 200元，价税合计21 200元。原始凭证为“增值税专用发票”“转账支票存根”。

任务布置

请具体分析天成机械制造有限责任公司【业务40】至【业务48】，根据销售业务核算的相关知识，完成销售产品收到货款、销售产品未收到货款、销售产品收到商业汇票、结转销售材料成本、销售材料及结转销售产品成本、支付销售费用等销售业务的账务处理，并编制记账凭证。

知识学习

一、销售过程业务核算内容

销售商品业务的核算

销售过程是企业将已验收入库的合格产品，按照销售合同规定的条件送交订货单位，并按销售价格和结算制度规定，办理结算手续，及时收取价款，取得销售产品收入的过程。企业将产品销售出去并收回货款，补偿生产产品的资金耗费，从而保证企业再生产正常进行的资金需要。

销售过程核算主要包括销售商品收入的核算及销售商品成本的结转，对于其他如材料销售业务收入和结转相关的成本，同时要按国家规定计算应交城市维护建设税及教育费附加等业务。

二、账户设置

（一）“主营业务收入”账户

该账户属于损益类账户，用来核算企业销售产品、提供劳务及让渡资产使用权等日常活动中产生的收入。该账户贷方登记企业销售商品、提供劳务等日常活动实现的收入，即主营业务收入的增加额；借方登记期末转入“本年利润”账户的主营业务收入；期末结转后无余额，如图6-25所示。该账户应按照主营业务种类设置明细账户，进行明细核算。

借方	主营业务收入　　贷方
期末转入“本年利润”账户的数额	本期实现的主营业务收入

期末无余额

图 6－25　“主营业务收入”账户 T 型结构图

（二）“其他业务收入”账户

该账户属于损益类账户，用来核算企业确认的除主营业务活动以外的其他经营活动实现的收入，包括出租固定资产、出租无形资产、出租包装物和商品、销售材料等。该账户贷方登记企业实现的其他业务收入；借方登记期末转入“本年利润”账户的其他业务收入；期末结转后无余额，如图 6－26 所示。该账户应按照其他业务种类设置明细账户，进行明细核算。

借方	其他业务收入　　贷方
期末转入“本年利润”账户的数额	本期实现的其他业务收入

期末无余额

图 6－26　“其他业务收入”账户 T 型结构图

（三）“应收账款”账户

该账户属于资产类账户，用来核算企业因销售商品、提供劳务等经营活动而应收取的款项。借方登记由于销售商品、提供劳务等发生的应收款项，包括应收的价款、税额和代垫款等；贷方登记已经收回的应收账款。期末余额通常在借方，反映企业尚未收回的应收账款；期末余额如果在贷方，反映企业预收的账款，如图 6－27 所示。该账户应按不同的债务人设置明细账，进行明细核算。

借方	应收账款　　贷方
期初余额：尚未收回的应收账款 因销售商品、提供劳务等发生的应收款项，包括应收的价款、税额和代垫款	已经收回的应收款项
尚未收回的应收账款	预收的账款

图 6－27　“应收账款”账户 T 型结构图

（四）“应收票据”账户

该账户属于资产类账户，用来核算企业因销售商品、提供劳务等经营活动而收到的商业汇票。该账户借方登记企业收到的商业汇票；贷方登记票据到期收回的应收票据款。期末余额在借方，反映企业持有的商业汇票，如图6－28 所示。该账户应按开出、承兑商业汇票的单位设置明细账户，进行明细核算。

借方　　　　应收票据	贷方
期初余额：上期企业持有的商业汇票数额 因销售商品、提供劳务收到的商业汇票	票据到期收回的应收票据款
企业持有的商业汇票	

图 6－28　“应收票据”账户 T 型结构图

（五）“预收账款”账户

该账户属于负债类账户，用来核算企业按合同规定预收的款项。该账户贷方登记企业向购货单位预收的款项等；借方登记销售实现时按实现的收入转销的预收款项等。如期末余额在贷方，反映企业预收的款项；如期末余额在借方，表示企业已转销但尚未收取的款项，如图 6－29 所示。该账户应按购货单位设置明细账户，进行明细核算。

借方　　　　预收账款	贷方
期初余额：应收的款项 销售实现时按实现的收入转销的预收款项	期初余额：预收的款项 向购货单位预收的款项
已转销但尚未收取的款项	预收的款项

图 6－29　“预收账款”账户 T 型结构图

（六）“主营业务成本”账户

该账户属于损益类账户，用来核算企业因销售商品、提供劳务或让渡资产使用权等日常活动而发生的实际成本。该账户借方登记本期销售各种商品、提供劳务计算应结转的主营业务成本；贷方登记期末转入“本年利润”账户的主营业务成本。期末结转后无余额，如图 6－30 所示。该账户应按主营业务的种类设置明细账户，进行明细核算。

借方　　　　主营业务成本	贷方
本期结转已销售产品的实际生产成本	期末转入“本年利润”账户的数额

期末无余额

图 6－30　“主营业务成本”账户 T 型结构图

（七）“其他业务成本”账户

该账户属于损益类账户，用来核算企业确认的除主营业务活动以外的其他经营活动而发生的支出。包括销售材料的成本、出租固定资产的折旧额、出租无形资产的摊销额、出租包装物成本或摊销额等。该账户借方登记其他业务的支出额；贷方登记期末转入“本年利润”账户的其他业务支出额。期末结转后无余额，如图 6－31 所示。该账户应按其他业务的种类设置明细账户，进行明细核算。

借方	其他业务成本	贷方
本期结转已发生的其他业务支出额		期末转入“本年利润”账户的数额
	期末无余额	

图 6－31　“其他业务成本”账户 T 型结构图

（八）“销售费用”账户

该账户属于损益类账户，用来核算企业在销售商品和材料、提供劳务等日常经营过程中发生的各项费用及专设销售机构的各项费用，包括运输费、装卸费、包装费、保险费、展览费和广告费，以及为销售本企业商品而专设的销售机构（含销售网点、售后服务网点）等的职工薪酬。该账户借方登记发生的各种销售费用；贷方登记期末转入“本年利润”账户的数额；期末结转后无余额，如图 6－32 所示。该账户应按费用项目设置明细账户，进行明细核算。

借方	销售费用	贷方
发生各种销售费用		期末转入“本年利润”账户的数额
	期末无余额	

图 6－32　“销售费用”账户 T 型结构图

三、销售过程业务核算账户关系（见图 6－33）

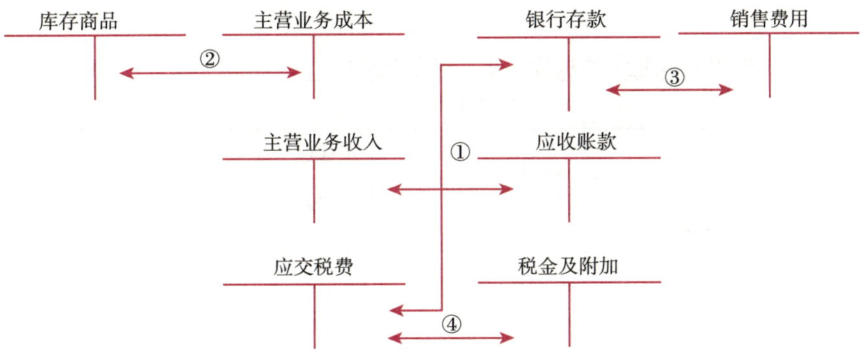

图 6－33　销售过程业务核算账户关系图

说明：

①销售商品取得收入。

②结转销售商品成本。

③支付销售费用。

④计提税金及附加。

销售商品收入业务的核算

任务实施

【业务 40】12 月 23 日，向光华机械制造有限责任公司销售 A 型产品 300 台，每台售价 3 200 元，计价款 960 000 元，增值税税率 13%，增值税税额 124 800元，产品已发出，价款及增值税款已收到并存入银行。原始凭证“增值税专用发票”“银行收账通知”，如单据 6－41 和单据 6－42 所示。

单据 6－41

山东 增值税专用发票

3700193130　　№ 03898944　　3700193130　03898944

此联不做报销，扣税凭证使用　　开票日期：20××年12月23日

税总函[20××]××号×××公司

购买方	名　　称：光华机械制造有限责任公司 纳税人识别号：320000089922221 地 址、电 话：江苏省盐城市世纪大道34号 0515-2863634 开户行及账号：中国工商银行盐城支行 32000377646			密码区	〈9*+153〈〉3*2702-9〉2-3 4〈4*64793% 〉59*09618153〈/〈8182*18〉2132 172312-4-275〈1+46*54* 82*59*/0 -275〈1*08/4〉*0/9/〉〉25*〉-31#45		
货物或应税劳务、服务名称	规格型号	单位	数 量	单 价	金 额	税率	税 额
*工业类电子产品*A型产品		台	300	3200.00	960000.00	13%	124800.00
合　　计					¥960000.00		¥124800.00
价税合计（大写）	⊗ 壹佰零捌万肆仟捌佰元整				（小写）¥1084800.00		
销售方	名　　称：天成电子设备有限责任公司 纳税人识别号：370214560006888123 地 址、电 话：山东省青岛市城阳区平阳路281号 0532-87808801 开户行及账号：中国工商银行城阳支行 1102003704800007799			备注			

收款人：张在成　　复核：袁迪　　开票人：鞠媛媛　　销售方：（章）

第一联：记账联　销售方记账凭证

单据 6－42

中国工商银行 电汇进账单（收账通知）

3 № 97266742

20××年 12 月 23 日　　第　　号

付款人	全称	光华机械制造有限责任公司	收款人	全称	天成电子设备有限责任公司
	账号	320003777646		账号	1102003704800007799
	开户银行	中国工商银行盐城支行		开户银行	中国工商银行城阳支行

人民币（大写）	千	百	十	万	千	百	十	元	角	分
壹佰零捌万肆仟捌佰元整	¥	1	0	8	4	8	0	0	0	0

票据种类		中国工商银行股份有限公司城阳支行 20××.12.23 核算专用章（1） 收款单位开户行盖章

此联是收款单位交给收款人的收账通知

温馨提示

销售货物时，销货方开具一式三联的“增值税专用发票”，并根据第一联记账联进行账务处理。

[业务分析] 该项经济业务，资金运动的终点（借）是银行存款，起点（贷）是主营业务收入、应交税费。根据“增值税专用发票”，产品已售出，销售已实现，收入增加，应记入收入类账户“主营业务收入”的贷方，收取的增值税 124 800 元，属于销项税额，应记入“应交税费——应交增值税（销项税额）”账户的贷方；根据“进账单”，收到款项，银行存款增加，应记入“银行存款”账户的借方。编制如下会计分录：

借：银行存款　　1 084 800

　贷：主营业务收入　　960 000

　　应交税费——应交增值税（销项税额）　　124 800

编制记账凭证，如凭证 6－23 所示。

凭证 6－23

记　账　凭　证

20××年 12 月 23 日　　记字第 023 号

摘要	会计科目		借方金额	贷方金额	记账符号
	总账科目	明细科目			
销售产品	1002 银行存款		1 084 800. 00		
	6401 主营业务收入			960 000. 00	
	2221 应交税费	应交增值税（销项税额）		124 800. 00	
合计金额			¥1 084 800. 00	¥1 084 800. 00	

附单据 2 张

会计主管 赵玲玲　　记账 李玉玉　　出纳 孙会会　　复核 钱丽丽　　制证 吴平平

【业务 41】12 月 23 日，向广达公司销售 B 型产品 150 台，每台售价 2 000 元，计价款 300 000 元，计增值税 39 000 元，产品已发出，价款及增值税款尚未收到。原始凭证为“增值税专用发票”，如单据 6－43 所示。

[业务分析] 该项经济业务，资金运动的终点（借）是应收账款，起点（贷）是主营业务收入、应交税费。根据开出的“增值税专用发票”，产品已售出，销售已实现，收入增加 300 000 元，应记入收入类账户“主营业务收入”的贷方，收取的增值税 39 000 元，属于销项税额，应记入“应交税费——应交增值税（销项税额）”账户的贷方；款项尚未收到，应收债权增加，应记入“应收账款”账户的借方 339 000 元。编制如下会计分录：

借：应收账款——广达公司　　339 000

　　贷：主营业务收入　　300 000

　　　　应交税费——应交增值税（销项税额）　　39 000

编制记账凭证，如凭证6－24所示。

单据6－43

山东 增值税专用发票

3700193130　　№ 03898945　　3700193130 03898945

此联不做报销、扣税凭证使用　　开票日期：20××年12月23日

税总函[20××]××号××××公司

购买方	名称：广达有限责任公司 纳税人识别号：370305000300008812 地址、电话：山东省滨州市黄河二路230号 0543-23487011 开户行及账号：中国工商银行滨州支行 110300370340008742			密码区	181321〉〈81861〉2-38153〈/82*59* 172312-4-275〈1+46*54* 2*59*09 〈/0 〉2-3 〈49〉9*+153〉2-3*0/9/〉 〈3*2702-*08/4〉*〉〉25-275〈1*0/9/〉		
货物或应税劳务、服务名称	规格型号	单位	数量	单价	金额	税率	税额
*工业类电子产品*B型产品		台	150	2000.00	300000.00	13%	39000.00
合计					¥300000.00		¥39000.00
价税合计（大写）	⊗ 叁拾叁万玖仟元整				（小写）¥339000.00		
销售方	名称：天成电子设备有限责任公司 纳税人识别号：370214560006888123 地址、电话：山东省青岛市城阳区平阳路281号 0532-87808801 开户行及账号：中国工商银行城阳支行 110200370480000779			备注			

收款人：张在成　　复核：袁迪　　开票人：鞠嫒嫒　　销售方：（章）

第一联：记账联 销售方记账凭证

凭证6－24

记 账 凭 证

20××年12月23日　　记字第 024 号

摘要	会计科目		借方金额	贷方金额	记账符号
	总账科目	明细科目			
销售产品	112201 应收账款	广达公司	339 000.00		
	6401 主营业务收入			300 000.00	
	2221 应交税费	应交增值税（销项税额）		39 000.00	
合计金额			¥339 000.00	¥339 000.00	

附单据1张

会计主管 赵玲玲　　记账 李玉玉　　出纳　　复核 钱丽丽　　制证 吴平平

【业务42】12月24日，销售给红星公司B型产品100台，每台售价2 000元，计价款200 000元，计增值税26 000元，产品已发出，收到对方签发并由银行承兑的商业汇票一张价值226 000元。原始凭证为“增值税专用发票”“商业承兑汇票”，如单据6－44与单据6－45所示。

单据 6－44

山东　增值税专用发票

3700193130　　№ 038989946　3700193130　038989946

此联不做报销、扣税凭证使用　　开票日期：20××年12月24日

购买方	名　　称：红星有限责任公司 纳税人识别号：370305000300008812 地 址、电 话：山共省潍坊市维来二路380号 0536-3846612 开户行及账号：中国工商银行维来支行 125003600380002512			密码区	312-4-275〈1+46*〉25-275〈1 *09618153〈/181321〉〈8182*59 9*+153〈/0 〉〈4〈3*2702-9〉2-3 54*172 82*59* *08/4〉*〉〉2-3*0/9/〉		
货物或应税劳务、服务名称	规格型号	单位	数量	单价	金额	税率	税额
*工业类电子产品*B型产品		台	100	2000.00	200000.00	13%	26000.00
合　　计					¥200000.00		¥26000.00
价税合计（大写）	⊗ 贰拾贰万陆仟元整				（小写）¥226000.00		
销售方	名　　称：天成电子设备有限责任公司 纳税人识别号：370214560006888123 地 址、电 话：山东省青岛市城阳区平阳路281号 0532-87808801 开户行及账号：中国工商银行城阳支行 110200370480000 7799			备注			

收款人：张在成　　复核：袁迪　　开票人：鞠媛媛　　销售方：（章）

税总函〔20××〕××号××××公司

第一联：记账联　销售方记账凭证

单据 6－45

中国工商银行 商业承兑汇票　2　10200060　61242170

出票日期（大写）　贰零×× 年 壹拾贰 月 贰拾肆 日

付款人	全　称	红星有限责任公司	收款人	全　称	天成电子设备有限责任公司
	账　号	125003600380002512		账　号	110200370480000 7799
	开户银行	中国工商银行维来支行		开户银行	中国工商银行城阳支行
出票金额	人民币（大写）	贰拾贰万陆仟元整		亿千百十万千百十元角分	¥22600000
汇票到期日（大写）	××××年零叁月贰拾肆日[①]		付款人开户行	行号	132232
交易合同号码	93572351			地址	山东省潍坊市维来二路380号
本汇票已经承兑，到期无条件付票款 红星有限责任公司 财务专用章　涛赵印宏 承兑人签章 承兑日期　年　月　日			本汇票请予以承兑于到期日付款 红星有限责任公司 财务专用章　涛赵印洪 出票人签章		

此联持票人开户行随托收凭证寄付款人开户行作借方凭证附件

［业务分析］该项经济业务，资金运动的终点（借）是应收票据，起点（贷）是主营业务收入、应交税费。根据“增值税专用发票”产品已售出，销售已实现，收入增加 200 000 元，应记入收入类账户“主营业务收入”的贷方，收取的增值税 26 000 元，属于销项税额，应记入“应交税费——应交增值税（销项税额）”账户的贷方；收到一张商业承兑汇票，应收债权增加，应记入“应收票据”账户的借方 226 000 元。编制如下会计分录：

① 票据期限为 3 个月。

借：应收票据 226 000
　　贷：主营业务收入 200 000
　　　　应交税费——应交增值税（销项税额） 26 000

编制记账凭证，如凭证 6－25 所示。

凭证 6－25

记 账 凭 证

20××年 12 月 24 日　　　　记字第 025 号

摘要	会计科目		借方金额	贷方金额	记账符号
	总账科目	明细科目			
销售产品	1121 应收票据		226 000. 00		
	6001 主营业务收入			200 000. 00	
	2221 应交税费	应交增值税（销项税额）		26 000. 00	
合计金额			￥226 000. 00	￥226 000. 00	

附单据 2 张

会计主管 赵玲玲　　记账 李玉玉　　出纳 孙会会　　复核 钱丽丽　　制证 吴平平

【业务 43】12 月 25 日，预收通达公司购买 A 型产品货款 330 000 元。原始凭证“银行收账通知”，如单据 6－46 所示。

单据 6－46

中国工商银行进账单（收账通知）

20××年 12 月 25 日　　　　序号 600024873

付款人	全称	通达有限责任公司	收款人 户名	天成电子设备有限责任公司
	账号	125003600380002512	账号	1102003704800007799
	开户银行	中国工商银行潍来支行	开户银行	中国工商银行城阳支行
金额大写		人民币叁拾叁万元整	金额小写	￥330000. 00
票据种类		转账支票　票据张数 1		
票据号码		00029342		中国工商银行股份有限公司城阳支行 20××.12.25 核算专用章（1）
复核				收款人开户银行签章

此联是收款人开户银行交给收款人的收账通知

［业务分析］该项经济业务，资金运动的终点（借）是银行存款，起点（贷）是预收账款。根据“银行收账通知”，收到款项，存款增加，应记入“银行存款”账户的借方；同时由于预收款项的增加，企业负债增加，应记入

“预收账款”账户的贷方。编制如下会计分录：

借：银行存款　　330 000

　　贷：预收账款——通达公司　　330 000

编制记账凭证，如凭证 6－26 所示。

凭证 6－26

记　账　凭　证

20××年 12 月 25 日　　记字第 026 号

摘要	会计科目		借方金额	贷方金额	记账符号
	总账科目	明细科目			
销售产品	1002 银行存款		330 000.00		
	2205 预收账款	通达公司		330 000.00	
合计金额			¥330 000.00	¥330 000.00	

附单据 1 张

会计主管 赵玲玲　记账 李玉玉　出纳 孙会会　复核 钱丽丽　制证 吴平平

【业务 44】12 月 28 日，销售给通达公司 A 型产品 90 台，单价 3 200 元，计价款 288 000 元，计增值税 37 440 元，共计 325 440 元，余款尚未结清。原始凭证“增值税专用发票”，如单据 6－47 所示。

单据 6－47

山东　增值税专用发票

3700193130　　№ 03898947　3700193130 03898947

此联不做报销、扣税凭证使用　　开票日期：20××年12月28日

税总函[20××]××号×××公司

购买方	名　称：通达有限责任公司 纳税人识别号：370201000240002881 地址、电话：山东省烟台市滨海大道682号 0535-38466612 开户行及账号：中国工商银行滨海支行 11050037086660035			密码区	〈4〈3*2702-9〉9*+153〈/0 〉2-38153〈/ 96181〈8182*59〉2-32181321〉*09〉2-321 〈1+46*54* 172312-4-27582*59* 96181 *0/9/〉〉25-/4〉*〉75〈1*08〉2-3253〈/		
货物或应税劳务、服务名称	规格型号	单位	数量	单价	金额	税率	税额
*工业类电子产品*A型产品		台	90	3200.00	288000.00	13%	37440.00
合　计					¥288000.00		¥37440.00
价税合计（大写）	⊗ 叁拾贰万伍仟肆佰肆拾元整				（小写）¥325440.00		
销售方	名　称：天成电子设备有限责任公司 纳税人识别号：370214560006888123 地址、电话：山东省青岛市城阳区平阳路281号 0532-87808801 开户行及账号：中国工商银行城阳支行 1102003704800007799			备注			

第一联：记账联　销售方记账凭证

收款人：张在成　复核：袁迪　开票人：鞠媛媛　销售方：（章）

［业务分析］该项经济业务，资金运动的终点（借）是预收账款，起点（贷）是主营业务收入、应交税费。根据“增值税专用发票”，产品已售出，销售已实现，收入增加 288 000 元，应记入收入类账户“主营业务收入”的贷方，收取的增值税 37 440 元，属于销项税额，应记入“应交税费——应交增值税（销项税额）”账户的贷方；同时企业承担的负债减少，应记入“预收账款”账户的借方。编制如下会计分录：

借：预收账款——通达公司　　325 440

　　贷：主营业务收入　　288 000

　　　　应交税费——应交增值税（销项税额）　　37 440

编制记账凭证，如凭证 6－27 所示。

凭证 6－27

记 账 凭 证

20××年 12 月 28 日　　记字第 027 号

摘要	会计科目		借方金额	贷方金额	记账符号
	总账科目	明细科目			
发出预收款的产品	2205 预收账款	通达公司	325 440.00		
	6001 主营业务收入			288 000.00	
	2221 应交税费	应交增值税（销项税额）		37 440.00	
合计金额			¥325 440.00	¥325 440.00	

附单据 1 张

会计主管 赵玲玲　　记账 李玉玉　　出纳　　复核 钱丽丽　　制证 吴平平

【业务 45】12 月 29 日，出售给民源有限责任公司丁材料 5 吨，售价 8 000 元，计价款 40 000 元，计增值税 5 200 元，货款存入银行。原始凭证“增值税专用发票”“银行进账单”，如单据 6－48 和单据 6－49 所示。

［业务分析］该项经济业务，资金运动的终点（借）是银行存款，起点（贷）是其他业务收入、应交税费。出售材料属于企业的其他业务，销售材料使企业的其他业务收入增加，应记入“其他业务收入”账户的贷方，收取的增值税销项税额，使销项税额增加，应记入“应交税费——应交增值税（销项税额）”的贷方；款项收到，增加银行存款，记入“银行存款”账户的借方。编制会计分录如下：

借：银行存款　　45 200

　　贷：其他业务收入　　40 000

　　　　应交税费——应交增值税（销项税额）　　5 200

单据 6－48

山东 增值税专用发票

3700193130 №03898948 3700193130 03898948

此联不做报销，扣税凭证使用 开票日期：20××年12月29日

税总函〔20××〕××号××××公司

购买方	名称：民源有限责任公司 纳税人识别号：370303000047650013 地址、电话：淄博市周村区正阳路180号 0533-23487011 开户行及账号：中国工商银行周村支行 1103003703700008926					密码区	321〉〈81817-*54* 2312-*〉〉2-3*0 2702-9〉91812*59*09618275〈1+46 153〈3 153〈/0 〉2-/〈4〈3**+ 482*59* *0〉25-275〈18/4〉/9/〉
货物或应税劳务、服务名称	规格型号	单位	数量	单价	金额	税率	税额
*有色金属*丁材料		吨	5	8000.00	40000.00	13%	5200.00
合计					¥40000.00		¥5200.00
价税合计（大写）	⊗肆万伍仟贰佰元整				（小写）¥45200.00		
销售方	名称：天成电子设备有限责任公司 纳税人识别号：370214560006888123 地址、电话：山东省青岛市城阳区平阳路281号 0532-87808801 开户行及账号：中国工商银行城阳支行 1102003704800007799					备注	

收款人：张在成 复核：袁迪 开票人：鞠嫒嫒 销售方：（章）

第一联：记账联 销售方记账凭证

单据 6－49

中国工商银行进账单（收账通知）

20××年12月29日 序号 600024873

付款人	户名	民源有限责任公司		收款人	户名	天成电子设备有限责任公司
	账号	1103003703700008926			账号	1102003704800007799
	开户银行	中国工商银行淄博支行			开户银行	中国工商银行城阳支行
金额大写	人民币肆万伍仟贰佰元整					
票据种类	转账支票	票据张数	1			
票据号码	50331222					
复核				中国工商银行股份有限公司城阳支行 20××.12.29 核算专用章（1） 收款人开户银行签章		

此联是收款人开会银行交给收款人的收账通知

编制记账凭证，如凭证 6－28 所示。

凭证 6－28

记 账 凭 证

20××年 12 月 29 日　　记字第 028 号

摘要	会计科目		借方金额	贷方金额	记账符号
	总账科目	明细科目			
销售材料	1002 银行存款		45 200.00		
	6051 其他业务收入			40 000.00	
	2221 应交税费	应交增值税（销项税额）		5 200.00	
合计金额			¥45 200.00	¥45 200.00	

附单据 2 张

会计主管 赵玲玲　记账 李玉玉　出纳 孙会会　复核 钱丽丽　制证 吴平平

【业务 46】12 月 29 日，结转出售丁材料成本，每吨 5 600 元，共计 28 000元。原始凭证为“销售材料成本计算表”，如单据 6－50 所示。

单据 6－50

销售材料成本计算表

20××年 12 月 29 日　　第 036 号

材料名称及规格	计量单位	数量	单价（元/吨）	金额（元）									备注
				百	十	万	千	百	十	元	角	分	
丁材料	吨	5	5600.00			2	8	0	0	0	0	0	
合计	—	5	—			2	8	0	0	0	0	0	

会计主管：赵玲玲　复核：钱丽丽　制单：吴平平

销售商品成本业务的核算

［业务分析］该项经济业务，资金运动的终点（借）是其他业务成本，起点（贷）是原材料。销售材料的成本属于其他业务成本，结转销售成本应记入“其他业务成本”账户的借方；同时，企业原材料的减少，应记入“原材料”账户的贷方。编制会计分录如下：

借：其他业务成本　　28 000

　　贷：原材料——丁材料　　28 000

编制记账凭证，如凭证 6－29 所示。

凭证 6-29

记　账　凭　证

20××年 12 月 29 日　　记字第 029 号

摘要	会计科目		借方金额	贷方金额	记账符号
	总账科目	明细科目			
结转销售材料成本	6402 其他业务成本		28 000.00		
	140304 原材料	丁材料		28 000.00	
合计金额			¥28 000.00	¥28 000.00	

附单据 1 张

会计主管 赵玲玲　记账 李玉玉　出纳　复核 钱丽丽　制证 吴平平

【业务 47】12 月 31 日，结转已销售产品成本。本月销售 A 型产品 390 台，单价 2 515 元，B 型产品 250 台，单价 1 075 元，实际制造成本为1 249 600元。原始凭证“销售产品成本计算表”如单据 6-51 所示。

单据 6-51

销售商品成本计算表

20××年 12 月 31 日　　第 012 号

商品名称及规格	计量单位	数量	单价（元/台）	金额（元）									备注
				百	十	万	千	百	十	元	角	分	
A 型产品	台	390	2515.00		9	8	0	8	5	0	0	0	
B 型产品	台	250	1075.00		2	6	8	7	5	0	0	0	
合计	—	640	—	1	2	4	9	6	0	0	0	0	

会计主管：赵玲玲　复核：钱丽丽　制单：吴平平

［业务分析］该项经济业务，资金运动的终点（借）是主营业务成本，起点（贷）是库存商品。销售商品的成本属于主营业务成本，结转已经销售商品成本，应记入“主营业务成本”账户的借方；同时，商品销售后，企业的库存商品减少，应记入“库存商品”账户的贷方。编制会计分录如下：

借：主营业务成本——A 型产品　　980 850
　　　　　　　　——B 型产品　　268 750
　贷：库存商品——A 型产品　　　　980 850
　　　　　　　——B 型产品　　　　268 750

编制记账凭证，如凭证 6-30 所示。

凭证 6－30

记 账 凭 证

20××年12月31日　　记字第 030 号

摘要	会计科目		借方金额	贷方金额	记账符号
	总账科目	明细科目			
结转销售产品成本	640101 主营业务成本	A型产品	980 850.00		
	640102 主营业务成本	B型产品	268 750.00		
	140601 库存商品	A型产品		980 850.00	
	140601 库存商品	B型产品		268 750.00	
合计金额			¥1 249 600.00	¥1 249 600.00	

附单据1张

会计主管 赵玲玲　记账 李玉玉　出纳　复核 钱丽丽　制证 吴平平

【业务48】12月31日，签发转账支票一张，以银行存款支付广告费20 000元，增值税税率6%，增值税1 200元，价税合计21 200元。原始凭证为"增值税专用发票""转账支票存根"（略）。

［业务分析］该项经济业务，资金运动的终点（借）是销售费用、应交税费，起点（贷）是银行存款。支付广告费，属于销售费用，应记入损益类账户"销售费用"的借方，支付的增值税1 200元，属于进项税额，应记入"应交税费——应交增值税（进项税额）"账户的借方；同时，支付后银行存款减少，应记入"银行存款"账户的贷方。编制会计分录如下：

借：销售费用　　20 000

　　应交税费——应交增值税（进项税额）　　1 200

　　贷：银行存款　　21 200

编制记账凭证，如凭证6－31所示。

凭证 6－31

记 账 凭 证

20××年12月31日　　记字第 031 号

摘要	会计科目		借方金额	贷方金额	记账符号
	总账科目	明细科目			
支付广告费	6601 销售费用		20 000.00		
	2221 应交税费	应交增值税（进项税额）	1 200.00		
	1002 银行存款			21 200.00	
合计金额			¥21 200.00	¥21 200.00	

附单据2张

会计主管 赵玲玲　记账 李玉玉　出纳 孙会会　复核 钱丽丽　制证 吴平平

模块五　对外投资业务的核算

任务描述

天成电子设备有限责任公司20××年12月发生下列经济业务：

【业务49】12月31日，企业将银行存款50 000元存入证券公司，准备购买股票。原始凭证为“网上银行电子回单”。

【业务50】12月31日，以银行存款，购买公司股票10 000股，每股5元，作为交易性金融资产。原始凭证为“证券交易对账单”。

【业务51】12月31日，收到购买债券作为交易性金融资产核算的债券利息收入3 000元。原始凭证为“债券利息入账单”。

任务布置

请具体分析天成电子设备有限责任公司【业务49】至【业务51】的投资业务，完成对外投资业务的账务处理，并编制记账凭证。

知识学习

一、对外投资业务核算内容

企业对外投资业务，主要是指企业以购买股票、债券等有价证券方式或以库存现金、实物资产、无形资产等方式向企业以外的其他经济实体进行的投资。其目的是获取投资收益，分散经营风险，加强企业间联合，控制或影响其他企业。

投资业务主要包括：①企业购入股票、债券时的处理；②购入股票、债券后的持有期间，取得的股票股利或者债券利息时的处理；③出售或者转让股票、债券时的处理。

二、账户设置

（一）“其他货币资金”账户

该账户属于资产类账户，用来核算企业除了库存现金、银行存款之外的其他各种货币资金的增减变动情况，借方登记其他货币资金的增加，贷方登记其他货币资金的减少，期末余额在借方，表示其他货币资金的实有数，如图6－34所示。本账户应按其他货币资金的种类设置明细账户。

借方	其他货币资金	贷方
期初余额：期初其他货币资金实有数 其他货币资金增加		其他货币资金减少
期末其他货币资金实有数		

图 6－34 “其他货币资金 ”账户 T 型结构图

（二）“交易性金融资产”账户

该账户属于资产类账户，用来核算企业购买的股票、债券等交易性金融资产的增减变动情况，借方登记交易性金融资产的增加，贷方登记交易性金融资产的减少，期末余额在借方，表示其交易性金融资产的实有数，如图 6－35所示。

借方	交易性金融资产	贷方
期初余额：期初交易性金融资产价值 交易性金融资产的增加		交易性金融资产的减少
期末交易性金融资产价值		

图 6－35 “交易性金融资产”账户 T 型结构图

（三）“投资收益”账户

该账户属于损益类账户，用来核算企业确认的投资收益或投资损失。该账户贷方登记企业实现的投资收益和期末转入“本年利润”账户的投资净损失；借方登记企业发生的投资损失和期末转入“本年利润”账户的投资净收益；期末结转后本账户无余额，如图 6－36 所示。

投资收益	
对外投资发生的损失 转入“本年利润”账户投资净收益	对外投资取得的收益 转入“本年利润”账户投资净损失

期末结转后无余额

图 6－36 “投资收益”账户 T 型结构图

三、对外投资业务核算账户关系（见图 6－37）

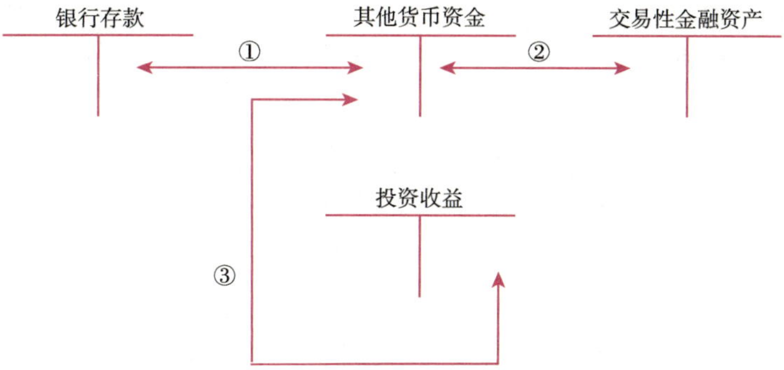

图 6－37　对外投资业务核算账户关系图

①存入证券公司作为投资款。

②购买股票或债券作为交易性金融资产。

③收到投资收益。

任务实施

【业务 49】12 月 31 日，企业将银行存款 50 000 元存入证券公司，准备购买股票。原始凭证“网上银行电子回单”，如单据 6－52 所示。

单据 6－52

中国工商银行　网上银行电子回单（打印）

电子回单号码：11102356000892　　　　20××年 12 月 31 日

付款人	全称	天成电子设备有限责任公司	收款人	全称	天泰证券有限责任公司	第二联　收款回单
	账号	1102003704800007799		账号	610002450007812	
	开户银行	中国工商银行城阳支行		开户银行	中国建设银行城阳支行	
人民币（大写）伍万元整　　小写 ¥50000.00						
凭证种类			凭证号码			
结算方式	网上银行		用途	开立证券投资专户		
			打印柜员：1103578 打印机构：中国工商银行城阳支行 打印卡号：21991735788 （印章：中国工商银行股份有限公司城阳支行 20××.12.31 核算专用章（1））			

打印时间：2020－12－31

［业务分析］该笔经济业务，资金运动的终点（借）是其他货币资金，起点（贷）是银行存款。根据原始凭证“网上银行电子回单”，证明企业的其他货币资金增加了 50 000 元，应记入资产类账户“其他货币资金”的借方；同时银行存款减少了 50 000 元，应记入资产类账户“银行存款”账户的

贷方。编制会计分录如下：

借：其他货币资金——存出投资款 50 000

贷：银行存款 50 000

编制记账凭证，如凭证 6－32 所示。

凭证 6－32

记账凭证

20××年 12 月 31 日 记字第 032 号

摘要	会计科目		借方金额	贷方金额	记账符号
	总账科目	明细科目			
存出投资款	101501 其他货币资金	存出投资款	50 000.00		
	1002 银行存款			50 000.00	
合计金额			¥50 000.00	¥50 000.00	

附单据 1 张

会计主管 赵玲玲 记账 李玉玉 出纳 孙会会 复核 钱丽丽 制证 吴平平

【业务 50】12 月 31 日，购买中化国际股票 10 000 股，每股 5 元，作为交易性金融资产。原始凭证“证券交易对账单”，如单据 6－53 所示。

单据 6－53

天泰证券交易城阳营业部对账单

客户编号：22008002

资金情况

资金余额： 可用金额： 可取现金： 资产总值：100 000.00 元 单位：元

日期	币种	业务标志	证券名称	证券代码	发生数量	成交均价	佣金	印花税	其他费	收付金额	资金余额	备注
20××.12.31	人民币	股票买入	中化国际	600500	10000	5.00	0	0	0	50000.00	0	
合计										¥50000.00		

［业务分析］该笔经济业务，资金运动的终点（借）是交易性金融资产，起点（贷）是其他货币资金。根据原始凭证“证券交易购买凭证”，证明企业的交易性金融资产增加了 50 000 元，应记入资产类账户“交易性金融资产”的借方；同时其他货币资金减少了 50 000 元，应记入资产类账户“其他货币资金”账户的贷方。编制会计分录如下：

借：交易性金融资产 50 000

贷：其他货币资金——存出投资款 50 000

编制记账凭证，如凭证 6－33 所示。

凭证 6－33

记　账　凭　证

20××年 12 月 31 日　　记字第 033 号

摘要	会计科目		借方金额	贷方金额	记账符号
	总账科目	明细科目			
购买股票	1101 交易性金融资产		50 000.00		
	101501 其他货币资金	存出投资款		50 000.00	
合计金额			¥50 000.00	¥50 000.00	

附单据 1 张

会计主管 赵玲玲　　记账 李玉玉　　出纳 孙会会　　复核 钱丽丽　　制证 吴平平

【业务 51】12 月 31 日，收到购买债券作为交易性金融资产核算的债券利息收入 3 000 元。原始凭证“债券利息入账单”，如单据 6－54 所示。

单据 6－54

天泰证券交易城阳营业部对账单

客户编号：22008002

资金情况

资金余额：　　可用金额：　　可取现金：　　资产总值：103 000.00 元　　单位：元

日期	币种	业务标志	证券名称	证券代码	发生数量	成交均价	佣金	印花税	其他费	收付金额	资金余额	备注
20××.12.31	人民币	债券利息收入	中化国际	600500						3000.00		利息收入
合计										¥3000.00		

［业务分析］该笔经济业务，资金运动的终点（借）是其他货币资金，起点（贷）是投资收益。根据原始凭证“证券交易对账单”，证明企业的银行存款增加了 3 000 元，应记入资产类账户“其他货币资金”的借方；同时投资收益增加了 3 000 元，应记入损益类账户“投资收益”账户的贷方。编制会计分录如下：

借：其他货币资金　　3 000

　　贷：投资收益　　3 000

编制记账凭证，如凭证 6－34 所示。

凭证 6－34

记 账 凭 证

20××年 12 月 31 日　　　　记字第 034 号

摘要	会计科目		借方金额	贷方金额	记账符号
	总账科目	明细科目			
收到债券利息	101501 其他货币资金		3 000.00		
	6117 投资收益			3 000.00	
合计金额			¥3 000.00	¥3 000.00	

附单据 1 张

会计主管 赵玲玲　记账 李玉玉　出纳 孙会会　复核 钱丽丽　制证 吴平平

模块六　营业外收支业务的核算

任务描述

天成电子设备有限责任公司 20××年 12 月发生下列经济业务：

【业务 52】12 月 31 日，以银行存款向中国红十字会捐赠 20 000 元。原始凭证为“网上银行电子回单”。

【业务 53】12 月 31 日，职工刘明超因违章交来罚款 500 元。原始凭证为“现金收款收据”。

任务布置

请具体分析天成电子设备有限责任公司发生的【业务 52】和【业务 53】经济业务，完成营业外收支业务的账务处理，并编制记账凭证。

知识学习

一、营业外收支业务核算内容

（一）营业外收入

营业外收入，是指企业发生的，与其日常活动无直接关系的各项利得。如接受捐赠利得、罚没利得、库存现金的盘盈利得等，这些利得与企业供应、生产和销售过程没有直接的关系，是偶然取得的，不属于企业经营活动的所得，应与主营业务收入和其他业务收入区别开来，作为营业外收入核算。

（二）营业外支出

营业外支出，是指企业发生的与其日常活动无直接关系的各项损失。如公益性捐赠支出、非常损失、罚款支出等。这些损失同样不是企业经营过程中必需的支出，是偶然发生的，与企业供应、生产和销售过程没有直接的关系，应与管理费用、销售费用等区别开来，作为营业外支出核算。

二、账户设置

（一）“营业外收入”账户

该账户属于损益类账户，用来核算企业发生的与经营无直接关系的各项收益。包括罚款收入、非流动资产处置利得、非货币性资产交换利得、债务重组利得、盘盈利得、捐赠利得等。该账户贷方登记发生的营业外收入，即营业外收入的增加额；借方登记期末结转入“本年利润”账户的营业外收入额；期末结转后无余额，如图 6－38 所示。该账户可按营业外收入项目设置明细账户，进行明细核算。

借方　　营业外收入	贷方
转入“本年利润”账户的营业外收入额	营业外收入的增加额
期末结转后无余额	

图 6－38　“营业外收入”账户 T 型结构图

（二）“营业外支出”账户

该账户属于损益类账户，用于核算企业发生的与其生产经营无直接关系的各项支出。包括非流动资产处置损失、非货币性资产交换损失、债务重组损失、公益性捐赠支出、非常损失、盘亏损失等。该账户借方登记发生的营业外支出额；贷方登记期末转入“本年利润”账户的营业外支出额；期末结转后无余额，如图 6－39 所示。该账户可按营业外支出项目设置明细账户，进行明细核算。

借方　　营业外支出	贷方
发生的营业外支出额	转入“本年利润”账户的数额
期末结转后无余额	

图 6－39　“营业外支出”账户 T 型结构图

三、营业外收支业务核算账户关系（见图 6－40）

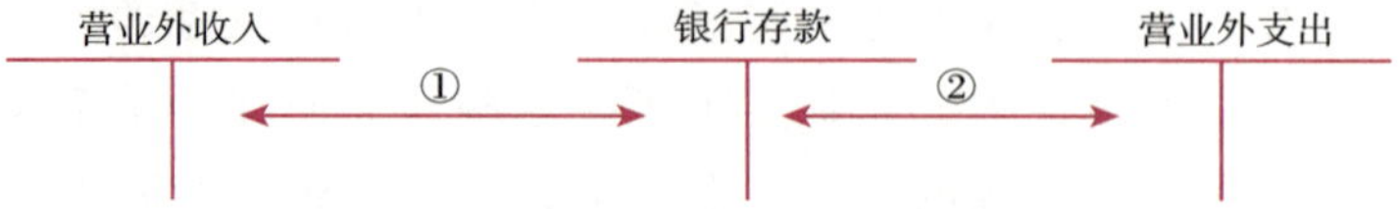

图 6－40　营业外收支业务核算账户关系图

说明：

①取得营业外收入。

②发生营业外支出。

业务实施

【业务 52】12 月 31 日，以银行存款向中国红十字会捐赠 20 000 元。原始凭证“网上银行电子回单”，如单据 6－55 所示。

单据 6－55　　**中国工商银行　网上银行电子回单（打印）**

电子回单号码：1110238849133　　20××年 12 月 31 日

<table>
<tr><td rowspan="3">付款人</td><td>全称</td><td>天成电子设备有限责任公司</td><td rowspan="3">收款人</td><td>全称</td><td>中国红十字会</td><td rowspan="7">第二联 收款回单</td></tr>
<tr><td>账号</td><td>1102003704800007799</td><td>账号</td><td>0200001009014413252</td></tr>
<tr><td>开户银行</td><td>中国工商银行城阳支行</td><td>开户银行</td><td>中国工商银行北京分行东四南支行</td></tr>
<tr><td colspan="6">人民币（大写）贰万元整　　小写 ¥20000.00</td></tr>
<tr><td colspan="2">凭证种类</td><td></td><td colspan="2">凭证号码</td><td></td></tr>
<tr><td colspan="2">结算方式</td><td>网上银行</td><td colspan="2">用途</td><td>捐赠</td></tr>
<tr><td colspan="4"></td><td colspan="2">打印柜员：1103598
打印机构：中国工商银行城阳支行
打印卡号：219917378495
中国工商银行股份有限公司城阳支行 20××.12.31 核算专用章（1）</td></tr>
</table>

打印时间：20××－12－31

［业务分析］该项经济业务，资金运动的终点（借）是营业外支出，起点（贷）是银行存款。企业对外的公益性捐赠与企业的生产经营活动没有关系，属于企业的一项营业外支出。对外捐赠时，营业外支出增加，应记入“营业外支出”账户的借方；银行存款减少，应记入“银行存款”账户的贷方。编制会计分录如下：

借：营业外支出　　20 000

　　贷：银行存款　　20 000

编制记账凭证，如凭证 6－35 所示。

凭证 6－35

记 账 凭 证

20××年 12 月 30 日　　　　记字第 035 号

摘要	会计科目		借方金额	贷方金额	记账符号
	总账科目	明细科目			
对外捐赠	6711 营业外支出		20 000.00		
	1002 银行存款			20 000.00	
合计金额			¥20 000.00	¥20 000.00	

附单据 1 张

会计主管 赵玲玲　记账 李玉玉　出纳 孙会会　复核 钱丽丽　制证 吴平平

【业务 53】12 月 31 日，职工刘明超因违章交来罚款 500 元。原始凭证“现金收款收据”，如单据 6－56 所示。

单据 6－56

现金收款收据

20××年 12 月 31 日　　　　№002381

收款单位	天成电子设备有限责任公司	交款单位	刘明超	金额								
				百	十	万	千	百	十	元	角	分
金额（大写）	人民币伍佰元整　现金收讫						¥	5	0	0	0	0
事由	职工违章罚款			备注：（印章：天成电子设备有限责任公司）								

第三联 记账联

会计主管：赵玲玲　复核：李玉玉　出纳 孙会会　复核：钱丽丽　制单：吴平平

［业务分析］该项经济业务，资金运动的终点（借）是库存现金，起点（贷）是营业外收入。该项业务使企业的库存现金增加了，应记入“库存现金”账户的借方；该款项属于企业职工交来的罚款，与企业的生产经营没有关系，属于企业的一项利得，应计入营业外收入，营业外收入增加，应记入“营业外收入”账户的贷方。编制会计分录如下：

借：库存现金　　　　500

　　贷：营业外收入　　　　500

编制记账凭证，如凭证 6－36 所示。

凭证 6-36

记 账 凭 证

20××年 12 月 31 日　　　　记字第 036 号

摘要	会计科目		借方金额	贷方金额	记账符号
	总账科目	明细科目			
罚款收入	1001 库存现金		500.00		
	6301 营业外收入			500.00	
合计金额			¥500.00	¥500.00	

附单据 1 张

会计主管 赵玲玲　记账 李玉玉　出纳 孙会会　复核 钱丽丽　制证 吴平平

学习评价

专业能力测评表

业务能力	评价指标	自测结果	要求
筹集资金业务的核算	1. 投入资本投资的核算，包括接受货币资金投资、接受固定资产、无形资产投资 2. 借入资金的核算	□A □B □C □A □B □C	能编制接受现金投资，接受固定资产投资、无形资产投资的会计分录，并能填制记账凭证
供应过程业务的核算	1. 材料采购成本的构成 2. 购入材料应设置的账户 3. 以银行存款、签发并承兑商业汇票、用预付账款购买材料，以及购入材料款未付的核算 4. 采购费用的分摊及材料采购成本的计算	□A □B □C □A □B □C □A □B □C □A □B □C	1. 能编制以银行存款、签发并承兑商业汇票、预付账款购买材料，以及购入材料款未付的会计分录，并能填制记账凭证 2. 能正确分摊采购费用，并能正确计算材料采购成本
生产过程业务的核算	1. 领用材料的核算 2. 应付职工薪酬的核算 3. 计提折旧费、支付水电费的核算 4. 制造费用的归集与分配的核算 5. 产品成本计算与完工产品成本结转的核算	□A □B □C □A □B □C □A □B □C □A □B □C □A □B □C	1. 能编制生产领用材料、应付职工薪酬、计提折旧费、支付水电费、制造费用结转、完工产品成本结转的会计分录，并能填制记账凭证 2. 能正确分配制造费用、能正确计算产品的生产成本
销售过程业务的核算	1. 销售产品的核算 2. 销售材料的核算 3. 结转产品销售成本的核算 4. 结转销售材料成本的核算	□A □B □C □A □B □C □A □B □C □A □B □C	能编制销售产品、销售材料、结转产品销售成本、结转销售材料成本的会计分录，并能填制记账凭证

续表

业务能力	评价指标	自测结果	要求
对外投资业务的核算	1. 取得交易性金融资产的核算 2. 收到投资收益的核算	□A □B □C □A □B □C	能编制取得交易性金融资产、收到投资收益的会计分录，并能填制记账凭证
营业外收支业务的核算	1. 营业外收入的核算 2. 营业外支出的核算	□A □B □C □A □B □C	能编制取得营业外收入、发生营业外支出的会计分录，并填制记账凭证
说明	（在□中打√，A 掌握，B 基本掌握，C 未掌握）		
教师评语：			
成绩		教师签字	

项目七

企业期末账项调整与财产清查

知识目标

- 掌握期末账项调整的内容及处理方法；
- 了解财产清查的分类及一般程序；
- 掌握库存现金的清查方法、企业和银行对账的方法，以及未达账项产生的原因；
- 掌握存货、固定资产等实物资产，以及往来款项的清查方法；
- 掌握财产清查结果处理的账户设置。

能力目标

- 能进行库存现金的清查和清查结果的会计处理；
- 能与银行进行对账，查找未达账项，正确地编制“银行存款余额调节表”；
- 能进行实物资产清查及清查结果的会计处理；
- 能进行往来款项的清查结果处理。

素养目标

- 通过期末账项调整，培养坚持准则、遵纪守法意识；
- 通过财产清查的原因分析，财产物资管理中出现的贪污、挪用公款等典型案例分析，培养廉洁自律意识；
- 通过期末账项调整处理、财产物资清查方法，培养严谨细致的会计工作作风、诚实守信的良好会计品格。

思维导图

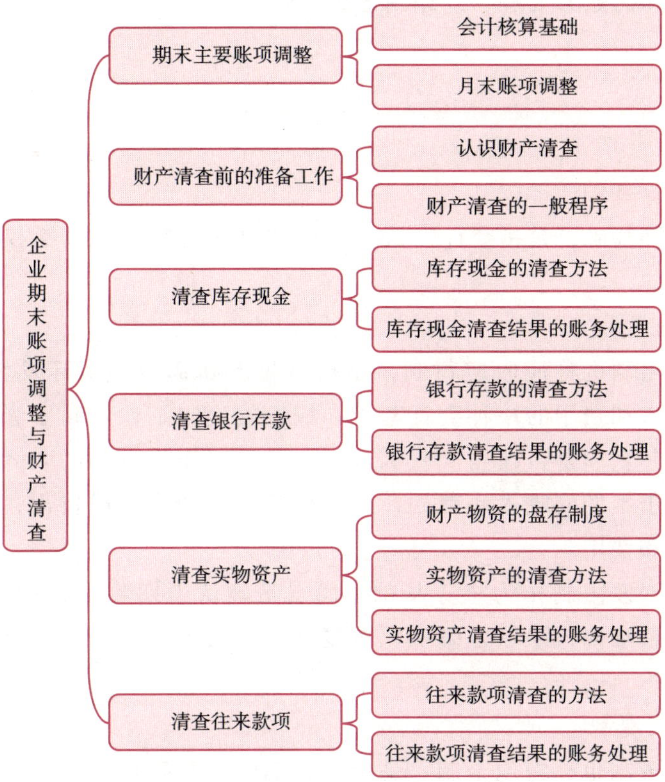

模块一　期末主要账项调整

任务描述

天成电子设备有限责任公司为增值税一般纳税人，增值税税率为13%，城市维护建设税税率为7%、教育费附加征收比率为3%、所得税税率为25%。公司20××年12月发生下列经济业务：

【业务54】12月31日，按短期借款1 000 000元，年利率为7.2%，计提本月应付短期借款利息。原始凭证为“预提借款利息计算表”。

【业务55】12月31日，按无形资产原值90 000元，摊销期限10年，计提本月无形资产摊销额。原始凭证为“无形资产摊销计算表”。

【业务56】12月31日，按本月应交增值税，计提本月应交城市维护建设税和教育费附加。原始凭证为“应交城建税及教育费附加计算表”。

任务布置

请具体分析天成电子设备有限责任公司发生的【业务54】至【业务56】，

完成月末计提短期借款利息、无形资产摊销、计提本月应交城市维护建设税和教育费附加的账务处理，并编制记账凭证。

知识学习

一、会计核算基础

会计核算基础，是指会计确认、计量和报告的基础，包括权责发生制和收付实现制。

（一）权责发生制

权责发生制也称应收应付制，是指以收入和费用的实际发生作为标准，确认当期收入和费用的一种会计基础。权责发生制下，凡属于当期的收入和费用，不论其款项是否在当期收到或付出，均应作为本期的收入和费用；反之，凡不属于本期的收入和费用，即使款项在本期收到或付出，也不应作为本期的收入和费用。

采用权责发生制作为核算基础，优点是确认当期收入和费用比较科学，盈亏计算比较准确；缺点是确认比较复杂。在我国，企业会计核算应当采用权责发生制。

（二）收付实现制

收付实现制也称为现金制，是指对当期收入和费用的确认，是以收到或者支付现金作为标准，是与权责发生制相对应的一种会计核算基础。收付实现制下，凡在本期实际收到和支付的款项，不论其是否在本期实际发生，均应作为本期收入和费用处理；反之，凡本期没有实际收到款项或实际支付款项，即使归属于本期，也不作为本期的收入和费用处理。

采用收付实现制作为核算基础，优点是手续简便；缺点是不够科学，对企业财务成果计算不符合实际情况。在我国，事业单位会计核算一般采用收付实现制。

例如，某企业20××年6月份发生的部分经济业务，采用权责发生制和收付实现制对收入和费用的确认不同，如表7－1所示。

表7－1　权责发生制和收付实现制对收入和费用的确认比较表

发生的经济业务	权责发生制	收付实现制
（1）6月份，销售商品价款20 000元，增值税2 600元，款项在7月份收到	6月份确认收入20 000元	6月份不确认收入
（2）6月份，预收销货款30 000元，存入银行，下月发货	6月份不确认收入	6月份确认收入30 000元
（3）6月份，预收出租房屋下半年租金收入60 000元，存入银行	6月份不确认收入	6月份确认收入6 000元
（4）6月份，预付下半年财产保险费20 000元	6月份不确认费用	6月份确认费用20 000元
利润计算结果	6月份利润＝20 000－0＝20 000（元）	6月份利润＝30 000＋6 000－20 000＝16 000（元）

想一想

请分析哪一种核算基础更能真实地体现企业的财务成果。

二、月末账项调整

（一）月末账项调整的内容

为了准确地反映企业各期的财务成果，月末时，企业需要按照权责发生制要求，确认属于本月的收入或者费用，计提计入当期的损益。主要项目包括：

（1）计提银行借款利息。企业向银行借款需要支付利息，利息支付方式有按月支付，按季支付。在按季度支付利息的情况下，企业每月虽然没有实际支付利息，但企业向银行借入借款就要承担因借款而产生的借款利息，按照权责发生制要求，应将当期负担的利息计提计入当期。

（2）无形资产摊销。企业的专利权、商标权等无形资产能给企业带来经济效益，同时专利权、商标权是有法定或协议期限的。因此，以购入、接受投资等形式取得的无形资产，应在法定期限或协议期限内摊入成本费用，这就形成无形资产摊销。

（3）计提当月应交的各种税费。按照国家税法的规定，企业应缴纳的消费税、城市维护建设税、教育费附加等税费，当月产生了税法规定的纳税义务，企业应缴纳的税款一般在次月 10 日前实际上缴。因此，月末企业应计提当月产生纳税义务的税金及附加。

（4）其他应予当月计提的费用。

（二）账户设置

1. “财务费用”账户

该账户属于损益类账户，用来核算企业为筹集生产经营所需资金等而发生的各项费用。包括利息支出（减利息收入）、汇兑损失（减汇兑收益）以及相关的手续费等。借方登记发生的各项财务费用；贷方登记期末转入“本年利润”账户的财务费用数额；期末结转后，无余额，如图 7－1 所示。该账户应按费用项目设置明细账户，进行明细核算。

借方　　　　财务费用　　　　贷方

发生的各项财务费用	结转“本年利润”账户财务费用数额

期末无余额

图 7－1　“财务费用”账户 T 型结构图

2. “应付利息”账户

该账户属于负债类账户，用来核算企业计提的应付未付的借款利息。贷方登记计提的应付未付的利息；实际支付借款利息登记在借方；期末余额在贷方，表示企业期末应付未付的借款利息，如图 7－2 所示。该账户可按应支付利息的银行或机构设置明细账户，进行明细核算。

借方	应付利息　　　　贷方
实际支付的借款利息	期初余额：期初应付未付的借款利息 计提的应付未付的借款利息
	期末应付未付的借款利息

图 7－2　“应付利息”账户 T 型结构图

3. “累计摊销”账户

该账户属于资产类账户，实际是无形资产的备抵调整账户，用来核算无形资产摊销的价值。该账户贷方登记按月提取的摊销额；借方登记因减少无形资产而减少的累计摊销；期末余额在贷方，表示现有无形资产已提累计摊销额，如图 7－3 所示。

借方	累计摊销　　　　贷方
无形资产摊销的转销	期初余额：期初累计摊销余额 计提的无形资产摊销额
	期末累计摊销余额

图 7－3　“累计摊销”账户 T 型结构图

4. “税金及附加”账户

该账户属于损益类账户，用来核算企业经营活动应负担的税金及附加，包括消费税、城市维护建设税、资源税、土地增值税和教育费附加，以及房产税、车船使用税、土地使用税、印花税。该账户借方登记企业按税法的有关规定计算确定的与经营活动相关的税费；贷方登记期末转入“本年利润”账户的数额；结转后无余额，如图 7－4 所示。

借方	税金及附加　　　　贷方
按规定计算应负担的有关税金及附加	期末转入“本年利润”账户的税金及附加数额

期末无余额

图 7－4　“税金及附加”账户 T 型结构图

任务实施

【业务 54】12 月 31 日，按短期借款 1 000 000 元，年利率为 7.2%，计提本月应付短期借款利息。原始凭证“预提借款利息计算表”，如单据 7－1 所示。

单据 7－1

预提借款利息计算表

20××年 12 月 31 日　　　　金额单位：元

借款种类	借款额	年利率	本月应提利息	备　注
生产周转借款	1000000.00	7.20%	6000.00	
合计			6000.00	

会计主管：赵玲玲　　复核：钱丽丽　　制单：吴平平

［业务分析］该项经济业务，资金运动的终点（借）为财务费用，起点（贷）为应付利息。根据“预提借款利息计算表”，企业的利息费用增加了 6 000 元，应记入损益类账户“财务费用”的借方；同时企业应支付银行的利息增加了 6 000 元，应记入负债类账户“应付利息”的贷方。因此，该经济业务引起费用要素和负债要素同时增加。编制会计分录如下：

借：财务费用　　6 000

　　贷：应付利息　　6 000

编制记账凭证，如凭证 7－1 所示。

凭证 7－1

记　账　凭　证

20××年 12 月 31 日　　　　记字第 037 号

摘要	会计科目		借方金额	贷方金额	记账符号
	总账科目	明细科目			
计提利息	6603 财务费用		6 000.00		
	2232 应付利息			6 000.00	
合计金额			¥6 000.00	¥6 000.00	

附单据 1 张

会计主管 赵玲玲　　记账 李玉玉　　出纳　　复核 钱丽丽　　制证 吴平平

【业务 55】12 月 31 日，按无形资产原值 90 000 元，摊销期限 10 年，计提本月无形资产摊销额。原始凭证“无形资产摊销计算表”，如单据 7－2 所示。

单据 7－2

无形资产摊销计算表

20××年 12 月 31 日　　　　单位：元

无形资产种类	价值	摊销年限	月摊销额	备　注
专利权	90000.00	10	750.00	
合计			750.00	

会计主管：赵玲玲　　复核：钱丽丽　　制单：吴平平

［业务分析］该项经济业务，资金运动的终点（借）为管理费用，起点（贷）为累计摊销。根据“无形资产摊销计算表”，企业的管理费用增加了750元，应记入损益类账户“管理费用”的借方；同时，企业计提摊销使无形资产价值减少750元，累计摊销增加，应记入资产类备抵账户“累计摊销”的贷方。编制会计分录如下：

借：管理费用　　750

　贷：累计摊销　　750

编制记账凭证，如凭证7－2所示。

凭证7－2

记　账　凭　证

20××年12月31日　　记字第 038 号

摘要	会计科目		借方金额	贷方金额	记账符号
	总账科目	明细科目			
计提无形资产摊销	6602 管理费用		750.00		
	1702 累计摊销			750.00	
合计金额			¥750.00	¥750.00	

附单据1张

会计主管 赵玲玲　记账 李玉玉　出纳　复核 钱丽丽　制证 吴平平

【业务56】12月31日，按本月应交增值税，计提本月应交城市维护建设税和教育费附加。原始凭证“应交城建税及教育费附加计算表”，如单据7－3所示。

单据7－3

应交城建税及教育费附加计算表

20××年12月31日　　金额单位：元

税　种	计税依据			税率	应纳税金额
	增值税	消费税	合计		
城市维护建设税	103771.00	—		7%	7263.97
教育费附加	103771.00	—		3%	3113.13
合　计					10377.10

会计主管：赵玲玲　复核：钱丽丽　制单：吴平平

温馨提示

本月进项税额＝9 360＋51 200＋54＋44 200＋2 700＋7 280＋12 480＋195＋1 200＝128 669（元）

本月销项税额＝124 800＋39 000＋26 000＋37 440＋5 200＝ 232 440（元）

当月应交增值税＝232 440－128 669＝103 771（元）

[业务分析] 该项经济业务，资金运动的终点（借）是税金及附加，起点（贷）是应交税费。根据“应交城建税及教育费附加计算表”，企业当月应计提的城市维护建设税及教育费附加，应记入“税金及附加”账户的借方；同时，已提取尚未缴纳的城市维护建设税和教育费附加，使企业负债增加，应记入“应交税费”账户的贷方。编制会计分录如下：

借：税金及附加　　10 377.10

　贷：应交税费——应交城建税　　7 263.97

　　　　　　——应交教育费附加　　3 113.13

编制记账凭证，如凭证 7－3 所示。

凭证 7－3

记　账　凭　证

20××年 12 月 31 日　　记字第 039 号

摘要	会计科目		借方金额	贷方金额	记账符号
	总账科目	明细科目			
结转税金及附加	6405 税金及附加		10 377.10		
	2221 应交税费	应交城建税		7 263.97	
	2221 应交税费	应交教育费附加		3 113.13	
合计金额			¥10 377.10	¥10 377.10	

附单据 1 张

会计主管 赵玲玲　记账 李玉玉　出纳　复核 钱丽丽　制证 吴平平

模块二　财产清查前的准备工作

任务描述

【业务 57】天成电子设备有限责任公司 20××年 12 月末要进行财产清查。在日常会计核算中，“库存现金日记账”“银行存款日记账”由公司出纳员孙会会负责登记，孙会会同时负责库存现金的保管等工作。原材料 1 号仓库由保管员陆学文负责，库存存货由 2 号仓库保管员丁大永负责。固定资产由各使用部门负责。供应商有远洋有限责任公司、四通钢铁有限责任公司等。客户主要有光华有限责任公司、通达有限责任公司等。

任务布置

请根据任务描述，分析天成电子有限责任公司财产清查的范围，并为公司财产清查做好准备。

知识学习

一、认识财产清查

“摸清家底”就是要清查企业所实际拥有的财产物资，也就是财产清查。通过财产清查可查明各项财产物资的实际结存数，并与账簿记录相核对，以发现记账中的错误，确定账实是否相符。若不相符，要查明原因，分清责任，并按规定的手续及时调整账面数字，直至账实相符。只有这样，才能保证根据账簿信息编制的财务报表的真实可靠性，从而提高会计信息质量。

学习提升

全党必须牢记，全面从严治党永远在路上，党的自我革命永远在路上，决不能有松劲歇脚、疲劳厌战的情绪，必须持之以恒推进全面从严治党，深入推进新时代党的建设新的伟大工程，以党的自我革命引领社会革命。

——摘自党的二十大报告

企业建立财产物资清查制度体现了对财产物资的严格管理，保证会计核算资料的真实和可靠、促进财产物资的有效使用、保护各项财产物资的安全和完整、避免坏账损失的发生、建立健全有关规章制度，提高管理水平。通过学习财产清查，同学们能够了解财产清查的意义，明确严格管理的重要性，并以理论联系实际进而指导同学们对自己进行严格管理。

（一）财产清查的概念

财产清查，是指通过对货币资金、实物资产和往来款项等财产物资进行实地盘点或核对，以确定其实存数，查明账存数与实有数是否相符的一种专门方法。

经济管理需要客观真实的会计核算资料，而账簿记录是会计核算资料的主要来源。财产物资的增减变化和结存情况通过账簿记录进行反映和监督，通过日常会计核算中的凭证审核、试算平衡和对账等方法对其正确性进行检查核对，但账簿记录的正确性并不能保证账簿记录的客观真实性。因为在实际工作中，除了记账的错误外，还有以下原因可能造成账实不符。

（1）自然损耗，主要是指由于自然原因造成原材料等财产物资发生的短少。

（2）非常损失，主要是指由于不可抗力因素，如水灾、雹灾、风灾、地震等非正常原因造成的损失。

（3）计量差错，主要是指由于收发手续不严、计量检查不准确等发生盘盈或盘亏，同时存在错收、错付或在账簿中漏记、重记、错记等情况。

（4）管理原因，主要是指企业规章制度不严、管理不善或管理人员失职而发生的短缺或坏损，以及财产被盗、贪污等情况。

（5）隐形账实不符。由于企业经营管理不善和企业外部环境的变化，尤其是市场供求变化，造成某些财产物资虽然账实相符，但实际价值已经发生了变化，如积压、变质、滞销产品等，其价值有的可能已经低于其账面成本价值。还有些债权、债务长期没有解决成为呆账甚至坏账。

企业应当建立财产物资清查制度，加强管理，以保证财产物资的真实性和完整性。因此财产清查具有重要意义，一是通过财产清查，保证账实相符，提高会计资料的准确性；二是通过财产清查，保障各项财产物资的安全完整；三是通过财产清查，加速企业资金周转、提高资金使用效益。

（二）财产清查的内容

（1）货币资金的清查，主要对库存现金和银行存款进行清查。

（2）存货的清查，主要对企业库存原材料、燃料、包装物、低值易耗品、库存商品、在产品、自制半成品、外购商品等进行清查。

（3）固定资产的清查，主要对企业厂房、机器、办公室设备、汽车以及在建工程物资等进行清查。

（4）委托加工或受托加工物资的清查，主要对委托加工或受托加工的材料物资等进行清查。

（5）往来账项的清查，主要对应收账款、应付账款、预收账款、预付账款等进行清查。

（三）财产清查的分类

1. 按清查的范围不同，可分为全面清查和局部清查

（1）全面清查。全面清查，是指对本单位所有的财产物资进行全面的盘点和核对。以制造业为例，全面清查的内容一般包括：企业的库存现金、银行存款及其他货币资金；所有的固定资产、材料、在产品、产成品和其他工程物资；各项债权、债务、对外投资等；委托其他单位加工、保管的材料、商品和物资等。

由于全面清查内容多，涉及面广，时间长，因此，不宜经常进行。一般在以下情况下进行：①年终决算之前；②开展资产评估、清产核资等活动时；③单位撤销、合并、重组、股份制改造，或采取新的经营方式之前；④单位主要负责人调离工作时。

通过全面清查，可以对企业所拥有的各项财产物资进行全面清点、鉴定和估价，摸清家底，有利于加强经济核算，优化资金占用，挖掘物资潜力，提高经济效益。

（2）局部清查。局部清查，是指根据需要只对部分财产物资进行的盘点和核对。其清查的对象主要是流动性较强的财产。在制造业里，一般主要有以下物资进行局部清查：①库存现金应由出纳员每日营业终了时清查一次；②银行存款、各种借款，应每月至少与银行核对一次；③流动性较大的存货等，应制订计划每月重点抽查；④各种贵重物资，应每月至少清查盘点一次；⑤各种债权、债务，年度内至少要核对 1 ~ 2 次。

通过局部清查，可以做到对重要物资、货币资金进行重点管理，对流动性大的物资进行经常管理，以确保企业财产的安全完整。

2. 按清查的时间不同，可分为定期清查和不定期清查

（1）定期清查。定期清查，是指根据管理制度的规定或预先计划安排的时间对财产物资所进行的盘点和核对。定期清查的对象不定，可以是全面清查也可以是局部清查。定期清查一般是在年末、季末或月末结账时进行。

（2）不定期清查。不定期清查，是指事前不规定清查的日期，而是根据特殊需要临时进行的盘点和核对。同定期清查一样，不定期清查可以是全面清查，也可以是局部清查，其清查的对象和范围应根据实际需要确定。从实际工作来看，一般在下列几种情况下才需要进行临时清查：①更换财产物资的经管人员时，为了分清经济责任要进行临时性清查；②根据上级要求进行临时性的财产清查；③因自然灾害和意外事故导致财产物资的非常损失；④主管部门、财政审计和银行有关部门对单位会计工作进行检查；⑤会计主体发生变化和隶属关系发生变动。

3. 按清查的执行系统不同，可分为内部清查和外部清查

（1）内部清查。内部清查，是指本单位内部工作小组所进行的财产清查工作。大多数财产清查都是内部清查。

（2）外部清查。外部清查，是指上级主管部门、审计机关、司法机关等根据国家有关规定和情况需要对本单位所进行的财产清查。一般情况下，进行外部清查时，应由本单位相关人员参与。如审计人员对货币资金进行清查时，出纳人员要参与。

二、财产清查的一般程序

财产清查的一般程序

财产清查是财产物资管理的一项重要制度，是会计核算的一种专门方法。企业必须有组织、有计划地进行财产清查。财产清查程序一般包括以下几个步骤：

（一）建立财产清查小组

财产清查前，企业应成立财产清查小组，负债财产清查的组织和管理。其具体职责是，一是实施清查以前，制订财产清查工作方案，合理安排清查工作；二是清查过程中，进行监督、检查和指导；三是清查结束后，提出处理意见和建议。清查小组人员既要包括会计部门人员，又要包括实物保管人员。组织清查人员学习有关政策规定，掌握国家有关法律法规和相关业务的知识，以提高财产清查工作的质量。

（二）做好财产清查前的业务准备

（1）确定清查对象、范围，明确清查任务。

（2）制订清查方案，确定清查的具体内容、时间、步骤、方法，以及清查前的准备。

（3）会计部门提供完整、正确的会计记录，财产管理部门将各种手续办理齐全，将实物整理整齐，并准备有关的衡量器具及清查所需的“盘存表”等。

温馨提示

财产清查不仅是企业会计部门的事情，更是企业业务部门的事情。

（三）进行财产清查

（1）清查时要以先清查数量、核对有关账簿记录，后认定质量为原则进行清查。

（2）清查时要填写“盘存表”。

（3）根据“盘存表”，填制“清查结果报告表”。

（四）财产清查结果的处理

1. 财产清查结果处理的要求

通过各种方法清查后，对于清查中发现的各种问题，如财产物资的盘盈、盘亏、毁损或其他各种损失，应核实情况，调查分析产生的原因，按照国家有关法律法规的规定，进行相应的账务处理。

财产清查结果处理的具体要求：①分析产生差异的原因和性质，提出处理意见，对于合理的损耗，调整账面数量和单价；对于责任事故造成的损耗，应追究有关人员责任。②积极处理积压多余财产，清理往来款项。③总结经验教训，建立和健全各项规章制度。④及时调整账簿记录，保证账实相符。

2. 财产清查结果的会计处理

财产清查中发现盘盈或者盘亏等情况，会计部门应根据有关原始记录，调整账面记录，进行会计处理，保证账实相符。

（1）设置账户。“待处理财产损溢”账户属于资产类账户，用来核算企业在财产清查中发现的库存现金、存货的盘盈、盘亏和毁损，以及固定资产的盘亏等情况。借方登记审批前财产物资的盘亏、毁损数和经批准转销的财产物资盘盈数。贷方登记审批前财产物资的盘盈数和经批准转销的财产物资盘亏数及毁损数。期末，本账户按规定转销后应无余额，如图7－5所示。该账户下设“待处理固定资产损溢”“待处理流动资产损溢”两个明细账户。

借方　　　　待处理财产损溢	贷方
审批前财产物资的盘亏、毁损数	审批前财产物资的盘盈数
经批准转销的财产物资盘盈数	经批准转销的财产物资盘亏数及毁损数
	期末无余额

图7－5　“待处理财产损溢”账户T型结构图

温馨提示

按照现行会计准则规定，固定资产的盘盈和毁损分别通过“以前年度损益调整”和“固定资产清理”账户，不通过“待处理财产损溢”账户核算。

（2）审批之前的会计处理。审批前，会计部门应根据“清查结果报告表”“盘点报告表”等一经查实的盘盈、盘亏数据资料，填制记账凭证，并据以登记有关账簿，使账簿记录与实存数相一致，做到账实相符。同时根据权限，将处理建议上报股东大会或董事会，或经理会议或者类似机构审批。

（3）审批之后的会计处理。企业清查的各种财产物资损溢，应于期末前查明原因，并根据企业的管理权限，经股东大会或董事会，或经理会议或者类似机构批准后，在期末结账前处理完毕，企业应严格按照有关部门对财产清查结果提出的处理意见进行账务处理，填制有关记账凭证，登记有关账簿，并追回由于责任者造成的财产损失。

企业清查的各种财产物资，如果在期末结账前尚未经批准，在对外提供财务报表时，应先按照上述规定进行处理，并在附注中作出说明；其后经批准处理的金额与已经批准处理的金额不一致的，调整财务报表相关项目的年初数。

任务实施

步骤1：成立财产清查工作小组。由天成电子设备有限责任公司组建清查工作小组，小组成员由分管领导、财务负责人、实物保管人员及职工代表组成。企业出纳员孙会会、1号仓库保管员陆学文、2号仓库保管员丁大永、固定资产各使用部门人员必须参加清查工作。

步骤2：清查前业务准备工作。首先，确定清查的对象、范围，明确清查的任务。其次，制订清查方案，确定清查的具体内容、时间、步骤、方法。

步骤3：各部门提供相关资料。企业财务会计部门应提供完整、正确的会计记录；财产管理部门应将各种手续办理齐全，将实物整理整齐；清查部门应准备有关的衡量器具及清查所需的“盘存表”等。

模块三　清查库存现金

任务描述

【业务58】天成电子设备有限责任公司的“库存现金”由出纳员孙会会负责保管，20××年12月末“库存现金日记账”余额为2 826元。

任务布置

天成电子设备有限责任公司应如何进行库存现金的清查？清查结果如何处理？

知识学习

一、库存现金的清查方法

库存现金清查的主要方法是通过实地盘点法确定库存现金的实存数，然后与库存现金日记账的账面余额进行核对，以确定账存数与实存数是否相符。

库存现金清查包括两种情况：

（一）日常清查

日常清查是由出纳人员每日清点库存现金实存数，并与库存现金日记账结存数相核对，这种经常性的库存现金清查工作，是出纳人员的职责。对于自查中账实不符，出现长短款情况，出纳员应及时向会计机构负责人或会计主管人员报告，并查明原因及时处理。在实行严格的内部牵制制度情况下，这种方法是比较省时、省力、确有成效的清查方法，但在管理岗位责任制不严格的情况下，只采用这种方法不够严密，容易出现漏洞。

（二）专门清查

专门清查是由清查小组对库存现金进行定期或不定期清查。库存现金盘点时，出纳人员必须在场，库存现金由出纳人员经手盘点，清查人员从旁监督。在清查过程中，除了查明账实是否相符外，还要检查库存现金管理制度的遵守情况，查明有无“坐支”库存现金情况，是否超过库存现金的限额，有无“白条抵库”（即使用收据、借条等冲抵库存现金）的现象。定期专门清查应视企业的具体情况而定，对于现金业务为主的企业，每月应安排2次以上的专门清查；对于一般单位，一般每月至少1次。

库存现金的清查方法

库存现金盘点后，应根据盘点的结果和库存现金日记账余额，编制“库存现金盘点报告表”（见单据7－4）。该表作为重要的原始凭证，是反映账实差异及调整账簿记录的依据。

单据7－4

库存现金盘点报告表

单位名称：　　　　年　月　日　　　　单位：元

实存金额	账存金额	对比结果		备注
		盘盈	盘亏	

清查小组组长：　　财务负责人：　　清查员：　　出纳员：

有价证券，如国库券、其他金融债券、公司债券、股票等的清查方法与库存现金清查相同。

二、库存现金清查结果的账务处理

库存现金清查如果出现盘盈或者盘亏，应通过“待处理财产损溢——待处理流动资产损溢”进行核算。

库存现金清查结果的账务处理

（一）库存现金盘盈的账务处理

库存现金盘盈时，应及时调整库存现金的账簿记录，即按盘盈的金额，借记“库存现金”账户，贷记“待处理财产损溢——待处理流动资产损溢”账户。

对于盘盈的库存现金应及时按照审批权限，报经批准后，及时入账。查明原因后，属于应支付给有关人员或单位的，借记“待处理财产损溢——待处理流动资产损溢”账户，贷记“其他应付款——XX”；属于无法查明原因的长款，借记“待处理财产损溢——待处理流动资产损溢”账户，贷记“营业外收入”账户。

（二）库存现金盘亏的账务处理

德技并修

私设“小金库”将承担法律后果

库存现金盘亏时，应及时办理盘亏的确认手续，调整库存现金的账簿记录。按库存现金实际盘亏数，借记“待处理财产损溢——待处理流动资产损溢”账户，贷记“库存现金”账户。查明原因后，属于应收回的保险赔偿和过失人赔偿，借记“其他应收款”账户；属于管理不善等原因造成的净损失的金额，借记“管理费用”账户；按自然灾害等原因造成的损失的金额，借记入“营业外支出”账户，贷记“待处理财产损溢——待处理流动资产损溢”账户。

任务实施

步骤1：成立清查小组，小组成员应包括财务负责人赵玲玲，清查员钱丽丽。

步骤2：对出纳员孙会会保管的库存现金进行实地盘点，盘点后填写“库存现金盘点报告表”（见单据7－5），清查时出纳员孙会会必须在现场。

步骤3：根据“库存现金盘点报告表”进行账务处理。

【业务58】12月31日，财产清查中发现库存现金长款200元，经批准转入营业外收入。原始凭证“库存现金盘点报告表”，如单据7－5所示。

单据7－5

库存现金盘点报告表

单位名称：天成电子设备有限责任公司　　20××年12月31日　　单位：元

实存金额	账存金额	对比结果		备注
		盘盈	盘亏	
3026	2826	200		无法查明原因，作营业外收入

清查小组组长：李佳韦　　财务负责人：赵玲玲　　清查员：吴平平　　出纳员：孙会会

［业务分析］该项经济业务，批准处理前，资金运动的终点（借）是库存现金，起点（贷）是待处理财产损溢。根据“库存现金盘点报告表”，企业的库存现金增加了200元，应记入“库存现金”账户的借方；多出的现金原因不明，应计入“待处理财产损溢”账户的贷方200元。批准处理后，资金运动的终点（借）是待处理财产损溢，起点（贷）是营业外收入。转作营业外收入时，应记入“待处理财产损溢”账户的借方200元；该款项属于企业的一项利得，营业外收入增加，应记入“营业外收入”账户的贷方。编制会计分录如下：

（1）批准处理前：

借：库存现金　　200

　　贷：待处理财产损溢——待处理流动资产损溢　　200

（2）批准处理后：

借：待处理财产损溢——待处理流动资产损溢　　200

　　贷：营业外收入　　200

编制记账凭证，如凭证 7－4 和凭证 7－5 所示。

凭证 7－4

记 账 凭 证

20××年 12 月 31 日　　记字第 040 1/2 号

摘要	会计科目		借方金额	贷方金额	记账符号
	总账科目	明细科目			
现金盘盈	1001 库存现金		200.00		
	190101 待处理财产损溢	待处理流动资产损溢		200.00	
合计金额			¥200.00	¥200.00	

附单据 1 张

会计主管 赵玲玲　记账 李玉玉　出纳 孙会会　复核 钱丽丽　制证 吴平平

凭证 7－5

记 账 凭 证

20××年 12 月 31 日　　记字第 040 2/2 号

摘要	会计科目		借方金额	贷方金额	记账符号
	总账科目	明细科目			
批准处理	190101 待处理财产损溢	待处理流动资产损溢	200.00		
	6301 营业外收入			200.00	
合计金额			¥200.00	¥200.00	

附单据 1 张

会计主管 赵玲玲　记账 李玉玉　出纳　复核 钱丽丽　制证 吴平平

模块四　清查银行存款

任务描述

【业务 59】20××年 12 月 31 日，天成电子设备有限责任公司“银行存款日记账”如表 7－2 所示，中国工商银行城阳支行转来的“银行对账单”如表 7－3 所示。

表 7－2　　银行存款日记账　　单位：元

20××年		凭证种类	凭证号数	摘要	结算凭证	借方发生额	贷方发生额	余额	对账
月	日								
12	1			期初余额				650 000.00	
	1	记	001	投资款	网银收款回单	600 000.00		1 250 000.00	
	4	记	003	借款	贷款转存凭证	400 000.00		1 650 000.00	
	5	记	004	购料款	网银付款回单		81 360.00	1 568 640.00	
	14	记	010	运输费	网银付款回单		32 700.00	1 535 940.00	
	15	记	012	付欠款	转账支票		451 200.00	1 084 740.00	
	17	记	013	预付货款	网银付款回单		70 000.00	1 014 740.00	
	22	记	018	付电费	网银付款回单		108 480.00	906 260.00	
	23	记	019	购办公用品	转账支票		1 695.00	904 565.00	
	23	记	023	销售收款	进账单	1 084 800.00		1 989 365.00	
	25	记	026	预收货款	进账单	330 000.00		2 319 365.00	
	29	记	028	收销售材料	进账单	45 200.00		2 364 565.00	
	29	记	031	支付广告费	转账支票		21 200.00	2 343 365.00	
	31	记	032	存出投资款	网银付款回单		50 000.00	2 293 365.00	
	31	记	035	罚款支出	网银付款回单		20 000.00	2 273 365.00	
				本月合计		2 460 000.00	836 635.00	2 273 365.00	

表 7－3　　中国工商银行客户存款对账单

账号：1102003704800007799　户名：天成电子设备有限责任公司　　上页余额：650 000. 00

单位：元

20××年		业务种类	凭证种类	凭证号数	对方户名	摘要	借方发生额	贷方发生额	余额	记账信息
月	日									
12	1	同城汇款	（略）	（略）	东鲁有限责任公司	投资款		600 000. 00	1 250 000. 00	000214
	4	转账			中国工商银行	借款		400 000. 00	1 650 000. 00	000321
	7	异地汇款			新海有限责任公司	购料款	81 360. 00		1 568 640. 00	000216
	9	同城转账			河北省鸿运物流运输有限公司	购料款	32 700. 00		1 535 940. 00	000214
	16	异地汇款			四通钢铁公司	付欠款	451 200. 00		1 084 740. 00	000218
	17	异地汇款			普利钢铁公司	预付货款	70 000. 00		1 014 740. 00	000321
	22	同城汇款			青岛汇通电业有限责任公司	付电费	108 480. 00		906 260. 00	000321
	23	同城转账			佳慧文具有限公司	购办公用品	1 695. 00		904 565. 00	000221
	30	同城转账			新传媒广告公司	付广告费	10 000. 00		894 565. 00	000214
	30	异地收款			光华机械制造有限责任公司	销售收款		1 084 800. 00	1 979 365. 00	000321
	30	异地收款			通达有限责任公司	预收货款		330 000. 00	2 309 365. 00	000224
	31	异地收款			民源有限责任公司	收销售材料		45 200. 00	2 354 565. 00	000214
	31	代理业务			大地保险公司	付保险费	12 000. 00		2 342 565. 00	000214
	31	代付款项			姜慧慧交房租	代收房租		2 300. 00	2 344 865. 00	000256
	31	存出投资款			天泰证券交易城阳营业部	其他货币资金	50 000. 00		2 294 865. 00	000367
	31	罚款支出			中国红十字会总会	营业外支出	20 000. 00		2 274 865. 00	000478

截止到20××年12月31日，账户余额2 274 865.00元　保留余额0.00元　冻结余额0.00元　透支余额0.00元　打印日期：20××年12月31日。

任务布置

请对天成电子设备有限责任公司银行存款日记账与银行对账单进行核对，查找未达账项，编制“银行存款余额调节表”。

知识学习

一、银行存款的清查方法

银行存款的清查是采取与开户银行核对账目的方法进行的，即将本单位“银行存款日记账”账簿记录与开户银行转来的“银行对账单”逐笔进行核对，以查明银行存款的实有数额，检查其账实是否相符。银行存款的清查一

银行存款的清查

般在月末进行。

银行存款由清查人员进行清查，清查前，应取得“银行对账单”；企业应将截止到清查日所有的银行存款的收付业务都登记入账后，对发生的错账、漏账及时查清更正，再与银行的对账单逐笔进行核对。

“银行存款日记账”和“银行对账单”核对的具体方法是：

（一）核对“银行存款日记账”与“银行对账单”的具体业务

以银行结算凭证的种类、号码和金额为依据，逐日逐笔核对。凡是双方都有记录的，用铅笔在金额旁打上“√”。

（二）核对“银行存款日记账”与“银行对账单”余额

如果核对后双方余额相符，通常说明账实相符，没有错误。如果余额不相符，则说明企业或者银行一方或者双方记账错误或者存在未达账项。

（三）查找未达账项

“银行存款日记账”和“银行对账单”上没有打“√”的款项即为未达账项。“银行存款日记账”上未打“√”的款项，表示银行的未达账项；“银行对账单”上未打“√”的款项，则表示企业的未达账项。

所谓未达账项，是指企业和银行之间，在凭证传递接收时间上的差异造成记账时间不一致，而发生的一方已经入账，另一方尚未入账的事项。未达账项一般分为以下四种情况：

（1）企业已收款记账，银行尚未记账的款项。如企业因销售产品而收到支票登记银行存款增加，而银行则要等到款项收妥后才能记账。

（2）企业已付款记账，银行尚未记账的款项。如企业购买材料，开出支票，根据支票存根登记银行存款减少，而银行由于尚未收到支付款项的凭证而未记账。

（3）银行已收款记账，企业尚未记账的款项。如企业委托银行收取的货款已收回，银行已登记企业银行存款增加，但企业尚未收到收款通知而未入账。

（4）银行已付款记账，企业尚未记账的款项。如企业的借款利息或银行代扣代缴的水电费，银行已从企业银行存款中扣付，但企业尚未收到付款通知而未记账。

二、银行存款清查结果的账务处理

“银行存款日记账”和“银行对账单”核对后，如发现双方记账错误，应及时查明原因，予以更正；对于未达账项则要进行调节，编制“银行存款余额调节表”（见表7－4）。

银行存款余额调节表的编制原理，是以双方账面余额为基础，分别加减双方的未达账项，即加上对方已经收款记账而己方尚未收款记账的数额，减去己方已经付款记账而对方尚未付款记账的数额。其计算公式为：

企业银行存款账面余额＋银行已收企业未收款项－银行已付企业未付款项

＝银行对账单上账面余额＋企业已收银行未收款项－企业已付银行未付款项

表 7－4　**银行存款余额调节表**

账号：　年　月　日　银行：

项目	金额（元）	项目	金额（元）
企业银行存款账面余额		银行对账单上账面余额	
加：银行已收企业未收款项 减：银行已付企业未付款项		加：企业已收银行未收款项 减：企业已付银行未付款项	
调节后企业银行存款余额		调节后银行对账单上存款余额	

将调整后的“银行存款余额调节表”经会计主管签章后，呈报给开户银行。

（1）“银行存款余额调节表”是一种对账记录或对账工具，不能作为调整账面记录的依据，即不能根据“银行存款余额调节表”中的未达账项来调整银行存款日记账的账面记录，未达账项只有在收到有关原始凭证后才能据以进行有关的账务处理，再登记银行存款日记账。

（2）调节后的余额相等，说明企业和银行双方账面记录基本正确，该余额通常为企业可以实际动用的银行存款实有数。

（3）调节后的余额不相符，说明一方或双方记账有误，需要进一步检查，查明原因后予以更正和处理。

凡有几个银行账户以及有外币存款账户的，应分别按银行户头开设银行存款日记账，应将各户头的银行存款日记账与各户头的银行对账单进行核对，并分别编制“银行存款余额调节表”。

任务实施

【业务 59】步骤 1：逐笔核对“银行存款日记账”与“银行对账单”各项记录。以银行结算凭证的种类、号码和金额为依据，逐日逐笔核对。凡是双方都有记录的，用铅笔在金额旁打上“√”

步骤 2：查找未达账项（即双方未打钩的项目）。

步骤 3：根据核对后的银行存款日记账和对账单编制“银行存款余额调节表”如表 7－5 所示。

表 7－5　**银行存款余额调节表**

账号：1102003704800007799　20××年 12 月 31 日　银行：中国工商银行

项目	金额（元）	项目	金额（元）
企业银行存款日记账余额	2 273 365.00	银行对账单余额	2 274 865.00
加：银行已收、企业未收款		加：企业已收、银行未收款	
1. 银行代收房租	2 300.00	1. 收取货款，存入转账支票	
2.		2.	
减：银行已付、企业未付款		减：企业已付、银行未付款	

续表

项目	金额（元）	项目	金额（元）
1. 代付广告费	10 000.00	1. 支付捐赠款，开出转账支票	21 200.00
2. 代付保险费	12 000.00	2.	
调节后的存款余额	2 253 665.00	调节后的存款余额	2 253 665.00

会计主管 赵玲玲　　复核 钱丽丽　　制表 吴平平

模块五　清查实物资产

任务描述

天成电子设备有限责任公司原材料 1 号仓库由保管员陆学文负责，库存商品 2 号仓库由保管员丁大永负责。固定资产由各使用部门负责。20××年 12 月 31 日，“原材料”各明细账户余额如表 7－6 所示。

表 7－6　“原材料”各明细账户余额表

名称	规格型号	计量单位	单价	账面数（元）	实有数（元）
甲材料		千克	8.00 元/千克	800	810
乙材料		吨	2 000.00 元/吨	30	29.4
丙材料		吨	8 600.00 元/吨	200	200
丁材料		吨	5 600.00 元/吨	120	120

【业务 60】12 月 31 日，经实地盘点，盘盈甲材料 10 千克，计 80 元。

【业务 61】12 月 31 日，盘盈原材料属于收发计量差错，经批准，冲减“管理费用”。

【业务 62】12 月 31 日，经实地盘点，盘亏乙材料 0.6 吨，计 1 200 元。

【业务 63】12 月 31 日，盘亏乙材料，查明原因，报经批准处理，其中保管员丁大永承担 1 000 元，其余作为管理费用。

【业务 64】12 月 31 日，天成电子设备有限责任公司，实地盘点固定资产，将“固定资产”各明细账账存数与实存数对比，盘亏固定资产 2 900 元。

【业务 65】12 月 31 日，盘亏固定资产经批准后，注销“固定资产”和“累计折旧”账户账面记录，使账实相符。

任务布置

天成电子设备有限责任公司应如何进行存货和固定资产的清查？清查结果如何处理？

知识学习

一、财产物资的盘存制度

财产清查的重点环节是盘点财产物资的实存数量。为使盘点工作顺利进行，应建立一定的盘点制度。一般来说，财产物资的盘存制度有两种，即永续盘存制和实地盘存制。

（一）永续盘存制

永续盘存制，又称账面盘存制，是指以账簿记录为依据来确认财产物资结存数量的一种方法。平时，要根据会计凭证登记财产物资的增加和减少，随时结出账面期末余额。其公式为：

账面期末余额 = 账面期初余额 + 本期增加额 − 本期减少额

财产物资的盘存制度

永续盘存制要求财产物资的收发有严密的手续，以利于加强会计监督。该制度要求设置比较详细的财产物资明细账，对财产物资的增减变动连续登记，并随时结出账面余额，因而可以随时掌握财产物资的收、发、存情况，有利于加强财产物资的管理。通过盘点，将实存数与账存数进行对比，可以发现溢缺，并查明原因，及时纠正，因而永续盘存制在保护财产安全及经营管理方面有着明显的优越性。所以，企业应根据自身条件，采用永续盘存制。

由于这种方法要在账簿中逐笔记录财产物资收发情况，因而核算工作量较大。尽管永续盘存制下的收、发业务是根据凭证逐笔登记的，但由于前述各种原因的存在，也经常会发生账实不符的情况，因此仍要对财产物资进行定期盘点，以查明账实是否相符，以及账实不符的原因。

（二）实地盘存制

实地盘存制，是指以期末盘点实物的结果为依据来确认财产物资结存数量的一种方法。

平时，在有关账簿中只根据会计凭证登记财产物资的增加数，不登记减少数；月末，通过实地盘点，确定实存数，并采用倒挤的方法，计算财产物资的发出数，并据以登记有关账簿。其公式为：

本期减少数 = 期初结存数 + 本期增加数 − 期末实际结存数

采用实地盘存制，由于平时对财产物资只记增加，不记减少，因而减少了核算工作量。但是这种方法平时对减少数不做记录，没有严密的手续，不便于进行会计监督；平时不能随时反映财产物资的收、发、结存动态的情况；倒挤出的财产物资减少数不够准确，不利于对财产物资加强管理。因此，它只适用于那些价值低、品种杂、收发频繁的财产物资。

想一想

实地盘存制和永续盘存制下，实地盘点的目的有什么不同？

二、实物资产的清查方法

实物资产的清查方法

实物资产主要包括固定资产、存货等以实物形态存在的资产。固定资产如机器设备、运输工具等，存货如原材料、在产品、库存商品、委托加工物资等，实物资产的清查既要在实物数量上进行清查，又要对实物质量进行查验。由于其种类、品种规格、储备状态、体积、数量不同，应选择的清查方法也有所不同。实物的清查方法主要有以下几种：

（一）实地盘点法

实地盘点，是指在实物存放现场用计量器具或逐一点数来确定财产物资实有数的方法。这种方法适用范围广、数量准确、清查质量高，但清查的工作量大。如对于机器设备、包装好的原材料、产成品和库存商品等的清查具有一定难度。

（二）技术推算法

技术推算法，是指利用一定的技术方法，如测量体积、尺度等对实物资产的实存数进行推算的一种方法。这种方法适用于价值低、成堆堆放、难以逐一清点的财产物资。如散装的化肥、饲料、煤炭等大堆存放实物。

（三）抽样盘点法

抽样盘点，是指对不便于逐一清点的财产物资，从总体中选取个体通过测量个体的体积或重量，来推算总体数量的一种方法。这种方法适用于价值小、数量多、质量比较均匀的财产物资。

（四）外调核对法

外调核对法，是指对于委托加工、销售、保管的材料可以采取去函、去对方单位调查，然后与本单位账存数核对的方法。

为明确责任，盘点实物时，物资保管人员必须在场，并参加盘点工作。清查时，除了明确实存数额外，还要检查其保管使用情况，根据不同的物理、化学性质采取不同的技术方法，清查有无霉烂变质的情况。并依据其质量情况对清查物资的价格作出如实的记录。具体清查步骤如下：

（1）由有关人员实施盘点（实物保管人员在场参与盘点）。

（2）编制“盘存单”（盘点、保管、使用人员签字盖章）。

（3）编制“实存账存对比表”。

三、实物资产清查结果的账务处理

存货清查结果的账务处理

（一）存货清查结果的账务处理

存货清查出现盘盈、盘亏应通过“待处理财产损溢——待处理流动资产损溢”账户核算。

1. 存货盘盈的账务处理

存货盘盈时，应及时办理存货入账手续，调整存货账簿的实存数，根据

“盘点单”及“账存实存对比表”等原始凭证进行账务处理。盘盈存货应按重置成本作为入账价值，借记“原材料”“库存商品”等账户，贷记“待处理财产损溢——待处理流动资产损溢”账户。

对于盘盈的存货，应及时查明原因，盘盈多是由于收发计量及核算上的误差等原因造成的，因此，按管理权限报经批准后，冲减管理费用，即按其入账价值借记“待处理财产损溢——待处理流动资产损溢”账户，贷记“管理费用”账户。

2. 存货盘亏和毁损的账务处理

存货发生盘亏和毁损时，在报经批准处理前，按盘亏和毁损的金额，借记“待处理财产损溢——待处理流动资产损溢”账户，贷记“原材料”“库存商品”等账户。

对于盘亏的存货，应及时查明原因，按照管理权限报经批准后，对于入库的残料价值，借记“原材料”账户；属于应收回的保险赔偿和过失人赔偿的，借记“其他应收款”账户；属于管理不善造成的净损失的数额，借记“管理费用”账户；属于自然灾害等非正常原因造成的净损失的部分，借记“营业外支出——非正常损失”账户，按照原记金额贷记“待处理财产损溢——待处理流动资产损溢”账户。

（二）固定资产清查结果的账务处理

固定资产清查出现盘盈应通过“以前年度损益调整”账户，固定资产盘亏应通过待“处理财产损溢——待处理固定资产损溢”账户核算。

1. 固定资产盘盈的账务处理

企业在财产清查中盘盈的固定资产，经查明确属企业所有的，按管理权限报经批准后，应根据盘存凭证填制“固定资产交接凭证”，经有关人员签字后送会计部门，填写“固定资产卡片”账，作为前期差错处理，通过“以前年度损益调整”账户核算。按其重置成本作为入账价值，借记“固定资产”账户，贷记“以前年度损益调整”账户。涉及增值税、所得税和盈余公积的，还应按相关规定处理。

2. 固定资产盘亏的账务处理

固定资产盘亏时，应及时办理固定资产注销手续，按照盘亏固定资产的账面价值，借记“待处理财产损溢——待处理固定资产损溢”账户，按已提折旧额借记“累计折旧”账户，按账面原值贷记“固定资产”账户。

对于盘亏的固定资产，应及时查明原因，按审批权限报经批准后及时处理。属于过失人和保险公司赔偿的部分，应借记“其他应收款”账户，按盘亏固定资产原价扣除累计折旧和保险公司以及过失人赔偿部分，借记“营业外支出——固定资产盘亏”账户，贷记“待处理财产损溢——待处理固定资产损溢”账户。

任务实施

步骤1：由财产清查小组对“原材料”“库存商品”“固定资产”进行实地盘点。

步骤2：盘点后填写“物资盘点表”，如单据7－6所示。

单据7－6

物资盘点表

库号1　　20××年12月31日

名称	规格型号	单位	单价	账面数	实有数	盘盈数		盘亏数		盈亏原因及处理	备注
						数量	金额（元）	数量	金额（元）		
甲材料		千克	8.00元/千克	800	810	10	80			收发计量差错，冲减“管理费用”	
乙材料		吨	2000.00元/吨	30	29.4			0.6	1200.00	其中，保管员丁大永承担1000元	

部门主管：刘辉春　　保管员：丁大永　　复查人：李勇

步骤3：根据“物资盘点表”进行账务处理。

【业务60】12月31日，经实地盘点，盘盈甲材料10千克，计80元。

［业务分析］该项经济业务，资金运动的终点（借）是原材料，起点（贷）是待处理财产损溢。根据“物资盘点表”，企业的原材料增加了，应记入“原材料”账户的借方；尚未批准处理，应记入“待处理财产损溢”账户的贷方。编制会计分录如下：

借：原材料——甲材料　　80

　　贷：待处理财产损溢——待处理流动资产损溢　　80

编制记账凭证，如凭证7－6所示。

凭证7－6

记　账　凭　证

20××年12月31日　　记字第 041 号

摘要	会计科目		借方金额	贷方金额	记账符号
	总账科目	明细科目			
盘盈	140301 原材料	甲材料	80.00		
	190101 待处理财产损溢	待处理流动资产损溢		80.00	
合计金额			¥80.00	¥80.00	

附单据1张

会计主管 赵玲玲　　记账 李玉玉　　出纳　　复核 钱丽丽　　制证 吴平平

【业务61】12月31日，盘盈原材料属于收发计量差错，经批准，冲减“管理费用”。

［业务分析］该项经济业务，资金运动的终点（借）是待处理财产损溢，起点（贷）是管理费用。根据“物资盘点表”，原因已经查明，应记入“待处理财产损溢”账户的借方；经过有关部门批准后，冲减“管理费用”，应记入“管理费用”账户的贷方。编制会计分录如下：

借：待处理财产损溢——待处理流动资产损溢　　80

　　贷：管理费用　　80

编制记账凭证，如凭证7－7所示。

凭证7－7

记账凭证

20××年12月31日　　记字第 042 号

摘要	会计科目		借方金额	贷方金额	记账符号
	总账科目	明细科目			
批准处理	190101 待处理财产损溢	待处理流动资产损溢	80.00		
	6602 管理费用			80.00	
合计金额			¥80.00	¥80.00	

附单据1张

会计主管 赵玲玲　　记账 李玉玉　　出纳　　复核 钱丽丽　　制证 吴平平

【业务62】12月31日，经实地盘点，盘亏乙材料0.6吨，计1 200元。

［业务分析］该项经济业务，资金运动的终点（借）是待处理财产损溢，起点（贷）是原材料。根据“物资盘点表”，短缺原材料尚未报经批准，应记入“待处理财产损溢”账户的借方；原材料短缺应记入“原材料”账户的贷方。编制会计分录如下：

借：待处理财产损溢——待处理流动资产损溢　　1 200

　　贷：原材料——乙材料　　1 200

编制记账凭证，如凭证7－8所示。

凭证 7－8

记 账 凭 证

20××年12月31日　　　　记字第 043 号

摘要	会计科目		借方金额	贷方金额	记账符号
	总账科目	明细科目			
原材料盘亏	190101 待处理财产损溢	待处理流动资产损溢	1 200.00		
	140302 原材料	乙材料		1 200.00	
合计金额			¥1 200.00	¥1 200.00	

附单据1张

会计主管 赵玲玲　　记账 李玉玉　　出纳　　复核 钱丽丽　　制证 吴平平

【业务63】12月31日，盘亏乙材料，查明原因，报经批准处理，其中保管员丁大永承担1 000元，其余作为管理费用。

［业务分析］该项经济业务，资金运动的终点（借）是其他应收款、管理费用，起点（贷）是待处理财产损溢。根据“物资盘点表”，短缺原材料1 000元为保管员责任，应记入“其他应收款”账户的借方，其余200元，转作管理费用，应记入“管理费用”账户的借方；原因查明，应记入“待处理财产损溢”账户的贷方。编制会计分录如下：

借：其他应收款　　1 000

　　管理费用　　200

　　贷：待处理财产损溢——待处理流动资产损溢　　1 200

编制记账凭证，如凭证7－9所示。

凭证 7－9

记 账 凭 证

20××年12月31日　　　　记字第 044 号

摘要	会计科目		借方金额	贷方金额	记账符号
	总账科目	明细科目			
批准处理	1231 其他应收款		1 000.00		
	6602 管理费用		200.00		
	190101 待处理财产损溢	待处理流动资产损溢		1 200.00	
合计金额			¥1 200.00	¥1 200.00	

附单据1张

会计主管 赵玲玲　　记账 李玉玉　　出纳　　复核 钱丽丽　　制证 吴平平

【业务64】12月31日，天成电子设备有限责任公司，实地盘点固定资产，将“固定资产”各明细账账存数与实存数对比，盘亏固定资产2 900元。

填制的“物资盘点表”，如单据 7－7 所示。

单据 7－7　　**物资盘点表**

使用部门：行政部门　　20××年 12 月 31 日

名称	规格型号	计量单位	原价（元）	已提折旧（元）	账面净值（元）	盘盈数		盘亏数		盘亏原因及处理	备注
						数量（台）	金额（元）	数量（台）	金额（元）		
笔记本电脑		台	5000	2100	2900			1		经批准作“营业外支出”处理	

部门主管：刘辉春　　保管员：丁大永　　复查人：李勇

［业务分析］该项经济业务，资金运动的终点（借）是待处理财产损溢、累计折旧，起点（贷）是固定资产。根据“物资盘点表”，盘亏固定资产，应按账面净值记入“待处理财产损溢”账户的借方，其已经计提的折旧应转销，记入“累计折旧”账户的借方；固定资产不存在了，应记入“固定资产”账户的贷方。编制会计分录如下：

借：待处理财产损溢——待处理固定资产损溢　　2 900

　　累计折旧　　2 100

　　贷：固定资产　　5 000

编制记账凭证，如凭证 7－10 所示。

凭证 7－10　　**记　账　凭　证**

20××年 12 月 31 日　　记字第 045 号

摘要	会计科目		借方金额	贷方金额	记账符号
	总账科目	明细科目			
盘亏	190101 待处理财产损溢	待处理固定资产损溢	2 900.00		
	1602 累计折旧		2 100.00		
	1601 固定资产			5 000.00	
合计金额			¥5 000.00	¥5 000.00	

附单据 1 张

会计主管 赵玲玲　　记账 李玉玉　　出纳　　复核 钱丽丽　　制证 吴平平

【业务 65】12 月 31 日，盘亏固定资产经批准后，注销“固定资产”和“累计折旧”账户账面记录，使账实相符。

［业务分析］该项经济业务，资金运动的终点（借）是营业外支出，起点（贷）是待处理财产损溢。盘亏固定资产，属于与企业经营无直接关系的偶然支出，应记入“营业外支出”账户的借方；报经批准处理，应记入“待处理财产损溢”账户的贷方。编制会计分录如下：

借：营业外支出　　2 900

　　贷：待处理财产损溢——待处理固定资产损溢　　2 900

编制记账凭证，如凭证 7－11 所示。

凭证 7－11

记　账　凭　证

20××年 12 月 31 日　　记字第 046 号

摘要	会计科目		借方金额	贷方金额	记账符号
	总账科目	明细科目			
批准处理	6711 营业外支出		2 900.00		
	190101 待处理财产损溢	待处理固定资产损溢		2 900.00	
合计金额			¥2 900.00	¥2 900.00	

附单据 1 张

会计主管 赵玲玲　记账 李玉玉　出纳　复核 钱丽丽　制证 吴平平

模块六　清查往来款项

任务布置

【业务 66】天成电子设备有限责任公司供应商有远洋有限责任公司、四通钢铁有限责任公司等；客户主要有光华有限责任公司、通达有限责任公司等。

任务布置

请根据任务描述，说明企业应如何进行往来款项的清查工作。

往来款项的清查方法

知识学习

一、往来款项清查的方法

往来款项主要包括应收、应付款项和预收、预付款项等。各种往来结算款项的清查，一般采用发函询证的方法与对方核对。

往来款项清查的基本程序是清查单位在检查本单位各项结算款项账目正确、完整的基础上编制“往来款项对账单”（见单据 7－8）送交双方单位进行核对。“往来款项对账单”通常一式两联，其中一联作为回执联。对方单位如核对相符，应在对账单上签章退回本单位，如不符，应在回单中注明情况或另抄对账单退回本单位，进一步查明原因后，再行核对。在查核过程中，如果发现未达账项，双方应编制“往来结算款项账面余额调节表”予以调整。然后根据账簿记录和各往来单位退回的回单，填制“往来款项清查报告表”（见单据 7－9），表中填列各项债权、债务的余额。对于有争执的款项以及无法收回的款项，应在报告单中详细列明，以便及时采取措施进行处理，避免或减少坏账损失。

单据 7－8　　**往来款项对账单**

业务序号	金额	发生日期	核对情况		备注
			相符金额	不符金额	
合计					

单据 7－9　　**往来款项清查报告表**

明细分类账户		清点结果		核对不符原因			备注
名称	账面金额	核对相符金额	核对不符金额	未达账项金额	有争议账面金额	其他	

二、往来款项清查结果的账务处理

在财产清查中发现的长期未结算的往来款项，应及时清查，对于经查明确实无法支付的应付款项，可按规定程序及权限报经批准，转入“营业外收入”账户。

对于无法收回的应收款项则应转作坏账，冲减坏账准备，坏账是指企业无法收回或者收回可能性极小的应收款项。由于发生坏账而产生的损失称为坏账损失。

企业通常情况下应将符合下列条件之一的应收款项确认为坏账：①债务人死亡，以其遗产清偿后仍无法收回的；②债务人破产，以其破产财产清偿后仍无法收回的；③债务人较长时间内未履行偿债义务，并有足够证据辨明无法收回或者收回的可能性极小。

企业有确凿证据证明确实无法收回的应收款项，经批准后作为坏账损失。

对于已经确认为坏账的应收款项，并不意味着放弃了追索权，一旦重新收回，应及时入账。

任务实施

【业务 66】

步骤 1：查明企业的供应商、客户，并查看账户发生额及余额。

步骤 2：向企业的客户和供应商分别发出询证函，了解应收账款和应付账款的情况。

步骤 3：根据不同的函证结果，分别进行处理。如果是无法收回的应收款项，经批准确认为坏账时，按坏账准备的有关规定进行处理。

学习评价

专业能力测评表

业务能力	评价指标	自测结果	要求
期末主要账项调整	1. 权责发生制和收付实现制 2. 月末主要调整事项：计提借款利息、计提无形资产摊销、计提并结转税金及附加	□A □B □C □A □B □C	能熟练运用权责发生制和收付实现制，正确进行期末调整账项的会计处理
财产清查前的准备工作	1. 财产清查的概念、分类 2. 永续盘存制 3. 实地盘存制 4. 财产清查的一般程序	□A □B □C □A □B □C □A □B □C □A □B □C	能熟悉财产清查的概念、种类，熟悉一般的清查程序，掌握永续盘存制、实地盘存制
库存现金的清查	1. 库存现金的清查方法 2. 库存现金清查结果的处理	□A □B □C □A □B □C	能进行库存现金的清查，并能对清查结果进行会计处理
银行存款的清查	1. 企业和银行对账的方法 2. 未达账项查找 3. 银行存款余额调节表的编制	□A □B □C □A □B □C □A □B □C	能熟练地进行“银行存款日记账”和“银行对账单”的核对，并能查找未达账项，正确编制“银行存款余额调节表”
实物资产的清查	1. 实物资产清查方法 2. 存货清查结果处理 3. 固定资产清查结果的处理	□A □B □C □A □B □C □A □B □C	能进行存货、固定资产等实物资产的清查，并能对清查结果进行会计处理
往来款项的清查	1. 往来款项清查的方法 2. 往来款项清查结果的处理	□A □B □C □A □B □C	能进行往来款项的清查，并能对清查结果进行会计处理
说明	（在□中打√，A 掌握，B 基本掌握，C 未掌握）		
教师评语：			
成绩		教师签字	

项目八

企业期末利润形成与分配的核算

知识目标

◆ 掌握企业月末利润的形成过程与账户设置；

◆ 掌握企业年末利润分配的顺序与账户设置。

能力目标

◆ 能准确地进行企业月末利润形成的会计处理；

◆ 能准确地进行企业年末利润分配的会计处理。

素养目标

◆ 通过期末利润的形成与分配，培养坚持准则、遵纪守法意识；

◆ 通过利润形成与分配核算，培养社会责任意识；

◆ 通过所得税的核算，培养依法纳税意识；

◆ 通过经济业务的账务处理，培养严谨细致的会计工作作风、诚实守信的良好会计品格。

思维导图

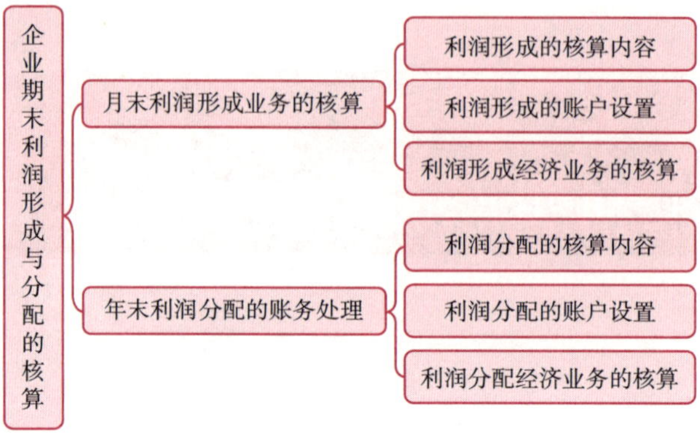

模块一　月末利润形成业务的核算

任务描述

天成电子设备有限责任公司为增值税一般纳税人，增值税税率为13%，城市维护建设税税率为7%、教育费附加征收比率为3%、所得税税率为25%。公司20××年12月发生下列经济业务：

【业务67】12月31日，将损益类中有关收入类账户的余额转入“本年利润”账户。原始凭证为“损益类账户结转表”。

【业务68】12月31日，将损益类中有关费用类账户的余额转入“本年利润”账户。原始凭证为“损益类账户结转表”。

【业务69】12月31日，计算并结转所得税费用。原始凭证为“所得税费用计算表”。

【业务70】12月31日，将“所得税费用”账户余额结转至“本年利润”账户。

任务布置

请具体分析天成电子设备有限责任公司上述经济业务，根据销售业务核算的相关知识，完成利润结转、所得税费用计算与结转等利润形成业务的账务处理，并编制记账凭证。

知识学习

利润的构成

一、利润形成的核算内容

利润，是指企业在一定会计期间的经营成果，包括收入减去费用后的净额、直接计入当期损益的利得和损失等。利润既是企业生产经营活动最终的财务成果，也是衡量一个企业经营成果的重要指标。利润由营业利润、利润总额和净利润三部分组成。

（一）营业利润

营业利润是指企业在一定时期内进行生产经营活动取得的利润，反映企业管理者的经营业绩，其计算公式为：

营业利润＝营业收入－营业成本－税金及附加－销售费用－管理费用－研发费用－财务费用＋其他收益＋投资收益（－投资损失）＋公允价值变动收益（－公允价值变动损失）－信用减值损失－资产减值损失＋资产处置收益（－资产处置损失）

式中：

营业收入＝主营业务收入＋其他业务收入

营业成本＝主营业务成本＋其他业务成本

（二）利润总额

利润总额又称为会计利润或税前利润，是营业利润加上营业外收入减去营业外支出后的金额，其计算公式为：

利润总额＝营业利润＋营业外收入－营业外支出

（三）净利润

净利润，也称为税后利润，是利润总额扣除所得税费用后的净额，其计算公式为：

净利润＝利润总额－所得税费用

应纳所得税＝应纳税所得额×适用的税率

二、利润形成的账户设置

（一）“本年利润”账户

该账户属于所有者权益类账户，用来核算企业在本年度实现的净利润（或发生的净亏损）。该账户贷方登记企业期末转入的“主营业务收入”“其他业务收入”“其他收益”“投资收益（贷）”“营业外收入”“公允价值变动损益（贷）”“资产处置损益（贷）”账户的期末余额；借方登记企业期末转入的“主营业务成本”“其他业务成本”“税金及附加”“销售费用”“管理费用”“财务费用”“资产减值损失”“投资收益（借）”“公允价值变动收益（借）”“资产处置损益（借）”“营业外支出”“所得税费用”账户的期末余额；上述结转后，该账户余额在贷方，表示当期实现的净利润；余额在借方，则表示当期发生的净亏损。

年度终了，企业应将本年实现的净利润（或发生的净亏损）从该账户全部转入“利润分配——未分配利润”账户贷方（或借方），年末结转后，该账户无余额，如图 8－1 所示。

本年利润

借方	贷方
费用类账户转入	收入类账户转入
净亏损	净利润
年末转入利润分配－未分配利润净利润	年末转入利润分配－未分配利润净亏损

年末结转后无余额

图 8－1　“本年利润”账户 T 型结构图

（二）“所得税费用”账户

该账户属于损益类账户，用来核算企业按规定当期确认的应从当期利润总额中扣除的所得税费用。该账户借方登记企业应计入当期损益的所得税费用额；贷方登记期末转入“本年利润”账户的所得税费用额；期末结转后无余额，如图 8－2 所示。

所得税费用

借方	贷方
当期所得税费用发生额	转入“本年利润”账户的数额

期末结转后无余额

图 8－2　“所得税费用”账户 T 型结构图

温馨提示

结转完毕，各损益类账户余额为零。“本年利润”账户的余额即为当期实现的经营成果，当本年利润有贷方余额时，即为盈利，如果本年利润出现借方余额，则为当期的亏损额。

（三）利润形成的核算账户关系（见图 8－3）

想一想

上述为常用账户，除此之外，还有“其他收益”“公允价值变动损益”“信用减值损失”“资产减值损失”“资产处置损益”等损益类账户。想一想这些账户应该如何结转。

三、利润形成经济业务的核算

利润的形成，即用当期的收入减去当期的费用。利润形成是指企业每月末在账项调整、财产清查，将全部经济业务入账的基础上，将收入类账户和费用类账户转入“本年利润”账户，从而计算出企业实现的净利润的方法。

企业在日常核算中，当期实现收入时，已经记入有关收入类账户的贷

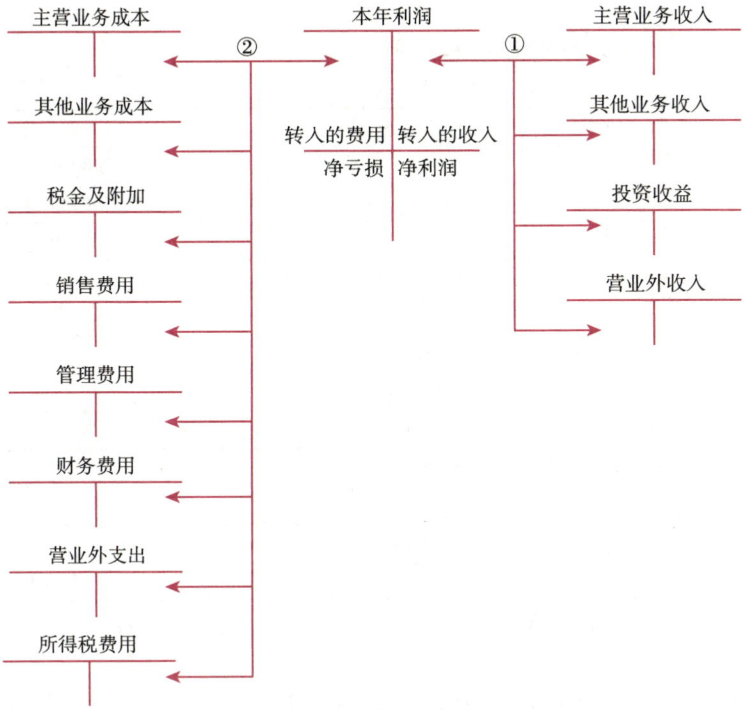

图 8-3 利润形成的核算账户关系图

说明：

①将收入类账户转入“本年利润”账户。

②将费用类账户转入“本年利润”账户。

损益结转业务的核算

方，如销售商品取得收入时要记入“主营业务收入”账户的贷方，再比如取得罚款收入时，要记入“营业外收入”账户的贷方等；当期发生费用时，计入有关费用支出类账户的借方，如发生管理费用、销售费用时，都是记入“管理费用”“销售费用”账户的借方。到了会计期末（如月末），应将所有损益类账户的余额转入“本年利润”账户。收入是使利润增加的因素，因此收入类账户转入“本年利润”的贷方，即借记收入类账户，贷记“本年利润”账户。费用是使利润减少的因素，因此费用类账户转入“本年利润”的借方，即借记“本年利润”账户，贷记费用类账户。结转后，“本年利润”账户贷方有余额，表示企业盈利，反之，“本年利润”账户借方有余额，则表示企业亏损。

任务实施

【业务 67】12 月 31 日，将损益类中有关收入类账户的余额转入“本年利润”账户。原始凭证“损益类账户结转表”，如单据 8-1 所示。

单据 8－1

损益类账户结转表

20××年 12 月 31 日 单位：元

科目名称	借方发生额	贷方发生额
主营业务收入		1748000.00
其他业务收入		40000.00
投资收益		3000.00
营业外收入		700.00
主营业务成本	1249600.00	
其他业务成本	28000.00	
税金及附加	10377.10	
销售费用	218600.00	
管理费用	162990.00	
财务费用	6000.00	
营业外支出	22900.00	
合计	1698467.10	1791700.00

会计主管：赵玲玲　　审核：钱丽丽　　制表：吴平平

［业务分析］该项经济业务，资金运动的终点（借）为主营业务收入、其他业务收入、投资收益、营业外收入，起点（贷）为本年利润。根据“损益类账户结转表”，企业各项收入的实现将增加企业的利润，因此，月末结转收入时，将其发生额转入“本年利润”账户的贷方；同时，减少收入类账户的发生额，应记入各收入类账户的借方。编制会计分录如下：

借：主营业务收入　1 748 000
　　其他业务收入　40 000
　　投资收益　3 000
　　营业外收入　700
　贷：本年利润　1 791 700

编制记账凭证，如凭证 8－1 所示。

凭证 8－1

记　账　凭　证

20××年 12 月 31 日 记字第 047 号

摘要	会计科目		借方金额	贷方金额	记账符号
	总账科目	明细科目			
结转收入	6001 主营业务收入		1 748 000.00		
	6051 其他业务收入		40 000.00		
	6301 营业外收入		700.00		
	6117 投资收益		3 000.00		
	4103 本年利润			1 791 700.00	
合计金额			¥1 791 700.00	¥1 791 700.00	

附单据 1 张

会计主管 赵玲玲　记账 李玉玉　出纳　复核 钱丽丽　制证 吴平平

【业务 68】12 月 31 日，将损益类中有关费用类账户的余额转入“本年利润”账户。原始凭证“损益类账户结转表”，如单据 8－1 所示。

［业务分析］该项经济业务，资金运动的终点（借）为本年利润，起点（贷）为主营业务成本、其他业务成本、税金及附加、销售费用、管理费用、财务费用、营业外支出。根据“损益类账户结转表”，费用支出的发生，减少企业的本年利润。因此，期末将各费用类账户的余额转入“本年利润”账户的借方，同时记入各费用类账户的贷方。编制会计分录如下：

借：本年利润	1 698 467.10	
贷：主营业务成本		1 249 600.00
其他业务成本		28 000.00
税金及附加		10 377.10
销售费用		218 600.00
管理费用		162 990.00
财务费用		6 000.00
营业外支出		22 900.00

温馨提示

上题中，管理费用＝4 620＋8 000＋100 000＋30 000＋9 000＋500＋10 000＋750－80＋200＝162 990（元）

销售费用＝5 600＋140 000＋42 000＋5 000＋6 000＋20 000＝218 600（元）

编制记账凭证，如凭证 8－2 所示。

凭证 8－2

记　账　凭　证

20××年 12 月 31 日　　　　记字第 048 号

摘要	会计科目		借方金额	贷方金额	记账符号
	总账科目	明细科目			
结转费用	4103 本年利润		1 698 467.10		
	6401 主营业务成本			1 249 600.00	
	6402 其他业务成本			28 000.00	
	6405 税金及附加			10 377.10	
	6601 销售费用			218 600.00	
	6602 管理费用			162 990.00	
	6603 财务费用			6 000.00	
	6711 营业外支出			22 900.00	
合计金额			￥1 698 467.10	￥1 698 467.10	

附单据 1 张

会计主管 赵玲玲　　记账 李玉玉　　出纳　　复核 钱丽丽　　制证 吴平平

认识企业所得税

【业务 69】12 月 31 日，计算并结转所得税费用。原始凭证“所得税费用计算表”，如单据 8－2 所示。

单据 8－2

所得税费用计算表

20××年 12 月 31 日 金额单位：元

计税依据（本期利润总额）	税率	本期应交所得税金额
1791700.00－1698467.10＝93232.90	25%	23308.23

会计主管：赵玲玲 复核：钱丽丽 制单：吴平平

温馨提示

题中，应纳税所得额＝1 791 700.00－1 698 467.10＝93 232.90（元）

应交所得税＝93 232.90×25%＝23 308.23（元）

学习提升

健全现代预算制度，优化税制结构，完善财政转移支付体系。

——摘自党的二十大报告

企业所得税是对我国境内的企业和其他取得收入的组织的生产经营所得和其他所得征收的一种所得税。企业所得税在组织财政收入、促进社会经济发展、实施宏观调控等方面具有重要的职能作用。企业所得税调节的是国家与企业之间的利润分配关系，这种分配关系是我国经济分配制度中最重要的一个方面，是处理其他分配关系的前提和基础。通过学习企业所得税费用的计算与核算，学生能够了解企业所得税的作用和意义，明确中国式现代化背景下的税制结构优化。

所得税的计算与账务处理

［业务分析］该项经济业务，资金运动的终点（借）为所得税费用，起点（贷）为应交税费。根据“所得税费用计算表”，企业的所得税费用增加 23 308.23 元，应记入“所得税费用”账户的借方；同时，企业应上缴国家的所得税增加 23 308.23 元，应记入“应交税费——应交所得税”账户的贷方。编制会计分录如下：

借：所得税费用 23 308.23

　　贷：应交税费——应交所得税 23 308.23

编制记账凭证，如凭证 8－3 所示。

凭证 8－3

记　账　凭　证

20××年 12 月 31 日　　　　记字第 049 号

摘要	会计科目		借方金额	贷方金额	记账符号
	总账科目	明细科目			
计算应交所得税	6801 所得税费用		23 308.23		
	2221 应交税费	应交所得税		23 308.23	
合计金额			¥23 308.23	¥23 308.23	

附单据 1 张

会计主管 赵玲玲　　记账 李玉玉　　出纳　　复核 钱丽丽　　制证 吴平平

【业务 70】12 月 31 日，将“所得税费用”账户余额结转至“本年利润”账户。

［业务分析］该项经济业务，资金运动的终点（借）为本年利润，起点（贷）为所得税费用。企业的利润减少 23 308.23 元，应记入“本年利润”账户借方；另一方面，所得税费用减少 23 308.23 元，应记入“所得税费用”账户贷方。

借：本年利润　　　　23 308.23

　　贷：所得税费用　　　　23 308.23

编制记账凭证，如凭证 8－4 所示。

凭证 8－4

记　账　凭　证

20××年 12 月 31 日　　　　记字第 050 号

摘要	会计科目		借方金额	贷方金额	记账符号
	总账科目	明细科目			
结转所得税费用	4103 本年利润		23 308.23		
	6801 所得税费用			23 308.23	
合计金额			¥23 308.23	¥23 308.23	

附单据 1 张

会计主管 赵玲玲　　记账 李玉玉　　出纳　　复核 钱丽丽　　制证 吴平平

温馨提示

题中，在将所得税费用转入“本年利润”账户后，计算“本年利润”账户的余额，即为企业实现的净利润。该企业 12 月份净利润＝93 232.90－23 308.23＝69 924.67（元）。

模块二　年末利润分配的账务处理

任务描述

天成电子设备有限责任公司为增值税一般纳税人，增值税税率为13%，城市维护建设税税率为7%、教育费附加征收比率为3%、所得税税率为25%。公司1月至11月份实现净利润880 075.33元，12月份实现净利润69 924.67元，12月发生下列经济业务：

【业务71】12月31日，将“本年利润”账户余额转入“利润分配”账户。原始凭证为“内部转账单”。

【业务72】12月31日，按税后利润的10%提取盈余公积。原始凭证为“提取盈余公积计算表”。

【业务73】12月31日，按当年净利润的30%计算应向投资者分配现金股利金额。原始凭证为“股东会决议”。

【业务74】12月31日，年终决算时，将“利润分配”账户所属的各明细分类账户的借方分配合计数结转到“利润分配——未分配利润”明细分类账户的借方。原始凭证为“内部转账单”。

任务布置

请具体分析天成电子设备有限责任公司发生的【业务71】至【业务74】，根据利润分配业务核算的相关知识，完成净利润结转、提取法定盈余公积、向投资者分配利润、结转已分配利润等利润分配业务的账务处理，并编制记账凭证。

知识学习

一、利润分配的核算内容

利润分配，是指企业根据国家有关规定和企业章程、投资者协议等，对企业当年可供分配利润指定其特定用途和分配给投资者的行为。利润分配的过程和结果不仅关系到每个股东的合法权益，也关系到企业未来的发展。

利润分配的账务处理

企业向投资者分配利润是按一定顺序进行的，其顺序为：

（一）计算可供分配的利润

可供分配利润＝净利润（或亏损）＋年初未分配利润－弥补以前年度亏损＋其他转入

如可供分配利润为负数（即累计亏损），则不能进行分配；如可供分配利润为正数（即累计盈余），则可进行后续分配。

（二）提取法定盈余公积

法定盈余公积按照本年实现净利润的10%提取。企业提取的法定盈余公积累计额达到其注册资本的50%以上时，可不再提取。企业提取的法定盈余公积主要用于弥补亏损和转增资本。转增资本后法定盈余公积不得低于注册资本的25%。

（三）提取任意盈余公积

按照公司章程规定或股东大会决议可以提取任意盈余公积。其提取比例每年由股东会或股东大会决议确定，用途与法定盈余公积相同。

（四）向投资者分配利润（或股利）

企业提取盈余公积后，形成可供投资者分配的利润。

可供投资者分配的利润＝可供分配利润－提取的盈余公积

企业可以采用现金股利、股票股利和财产股利等形式向投资者分配利润（或股利）。

二、利润分配的账户设置

（一）“利润分配”账户

该账户属于所有者权益类账户，是“本年利润”账户的备抵账户，用来核算企业本年度利润的分配（或亏损的弥补）和历年利润（或亏损的弥补）的结余情况。该账户借方登记实际分配利润额（提取的盈余公积、应付现金股利或利润），以及年末从“本年利润”账户转入的本年发生的净亏损额；贷方登记盈余公积弥补的亏损额等其他转入额，以及年末从“本年利润”账户转入的本年实现的净利润额。年末，应将“利润分配”账户下的其他明细账户的余额转入“未分配利润”明细账户，结转后，除“未分配利润”明细账户外，其他各个明细账户均无余额。年末若为贷方余额，表示历年积存的未分配利润，年末若为借方余额，表示历年积存未弥补亏损，如图8－4所示。该账户可按利润分配的具体项目设置提取法定盈余公积、提取任意盈余公积、应付现金股利、转作股本的股利、盈余公积补亏、未分配利润等明细账户，进行明细核算。

利润分配

借方	贷方
期初余额：年初累计未弥补亏损 实际分配利润额	期初余额：年初累计未分配利润 转入的本年利润盈余公积补亏
累计未弥补亏损	累计未分配利润

图8－4　“利润分配”账户T型结构图

例如：某企业12月末，本年利润账户贷方余额为15万元，利润分配账户借方余额为 8 万元，则其未分配利润 =15 - 8 =7（万元）。

若本年利润分配账户为借方余额 2 万元，则其未分配利润 = -2 - 8 = -10（万元），说明有未弥补亏损。

年末，将本年利润账户余额转入利润分配，则利润分配余额为截止到年末，累计未分配利润或未弥补亏损。

（二）“盈余公积”账户

该账户属于所有者权益类账户，用来核算企业从净利润中提取的法定盈余公积和任意盈余公积。该账户贷方登记从净利润中提取的盈余公积，即盈余公积的增加；借方登记盈余公积用于弥补企业亏损或转增资本数，即盈余公积的减少额；期末贷方余额，表示企业提取的盈余公积余额，如图 8 - 5 所示。该账户应按法定盈余公积、任意盈余公积设置明细账户，进行明细核算。

借方	盈余公积　　　　贷方
盈余公积用于弥补企业亏损或转增资本数	期初余额：年初企业提取的盈余公积 按规定从净利润中提取的盈余公积
	企业提取的盈余公积余额

图 8 - 5　“盈余公积”账户 T 型结构图

（三）“应付股利”账户

该账户属于负债类账户，用来核算企业按规定应付给投资者的利润。该账户贷方登记按规定应分配给投资者的现金股利或利润；借方登记实际支付给投资者的现金股利或利润；期末贷方余额，表示企业尚未支付的现金股利或利润，如图 8 - 6 所示。该账户按投资者设置明细账户，进行明细核算。

利润分配结转业务的核算

借方	应付股利　　　　贷方
支付的现金股利或利润	期初余额：年初企业尚未支付的现金股利或利润 应分配给投资者的现金股利或利润
	尚未支付的现金股利或利润

图 8 - 6　“应付股利”账户 T 型结构图

（四）利润分配的核算账户关系（见图 8 - 7）

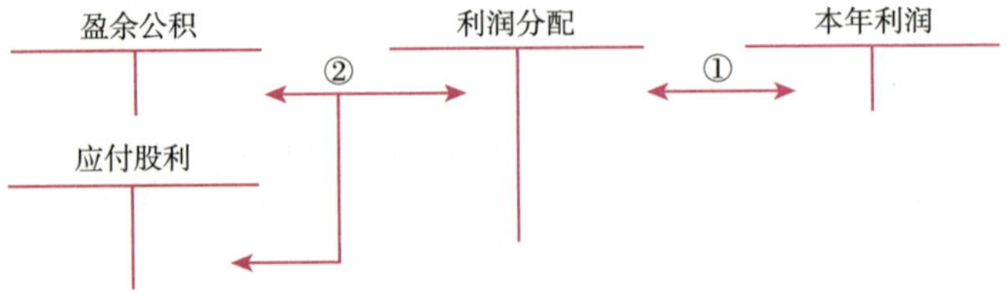

图 8 - 7　“利润分配”核算账户关系图

说明：

①将本年实现的净利润转入“利润分配”；

②提取盈余公积、向投资者分配利润。

三、利润分配经济业务的核算

（1）年末，企业将当年实现的净利润转入“利润分配——未分配利润”账户时，应借记“本年利润”，贷记“利润分配——未分配利润”账户。

（2）按当年净利润的10%提取法定盈余公积时，应借记“利润分配——提取法定盈余公积”账户，贷记“盈余公积——法定盈余公积”账户。

（3）根据股东大会或类似权力机构批准的年度利润分配方案，分配给投资者的股利或利润时，应借记“利润分配——应付现金股利或利润”账户，贷记“应付股利——应付现金股利或利润”账户。

（4）年终决算时，将“利润分配”账户所属的各明细分类账户的借方分配合计数结转到“利润分配——未分配利润”明细分类账户的借方。

任务实施

【业务71】12月31日，将“本年利润”账户余额转入“利润分配”账户。原始凭证“内部转账单”，如单据8－3所示。

单据8－3

内部转账单

20××年12月31日

应借科目	应贷科目	金额（元）	备注
本年利润		950000.00	其中：公司1月至11月实现净利润880075.33元，12月实现净利润69924.67元
	利润分配——未分配利润	950000.00	

会计主管：赵玲玲　　复核：钱丽丽　　制单：吴平平

［业务分析］该项经济业务，资金运动的终点（借）为本年利润，起点（贷）为利润分配。因实现的净利润结转到利润分配，使本年利润减少950 000元，应记入“本年利润”账户借方；另一方面，待分配利润增加950 000元，应记入“利润分配——未分配利润”账户贷方。

借：本年利润　　950 000

　　贷：利润分配——未分配利润　　950 000

编制记账凭证，如凭证8－5所示。

凭证 8－5

记 账 凭 证

20××年12月31日　　　　记字第 051 号

摘要	会计科目		借方金额	贷方金额	记账符号
	总账科目	明细科目			
结转本年净利润	4103 本年利润		950 000.00		
	410401 利润分配	未分配利润		950 000.00	
合计金额			¥950 000.00	¥950 000.00	

附单据1张

会计主管 赵玲玲　　记账 李玉玉　　出纳　　复核 钱丽丽　　制证 吴平平

【业务72】12月31日，按税后利润的10%提取盈余公积。原始凭证“提取盈余公积计算表”，如单据8－4所示。

［业务分析］该项经济业务，资金运动的终点（借）为利润分配，起点（贷）为盈余公积。因提取法定盈余公积使未分配利润减少95 000元，应记入“利润分配”账户借方；同时，盈余公积金增加95 000元，应记入“盈余公积”账户贷方。

单据 8－4

提取盈余公积计算表

企业名称：天成电子设备有限责任公司　　20××年度　　单位：元

项目	金额
本年净利润	950000.00
减：弥补企业以前年度亏损	0
计提盈余公积基数	950000.00
本年应计提法定盈余公积	95000.00

会计主管：赵玲玲　　复核：钱丽丽　　制单：吴平平

借：利润分配——提取法定盈余公积　　95 000

　　贷：盈余公积　　95 000

编制记账凭证，如凭证8－6所示。

凭证 8 – 6

记　账　凭　证

20××年 12 月 31 日　　　　记字第 052 号

摘要	会计科目		借方金额	贷方金额	记账符号
	总账科目	明细科目			
提取盈余公积	410402 利润分配	提取法定盈余公积	95 000. 00		
	4101 盈余公积			95 000. 00	
合计金额			¥95 000. 00	¥95 000. 00	

附单据 1 张

会计主管 赵玲玲　　记账 李玉玉　　出纳　　复核 钱丽丽　　制证 吴平平

【业务 73】12 月 31 日，按当年净利润的 30% 计算应向投资者分配现金股利金额。原始凭证"股东会决议"，如单据 8 – 5 所示。

单据 8 – 5

天成电子设备有限责任公司股东会决议

经全体董事会成员同意，决定对 20××年度可供投资者分配利润 950000. 00 元的 30% 进行分配。共分配 285000. 00 元。

股东会成员（签字）：　李佳韦　　王思　　张江峰

天成电子设备有限责任公司 财务专用章

20××. 12. 31

［业务分析］该项经济业务，资金运动的终点（借）为利润分配，起点（贷）为应付股利。根据"股东会决议"，因向投资者分配利润使未分配利润减少 285 000 元，应记入"利润分配"账户的借方；另一方面，应付投资者利润增加 285 000 元，应记入"应付股利"账户的贷方。编制会计分录如下：

借：利润分配——应付现金股利　　　　285 000

　　贷：应付股利　　　　　　　　　　　285 000

编制记账凭证，如凭证 8 – 7 所示。

凭证 8－7

记 账 凭 证

20××年 12 月 31 日 记字第 053 号

摘要	会计科目		借方金额	贷方金额	记账符号
	总账科目	明细科目			
提取盈余公积	410403 利润分配	应付现金股利	285 000.00		
	2231 应付股利			285 000.00	
合计金额			¥285 000.00	¥285 000.00	

附单据 1 张

会计主管 赵玲玲　记账 李玉玉　出纳　复核 钱丽丽　制证 吴平平

【业务 74】12 月 31 日，年终决算时，将“利润分配”账户所属的各明细分类账户的借方分配合计数结转到“利润分配——未分配利润”明细分类账户的借方。原始凭证“内部转账单”，如单据 8－6 所示。

单据 8－6

内部转账单

20××年 12 月 31 日 单位：元

应借科目	应贷科目	金额	备注
利润分配——未分配利润		380 000.00	
	利润分配——提取法定盈余公积	95 000.00	
	利润分配——应付现金股利	285 000.00	

会计主管：赵玲玲　复核：钱丽丽　制单：吴平平

［业务分析］该项经济业务，资金运动的终点（借）为利润分配，起点（贷）为利润分配，是资金在所有者权益内部的转化。根据“内部转账单”，“利润分配”账户的其他明细账户金额转入“利润分配——未分配利润”账户后，“利润分配”账户只有“未分配利润”明细账户有余额，其他明细账户均无余额。

借：利润分配——未分配利润 380 000

　贷：利润分配——提取法定盈余公积金 95 000

　　　　——应付现金股利 285 000

温馨提示

本题中，企业未分配利润＝950 000－380 000＝570 000（元）。

编制记账凭证，如凭证 8－8 所示。

凭证 8－8

记　账　凭　证

20××年 12 月 31 日　　　　记字第 054 号

摘要	会计科目		借方金额	贷方金额	记账符号
	总账科目	明细科目			
结转已分配利润	410401 利润分配	未分配利润	380 000.00		
	410402 利润分配	提取法定盈余公积		95 000.00	
	410403 利润分配	应付现金股利		285 000.00	
合计金额			¥380 000.00	¥380 000.00	

附单据 1 张

会计主管 赵玲玲　　记账 李玉玉　　出纳　　复核 钱丽丽　　制证 吴平平

学习评价

专业能力测评表

业务能力	评价指标	自测结果	要求
月末利润形成业务的核算	1. 计算营业利润、利润总额和净利润 2. 期末结转收入到“本年利润”账户的核算 3. 期末结转费用到“本年利润”账户的核算 4. 计算结转所得税费用的核算 5. 将所得税转入本年利润	□A　□B　□C □A　□B　□C □A　□B　□C □A　□B　□C □A　□B　□C	能正确计算营业利润、利润总额和净利润，能编制期末结转收入到“本年利润”账户、结转费用到“本年利润”账户的会计分录、编制结转所得税费用的会计分录，并能填制记账凭证
年末利润分配业务的核算	1. 结转净利润的核算 2. 提取法定盈余公积的核算 3. 分配投资者利润的核算 4. 结转已分配利润的核算 5. 计算年末未分配利润	□A　□B　□C □A　□B　□C □A　□B　□C □A　□B　□C □A　□B　□C	能编制结转净利润、提取法定盈余公积、分配投资者利润、结转已分配利润的会计分录，并能计算未分配利润并填制记账凭证
说明	（在□中打√，A 掌握，B 基本掌握，C 未掌握）		
教师评语：			
成绩		教师签字	

项目九

编制财务会计报告

知识目标

- ◆ 熟悉财务报表的概念、种类；
- ◆ 熟悉财务报表编制的基本要求和作用；
- ◆ 掌握资产负债表的结构和内容；
- ◆ 掌握利润表的结构和内容。

能力目标

- ◆ 能正确地编制资产负债表；
- ◆ 能正确地编制利润表。

素养目标

- ◆ 通过财务报表的编制，培养严谨细致的会计工作作风；
- ◆ 通过研发费用单独列示原因分析，培养创新意识；
- ◆ 通过上市公司造假典型案例，培养诚实守信的良好会计品格。

思维导图

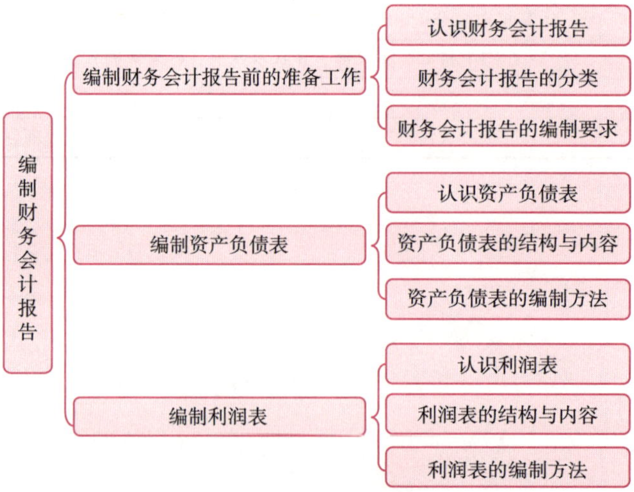

模块一　编制财务会计报告前的准备工作

任务描述

【业务75】20××年12月31日，天成电子设备有限责任公司由会计主管赵玲玲编制财务会计报告。

任务布置

会计主管赵玲玲在编制财务会计报告前，需要做好哪些准备工作？

知识要点

一、认识财务会计报告

（一）财务会计报告的概念

财务会计报告，是对企业财务状况、经营成果和现金流量的结构性表述。企业的财务会计报告是根据日常会计核算资料定期进行加工、整理、汇总而编制的，是以货币为主要计量单位，利用一定的表格形式，定期地、综合地反映企业某一特定日期财务状况和某一会计期间经营成果、现金流量等会计信息的一种文件。

德技并修

编制虚假财务报告，财务人员被判刑

财务会计报告至少应当包括以下5项内容，即资产负债表、利润表、现金流量表、所有者权益变动表，以及报表附注，简称“四表一注”。

（1）资产负债表，是指反映企业某一特定日期（月末、季末、年末）财务状况的报表，即反映企业特定日期的全部资产、负债及所有者权益的会计报表。

（2）利润表，是指反映企业在一定会计期间经营成果的报表，即反映企业一定会计期间收入、费用和利润情况的会计报表。

（3）现金流量表，是指反映企业在一定会计期间现金和现金等价物流入和流出情况的报表，现金流量表是以现金作为编制基础的。

认识财务报告

（4）所有者权益变动表，是指反映企业在一定会计期间所有者权益构成及增减变化情况的报表。

（5）报表附注，是指对资产负债表、利润表、现金流量表和所有者权益变动表等报表中列示项目的文字表述或明细资料的补充，以及对未能在这些报表中列示项目的说明，以便于会计信息使用者正确理解财务会计报告。

（二）财务会计报告的目标

财务会计报告的目标，是向企业投资者、债权人、政府及其有关部门、社会公众等会计信息使用者提供与企业财务状况、经营成果和现金流量等相关的会计信息，反映企业管理层受托责任的履行情况，有助于财务会计报告使用者作出经济决策。

二、财务会计报告的分类

1. 按编报期间不同，分为年度财务会计报告和中期财务会计报告

（1）年度财务会计报告，简称年报，是指企业每年末编报的会计报表，通常称为决算报告，包括资产负债表、利润表、现金流量表、所有者权益变动表，以及报表附注。年度财务会计报告应当于年度终了后 4 个月内对外提供。

（2）中期财务会计报告，是指企业于月末、季末和半年度中期末编制的会计报表，中期财务会计报告应该至少包括资产负债表、利润表、现金流量表和附注，即“三表一注”。月度财务报告应于月度终了后 6 天内对外提供；季度中期财务报告应于季度终了后 15 天内对外提供；半年度中期财务报告应于年度中期结束后 60 天内对外提供。

2. 按编报主体不同，分为财务会计报告和合并财务会计报告

（1）个别财务会计报告，是指企业在自身会计核算的基础上，根据账户余额及对经济业务分析等经过会计加工而编制的财务报表，它是反映本企业会计主体的财务状况、经营成果、现金流量等情况的会计报告。

（2）合并财务会计报告，是由母公司编制的，在母公司和各子公司个别财务会计报告的基础上，对企业集团的内部交易进行相互抵消后编制的财务报表，用以反映企业集团综合的财务状况、经营成果等。

3. 按反映的资金运行状况不同，分为静态财务会计报告表和动态财务会计报告

（1）静态财务会计报告，是指综合反映企业在某一特定时点资产、负债和所有者权益的财务报表，如资产负债表。

（2）动态财务会计报告，是指综合反映企业在一定时期内经营成果或现金流量、所有者权益变动的报表。利润表、现金流量表、所有者权益变动表均是动态财务报表。

三、财务会计报告的编制要求

（一）编制基础：持续经营假设

企业应当以持续经营为基础，根据实际发生的交易和事项，按照《企业会计准则——基本准则》和其他各项会计准则的规定进行确认和计量，在此基础上编制财务报表。当企业以持续经营为基础编制财务报表不再合理时，企业应当采用其他编制基础编制财务报表，并在报表附注中声明财务报表未以持续经营为基础编制的事实，披露未以持续经营为基础编制的原因和财务报表的编制基础。

（二）会计核算基础：权责发生制

除现金流量表按照收付实现制原则编制外，企业应当按照权责发生制原则编制财务报表。

（三）项目列报：遵循重要性要求

重要性，是指在合理预期下，财务报表某项目的省略或错报会影响使用者据此作出经济决策的，该项目具有重要性。

重要性应当根据企业所处的具体环境，从项目的性质和金额两方面予以判断，且对各项目重要性的判断标准一经确定，不得随意变更。判断项目性质的重要性，应当考虑该项目在性质上是否属于企业日常活动，是否显著影响企业的财务状况、经营成果和现金流量等因素；判断项目金额大小的重要性，应当考虑该项目金额占资产总额、负债总额、所有者权益总额、营业收入总额、营业成本总额、净利润、综合收益总额等直接相关项目金额的比重或所属报表单列项目金额的比重。

性质或功能不同的项目，应当在财务报表中单独列报，但不具有重要性的项目除外。如固定资产、无形资产应分别列示到“固定资产”“无形资产”报表项目。

性质或功能类似的项目，其所属类别具有重要性的，应当按其类别在财务报表中单独列报。如原材料、周转材料、库存商品等合并列报到“存货”报表项目内。

某些项目的重要性程度不足以在资产负债表、利润表、现金流量表或所有者权益变动表中单独列示，但对报表附注却具有重要性的，则应当在报表附注中单独披露。例如，融资租入的固定资产，应列报到报表中“固定资产”项目内，但在报表附注中应予以说明。

（四）项目列报：保持一致性

财务报表项目的列报应当在各个会计期间保持一致，不得随意变更，但下列情况除外：一是会计准则要求改变财务报表项目的列报。二是企业经营业务的性质发生重大变化或对企业经营影响较大的交易或事项发生后，变更财务报表项目的列报能够提供更可靠、更相关的会计信息。

（五）项目列报金额：不得相互抵消

财务报表中的资产项目和负债项目的金额、收入项目和费用项目的金额、直接计入当期利润的利得项目和损失项目的金额不得相互抵消，但其他会计准则另有规定的除外。

一组类似交易形成的利得和损失应当以净额列示，但具有重要性的除外。

资产或负债项目按扣除备抵项目后的净额列示，不属于抵消。非日常活动产生的利得和损失，以同一交易形成的收益扣减相关费用后的净额列示更能反映交易实质的，不属于抵消。

（六）至少提供上一个可比会计期间的比较数据

当期财务报表的列报，至少应当提供所有列报项目上一个可比会计期间的比较数据，以及与理解当期财务报表相关的说明，但其他会计准则另有规定的除外。

根据《企业会计准则第30号——财务报表列报》第八条的规定，财务报表的列报项目发生变更的，应当至少对可比期间的数据按照当期的列报要求进行调整，并在附注中披露调整的原因和性质，以及调整的各项目金额。对可比数据进行调整不切实可行的，应当在附注中披露不能调整的原因。

不切实可行，是指企业在作出所有合理努力后仍然无法采用某项会计准则规定。

（七）至少披露的相关信息

企业应当在财务报表的显著位置至少披露下列各项：①编报企业的名称。②资产负债表日或财务报表涵盖的会计期间。③人民币金额单位。④财务报表是合并财务报表的，应当予以标明。

（八）至少按年编制财务报表

企业至少应当按年编制财务报表。年度财务报表涵盖的期间短于一年的，应当披露年度财务报表的涵盖期间，短于一年的原因以及报表数据不具可比性的事实。

（九）财务会计报告编制前的准备工作

在编制财务报告前，需要完成以下工作：①日常会计核算中，做到账证相符。各会计岗位人员按照岗位职责，按照企业会计准则规定进行规范的日常账务处理。②会计期末，应按照权责发生制，调整账项。检查相关的会计核算是否按照国家统一会计制度的规定进行；检查是否存在需要调整前期或本期相关项目的情况等。③进行财产清查，保证账实相符，对清查中发现的问题按规定程序报批，及时进行相应的账务处理。④在结账日办理结账，结出有关账户的发生额和余额，编制“账户余额表”进行试算平衡，编制“损益类账户净发生额表”。

温馨提示

我国企业财务会计报告应按期报送给企业的所有者、债权人、当地财税机关、开户银行、主管部门等相关各方。有限责任公司的财务会计报告应分送给各投资单位；股份有限公司的财务会计报告应在股东会议召开20日前备置于公司办公处所，供股东查阅；公开发行股票的公司，应按财政部有关规定公告有关报表文件。企业对外报送的年度财务会计报告，需要经单位负责人和主管会计工作的负责人、会计机构负责人（会计主管人员）签名并盖章；设置总会计师的单位，还须由总会计师签名并盖章。

任务实施

【业务75】赵玲玲在编制财务报告前，应做好以下准备工作：

步骤1：在财产清查、账实核对相符的基础上，进行月末对账、结账。

步骤2：根据账簿记录，编制20××年12月31日“账户余额表”，（见表9-1）和12月份“损益类账户本期净发生额表”（见表9-2）。

表9-1　　账户余额表　　单位：元

账户名称	期末借方余额	期末贷方余额	账户名称	期末借方余额	期末贷方余额
库存现金	3 026.00		短期借款		1 000 000.00
银行存款	2 273 365.00		应付票据		295 800.00
其他货币资金	75 970.00		应付账款		26 000.00
交易性金融资产	80 000.00		预收账款		78 000.00
应收票据	208 000.00		应付职工薪酬		630 000.00
应收账款	542 900.00		应交税费		139 200.00
预付账款	132 100.00		应付利息		7 800.00
其他应收款	36 400.00		应付股利		48 700.00
在途物资	0.00		长期借款		4 800 000.00
原材料	6 971 000.00		实收资本		22 000 000.00
周转材料	49 013.00		资本公积		540 770.00
库存商品	728 000.00		盈余公积		385 204.00
生产成本	905 500.00		利润分配		570 000.00
固定资产	19 100 000.00		本年利润		0.00
累计折旧		643 000.00			
无形资产	60 000.00				
累计摊销		800.00			
合计	31 165 274.00	643 800.00	合计		30 521 474.00

表9-2　　损益类账户本期净发生额表　　单位：元

科目名称	借方发生额	贷方发生额
主营业务收入		1 748 000.00
其他业务收入		40 000.00
投资收益		3 000.00
营业外收入		700.00
主营业务成本	1 249 600.00	
其他业务成本	28 000.00	
税金及附加	10 377.10	
销售费用	218 600.00	
管理费用	162 990.00	
财务费用	6 000.00	
营业外支出	22 900.00	
合计	1 698 467.10	1 791 700.00

模块二　编制资产负债表

任务描述

【业务76】天成电子设备有限责任公司20××年12月份“账户余额表”，如表9－1所示，该公司会计主管赵玲玲负责编制资产负债表。

编制资产负债表

任务布置

如果你是赵玲玲，应如何编制天成电子设备有限责任公司20××年12月份的资产负债表？

知识学习

一、认识资产负债表

资产负债表，是指反映企业某一特定日期（月末、季末、年末）财务状况的财务报表。资产负债表是依据“资产＝负债＋所有者权益”会计基本等式来设计的，反映企业在特定日期的全部资产、负债及所有者权益情况的财务报表。通过该表，能反映企业的资产、负债和所有者权益等项目的结构及前后期的变化情况，以及企业在某一特定时日的财务状况，属于静态财务报表。

资产负债表具有以下作用：①可以提供企业某一特定日期的资产总额及其结构，表明企业拥有的经济资源及其分布状况。②可以提供企业某一特定日期的负债总额及其结构，表明企业未来用多少资产或者劳务清偿以及清偿的时间。③可以提供企业所有者权益的构成情况，据以判断资本保值、增值情况，以及对负债的保障程度。④可以了解企业资产、负债及所有者权益的变动情况，分析企业未来财务状况的发展变化趋势。

二、资产负债表的结构与内容

资产负债表包括表头、表体和表尾三部分。

（1）表头部分，包括报表名称、编制单位名称、资产负债表日和货币计量单位等内容。

（2）表体部分，包括资产、负债、所有者权益的构成项目及金额，表体是资产负债表的主体和核心，以“资产＝负债＋所有者权益”这一会计基本等式为编制基础，格式分为“账户式”和“报告式”两种。

我国企业的资产负债表采用的是“账户式”结构。“账户式”资产负债表分左右两边，左方为资产项目，按资产的流动性排列，流动性强的资产如

“货币资金”“交易性金融资产”等排在前面，流动性弱的资产如“固定资产”“无形资产”等项目排在后面。右方为负债和所有者权益项目，其中，负债项目按清偿时间的先后顺序排列，如“短期借款”“应付票据”等需要在一年以内或者长于一年的一个营业周期内偿还的流动负债排在前面，“长期借款”等在一年以上才需偿还的非流动负债排在中间。所有者权益项目按稳定性排列，依次为“实收资本”“资本公积”“盈余公积”和“未分配利润”项目。资产负债表的左右两方的总计金额相等。“账户式”资产负债表的结构如表9－4所示。

（3）表尾部分，包括有关人员的签名并盖章，资产负债表的制表人、复核人、财务负责人、单位负责人都需要在资产负债表上签名并盖章，配备总会计师的企业还要有总会计师签名并盖章。

三、资产负债表的编制方法

（一）“年初余额”的填列方法

“年初余额”栏内各项目金额，应根据上年末资产负债表“期末余额”栏内所列数字填列。如果本年度资产负债表规定的各个项目的名称和内容与上年度不一致，应对上年年末资产负债表各项目的名称和数额按本年度的规定进行调整，按调整后的数额填入本表“年初余额”栏内。

（二）“期末余额”的填列方法

“期末余额”栏各项目金额，应根据资产、负债和所有者权益各账户的期末余额分析计算填列，具体方法有下列5种，如表9－3所示。

表9－3

编制方法	具体项目
1. 根据有关总分类账户的期末余额直接填列	（1）根据总账账户的期末余额直接填列。如资产的“交易性金融资产”等项目，负债的“短期借款”“应付职工薪酬”“应交税费”等项目，所有者权益的“实收资本”“资本公积”“盈余公积”等项目
	（2）根据几个总账账户期末余额加计填列。如“货币资金”“其他应收款”“其他应付款”等项目
2. 根据明细账户的期末余额分析计算填列	“应收账款”“应付账款”“预付账款”“预收账款”等项目
3. 根据总账账户和明细账户的期末余额分析计算填列	“长期借款”“应付债券”等项目
4. 根据相关账户的期末余额与其备抵账户期末余额抵消后的净额填列	“长期股权投资”“无形资产”等项目
5. 综合运用分析填列	“存货”“在建工程”“固定资产”等项目

1. 具体填列方法

（1）“货币资金”项目，反映资产负债表日企业库存现金、银行存款、外埠存款、银行汇票存款、银行本票存款、信用卡存款、信用证保证金存款等的合计数。该项目应根据“库存现金”“银行存款”“其他货币资金”账户期末余额的合计数填列。

（2）“交易性金融资产”项目，反映资产负债表日企业持有的股票投资、债权投资、基金投资等交易性金融资产的公允价值。该项目应根据“交易性金融资产”账户的期末余额直接填列。

（3）“应收票据”项目，反映资产负债表日企业因销售商品、提供劳务等经营活动收到的商业汇票，包括银行承兑汇票和商业承兑汇票。该项目应根据“应收票据”总账账户的期末余额，减去“坏账准备”账户中有关应收票据计提的坏账准备余额后的金额填列。

（4）“应收账款”项目，反映资产负债表日企业因销售商品、提供劳务等经营活动应收取的款项。该项目应根据“应收账款”和“预收账款”账户所属的各明细账户的期末借方余额合计数，减去“坏账准备”账户中有关应收账款计提的坏账准备余额后的金额填列。

（5）“预付账款”项目，反映资产负债表日企业按照购货合同规定预付给供应单位的款项等。该项目应根据“预付账款”账户和“应付账款”所属的明细账户的期末借方余额合计数，减去“坏账准备”账户中有关预付款项计提的坏账准备余额后的净额填列。如“预付账款”账户所属明细账户期末有贷方余额的，应在资产负债表“应付账款”项目内填列。

（6）“其他应收款”项目，反映资产负债表日企业期末除应收票据、应收账款、预付账款以外的其他应收款项目。该项目应根据“应收利息”“应收股利”和“其他应收款”账户的期末余额合计数，减去“坏账准备”账户中有关其他应收款计提的坏账准备余额后的净额填列。

（7）“存货”项目，反映资产负债表日企业期末所拥有的各种存货，包括在库、在途和在加工中的各种存货。该项目应根据“在途物资”“原材料”“库存商品”“周转材料”“委托加工物资”“生产成本”等账户的期末余额合计，减去“存货跌价准备”账户期末余额后的金额填列。

（8）“固定资产”项目，反映资产负债表日企业固定资产的期末账面价值和企业尚未清理完毕的固定资产清理净损益。该项目应根据“固定资产”账户的期末余额，减去“累计折旧”和“固定资产减值准备”账户，以及“固定资产清理”账户的期末余额填列。

（9）“在建工程”项目，反映资产负债表日企业尚未达到预定可使用状态的在建工程的期末账面价值和企业为在建工程准备的各种物资的期末账面价值。该项目应根据“在建工程”账户的期末余额，减去“在建工程减值准备”账户的期末余额后的金额，以及“工程物资”账户的期末余额，减去“工程物资减值准备”账户的期末余额后的金额填列。

（10）“无形资产”项目，反映资产负债表日企业持有的无形资产，包括专利权、非专利技术、商标权、著作权、土地使用权等无形资产实有数。该项目应根据“无形资产”的期末余额，减去“累计摊销”和“无形资产减值准备”账户期末余额后的金额填列。

（11）“一年内到期的非流动资产”项目，反映资产负债表日企业将于一年内到期的非流动资产项目金额。该项目应根据有关非流动资产账户的期末余额分析填列。

（12）“长期待摊费用”项目，反映资产负债表日企业已经发生但应由本期和以后各期负担的分摊期限在一年以上的各项费用。长期待摊费用中在一年内（含一年）摊销的部分，在资产负债表“一年内到期的非流动资产”项目填列。该项目应根据“长期待摊费用”账户的期末余额减去将于一年内（含一年）摊销的数额后的金额填列。

2. 负债项目的填列方法

（1）“短期借款”项目，反映资产负债表日企业期末向银行或其他金融机构借入的偿还期限在一年以内的各种款项。该项目应根据“短期借款”账户的期末余额直接填列。

（2）“应付票据”项目，反映资产负债表日企业因购买材料、商品和接受服务等经营活动开出、承兑的商业汇票，包括银行承兑汇票和商业承兑汇票。该项目应根据“应付票据”总账账户的期末余额直接填列。

（3）“应付账款”项目，反映资产负债表日企业因购买材料、商品和接受服务等经营活动应支付的款项。该项目应根据“应付账款”和“预付账款”账户所属的相关明细账户的期末贷方余额合计数填列。

（4）“预收账款”项目，反映资产负债表日企业按照购货合同规定预付给供应单位的款项。该项目应根据“应收账款”和“预收账款”账户所属的明细账户的期末贷方余额合计数填列。

（5）“应付职工薪酬”项目，反映资产负债表日企业应付未付的工资和社会保险费等职工薪酬。该项目应根据“应付职工薪酬”账户的期末贷方余额填列，如“应付职工薪酬”账户期末为借方余额，以“-”号填列。

（6）“应交税费”项目，反映资产负债表日企业期末未交、多交或未抵扣的各种税费。该项目应根据“应交税费”账户的期末贷方余额填列；如“应交税费”账户期末为借方余额，以“-”号填列。

（7）“其他应付款”项目，反映资产负债表日企业期末除应付票据、应付账款、预收账款以外的其他应付款项。该项目应根据“应付利息”“应付股利”和“其他应付款”账户的期末余额合计数填列。

（8）“一年内到期的非流动负债”项目，反映资产负债表日企业各种非流动负债在一年之内到期的金额，包括一年内到期的长期借款、长期应付款和应付债券等。本项目应根据“长期借款”“应付债券”“长期应付款”等非流动负债期末余额分析填列。

（9）“长期借款”项目，反映资产负债表日企业向银行或其他金融机构借入的期限在一年以上（不含一年）的各项借款。该项目应根据“长期借款”账户的期末余额扣除一年内到期的长期借款部分填列。

3. 所有者权益项目的填列方法

（1）“实收资本”项目，反映资产负债表日企业各投资者实际投入的资本总额。该项目应根据“实收资本”（或“股本”）账户的期末余额填列。

（2）“资本公积”项目，反映资产负债表日企业资本公积的期末余额。该项目应根据“资本公积”账户的期末余额填列，其中“库存股”按“库存股”账户期末余额填列。

（3）“盈余公积”项目，反映资产负债表日企业盈余公积的期末余额。该项目应根据“盈余公积”账户的期末余额填列。

（4）“未分配利润”项目，反映资产负债表日企业尚未分配的利润。该项目应根据“本年利润”账户和“利润分配”账户的期末余额计算填列。未弥补的亏损在本项目内以“－”号填列。

年中月份，“未分配利润”项目应根据“本年利润”账户的期末余额减去“利润分配”账户的期末余额。

年度终了，未分配利润应根据“利润分配”账户的期末贷方余额填列；“利润分配”账户如为借方余额时，应以“－”号填列。

任务实施

【业务 76】赵玲玲应按如下步骤编制天成电子设备有限责任公司的资产负债表。

步骤 1：填列年初余额。将天成电子设备有限责任公司 20××年 11 月份资产负债表中的“年初余额”填列资产负债表 12 月份的“年初余额”栏。（略）

步骤 2：根据天成电子设备有限责任公司 20××年 12 月 31 日“账户余额表”（见表 9－1），填列资产负债表“期末余额”栏，如表 9－4 所示。

步骤 3：审核，加盖公章，报送有关部门。根据规定，企业对外提供的财务会计报告，应当由单位负责人、主管会计工作的负责人、会计机构负责人（会计主管人员）签名并盖章。

其中，“期末金额栏”填列如下：

（1）“货币资金”项目＝库存现金（3 026 元）＋银行存款（2 273 365 元）＋其他货币资金（75 970 元）＝2 352 361（元）。

（2）“应收账款”项目＝“应收账款”明细账户借方余额（542 900 元）＋“预收账款”明细账户借方余额（0 元）＝542 900（元）。

（3）“存货”项目＝在途物资（0 元）＋原材料（6 971 000 元）＋周转材料（49 013 元）＋库存商品（728 000 元）＋生产成本（905 500 元）＝8 653 513（元）。

（4）“预付账款”项目＝“预付账款”明细账户借方余额（132 100 元）＋“应付账款”明细账户借方余额（0 元）＝132 100（元）。

（5）“固定资产”项目＝“固定资产”余额（19 100 000 元）－“累计折

旧”贷方余额（643 000 元）=18 457 000（元）。

（6）“无形资产”项目 = “无形资产”余额（60 000 元）－“累计摊销”贷方余额（800 元）=59 200（元）。

（7）“应付账款”项目 = “应付账款”明细账户贷方余额（26 000 元）+“预付账款”明细账户贷方余额（0 元）=26 000（元）。

（8）“预收账款”项目 = “预收账款”明细账户贷方余额（78 000 元）+“应收账款”明细账户贷方余额（0 元）=78 000（元）。

（9）“其他应付款”项目 = “其他应付款”账户贷方余额（0 元）+“应付利息”账户贷方余额（7 800 元）+“应付股利”账户贷方余额（48 700 元）=56 500（元）。

表 9－4

资产负债表

编制单位：天成电子设备有限责任公司　　20××年 12 月 31 日　　单位：元（列至角分）

资产	行次	年初余额	期末余额	负债和所有者权益（或股东权益）	行次	年初余额	期末余额
流动资产：	1			流动负债：	32		
货币资金	2	（略）	2 352 361.00	短期借款	33	（略）	1 000 000.00
交易性金融资产	3	（略）	80 000.00	交易性金融负债	34	（略）	
应收票据	4	（略）	208 000.00	应付票据	35	（略）	295 800.00
应收账款	5	（略）	542 900.00	应付账款	36	（略）	26 000.00
预付账款	6	（略）	132 100.00	预收账款	37	（略）	78 000.00
其他应收款	7	（略）	36 400.00	应付职工薪酬	38	（略）	630 000.00
存货	8	（略）	8 653 513.00	应交税费	39	（略）	139 200.00
一年内到期的非流动资产	9	（略）		其他应付款	40	（略）	56 500.00
其他流动资产	10	（略）		一年内到期的非流动负债	41	（略）	
流动资产合计	11	（略）	12 005 274.00	其他流动负债	42	（略）	
非流动资产：	12			流动负债合计	43	（略）	2 225 500.00
债权投资	13	（略）		非流动负债：	44		
其他债权投资	14	（略）		长期借款	45	（略）	4 800 000.00
长期应收款	15	（略）		应付债券	46	（略）	
长期股权投资	16	（略）		长期应付款	47	（略）	
其他权益工具投资	17	（略）		预计负债	48	（略）	
其他非流动金融资产	18	（略）		递延所得税负债	49	（略）	
投资性房地产	19	（略）		其他非流动负债	50	（略）	
固定资产	20	（略）	18 457 000.00	非流动负债合计	51	（略）	4 800 000.00
在建工程	21	（略）		负债合计	52	（略）	7 025 500.00
生产性生物资产	22	（略）		所有者权益（或股东权益）：	53		

续表

资产	行次	年初余额	期末余额	负债和所有者权益（或股东权益）	行次	年初余额	期末余额
油气资产	23	（略）		实收资本（或股本）	54	（略）	22 000 000.00
无形资产	24	（略）	59 200.00	资本公积	55	（略）	540 770.00
开发支出	25	（略）		减：库存股	56	（略）	
商誉	26	（略）		盈余公积	57	（略）	385 204.00
长期待摊费用	27	（略）		未分配利润	58	（略）	570 000.00
递延所得税资产	28	（略）		所有者权益合计	59	（略）	23 495 974.00
其他非流动资产	29	（略）			60		
非流动资产合计	30	（略）	18 516 200.00		61		
资产合计	31	（略）	30 521 474.00	负债和所有者权益合计	62	（略）	30 521 474.00

单位负责人：李佳韦　　财务负责人：赵玲玲　　复核：钱丽丽　　制表：赵玲玲

模块三　编制利润表

任务描述

利润表的编制方法

【业务 77】天成电子设备有限责任公司 20××年 12 月份“损益类账户净发生额表”，如表 9－2 所示，该公司会计主管赵玲玲负责编制利润表。

任务布置

如果你是赵玲玲，应如何编制天成电子设备有限责任公司 20××年 12 月份的利润表？

知识准备

一、认识利润表

利润表，是指反映企业在一定会计期间经营成果的财务报表。根据权责发生制原则把一个会计期间的收益与同一会计期间的成本费用损失进行配比，从而求出报告期的净利润（或净亏损），属于动态财务报表。利润表是以“收入－费用＝利润”这一会计恒等式为基础设计的。

利润表具有以下作用：①反映一定会计期间（年度、季度、月份）收入的实现情况；②反映一定期间的费用耗费情况；③反映企业经济活动成果的实现情况；④计算国民收入的主要信息来源。

二、利润表的结构与内容

利润表是以“收入 - 费用 = 利润”这一会计平衡公式为依据设计的，其基本格式主要有单步式和多步式两种。我国采用的是多步式利润表，将不同性质的收入和费用分别进行对比，以便得出一些中间性的利润数据，帮助使用者了解企业经营成果的不同来源。

利润表包括表首、表体和表尾三部分。

表首部分，包括报表名称、编制单位、编制时间和计量单位4个要素。

表体部分，反映形成经营成果的各个项目和计算过程。包括营业收入、营业利润、利润总额、净利润、其他综合收益的税后净额、综合收益总额、每股收益等项目。

表尾部分，包括有关人员的签名并盖章，利润表的制表人、复核人、财务负责人、单位负责人都需要在利润表上签名并盖章，配备总会计师的企业还要有总会计师签名并盖章。

多步式利润表的基本格式如表9-5所示。

第一步，该项目以营业收入为基础，减去营业成本（主营业务成本、其他业务成本）、税金及附加、销售费用、管理费用、研发费用、财务费用，加上其他收益、投资收益（损失以“-”号填列）、公允价值变动收益（损失以“-”号填列）、信用减值损失（损失以“-”号填列）、资产减值损失（损失以“-”号填列）、资产处置收益（损失以“-”号填列），计算出营业利润。

第二步，以营业利润为基础，加上营业外收入，减去营业外支出，计算出利润总额。

第三步，以利润总额为基础，减去所得税费用，计算出净利润。

第四步，以净利润（或净亏损）和其他综合收益的税后净额为基础，计算出综合收益总额。

第五步，以净利润（或净亏损）为基础，计算出每股收益。

三、利润表的编制方法

（一）“上期金额”的填列方法

利润表中各项目的“上期金额”栏内的各项数据，应根据上年该期利润表的“本期金额”栏所列数据填列。如果上年该期利润表规定的各个项目的名称和金额与本期不一致，应对上年该期利润表各个项目的名称和数额按本期的规定进行调整，调整后填入利润表的“上期金额”栏内。

（二）“本期金额”的填列方法

利润表中各项目“本期金额”栏反映本期的实际发生数，其填列方法有以下两种：

1. 根据有关损益类账户的本期发生额直接或加计填列

（1）“营业收入”项目，反映企业主营业务和其他业务所确认的收入总额。

该项目应根据“主营业务收入”和“其他业务收入”账户的发生额分析填列。

（2）“营业成本”项目，反映企业主营业务和其他业务所发生的成本总额。该项目应根据“主营业务成本”和“其他业务成本”账户的发生额分析填列。

（3）“税金及附加”项目，反映企业经营业务应负担的消费税、城市建设维护税、资源税、土地增值税和教育费附加等税费。该项目应根据“税金及附加”账户的发生额分析填列。

（4）“销售费用”项目，反映企业在销售商品过程中发生的各项费用和为销售本企业商品而专设的销售机构所发生的费用，如销售过程发生的包装费、广告费，专设销售机构发生的职工薪酬、业务费等，该项目应根据“销售费用”账户的发生额分析填列。

（5）“管理费用”项目，反映企业为组织和管理生产经营发生的管理费用。该项目应根据“管理费用”的发生额分析填列。

（6）“研发支出”项目，反映企业发生的研究和开发支出。该项目应根据“管理费用”中的研发支出明细账户的发生额分析填列。

学习提升

我们加快推进科技自立自强，全社会研发经费支出从一万亿元增加到二万八千亿元，居世界第二位，研发人员总量居世界首位。

——摘自党的二十大报告

研发费用在利润表中单独列示，释放出一个信号：研发费用高的企业是有长远发展规划的企业，重视研发的企业也将得到更多尊重与认可。一直以来，把研发费用混在管理费用中核算，这是极大的失误，因为这模糊了研发费用的面目，也歪曲了管理费用的实质。同学们通过学习利润表中的“研发费用”项目，能够明确研发费用单独列示的意义，是为企业在研发上所做的努力正名。同学们也能够进一步认识到创新是高科技企业之魂。衡量高新技术企业发展后劲，可以看它每年的研发投入。例如：华为每年至少拿出收入的10%投入研发，持续十多年如是。华为能在完全竞争的通信市场笑傲群雄，与产品、技术过硬分不开，这些又与华为研发领先的战略分不开。

（7）“财务费用”项目，反映企业筹集生产经营所需资金等而发生的筹资费用。该项目应根据“财务费用”账户的发生额分析填列。

（8）“其他收益”项目，反映企业计入其他收益的政府补助等。该项目应根据“其他收益”账户的发生额分析填列。

（9）“投资收益”项目，反映企业以各种方式对外投资所取得的收益。该项目应根据“投资收益”账户的发生额分析填列。如为投资损失，以“-”号填列。

（10）“公允价值变动收益”项目，反映企业当期交易性金融资产、交易性金融负债，以及公允价值模式计量的投资性房地产等公允价值变动形成的应计入当期损益的利得或损失。该项目应根据“公允价值变动损益”账户的发生额分析填列。如为净损失，以“－”号填列。

（11）“资产减值损失”项目，反映企业各项资产发生的减值损失。该项目应根据“资产减值损失”账户的发生额分析填列。

（12）“资产处置收益”项目，反映企业出售划分为持有待售的非流动资产（金融工具、长期股权投资和投资性房地产除外）或处置时确认的处置利得或损失（子公司和业务除外），以及处置未划分为持有待售的固定资产、在建工程、生产性生物资产及无形资产而产生的利得或损失。该项目应根据“资产处置损益”账户的发生额分析填列；如为处置损失，以“－”号填列。

（13）“营业外收入”项目，反映企业发生的与经营业务无直接关系的各项利得。该项目应根据“营业外收入”账户的发生额分析填列。

（14）“营业外支出”项目，反映企业发生的与经营业务无直接关系的各项支出。该项目应根据“营业外支出”账户的发生额分析填列。

（15）“所得税费用”项目，反映企业应从当期利润总额中扣除的所得税费用。该项目应根据“所得税费用”账户的发生额分析填列。

2. 根据表内数额计算填列

该类项目包括“营业利润”“利润总额”“净利润”等。

（1）“营业利润”项目，反映企业实现的营业利润。如为亏损，以“－”号填列。该项目以营业收入为基础，减去营业成本（主营业务成本、其他业务成本）、税金及附加、销售费用、管理费用、研发费用、财务费用，加上其他收益、投资收益（损失以“－”号填列）、公允价值变动收益（损失以“－”号填列）、信用减值损失（损失以“－”号填列）、资产减值损失（损失以“－”号填列）、资产处置收益（损失以“－”号填列），计算出营业利润。

（2）“利润总额”项目，反映企业实现的利润。如为亏损，则以“－”号填列。该项目应根据上一步骤计算出的营业利润，加上表中营业外收入、减去营业外支出计算得出。

（3）“净利润”项目，反映企业实现的净利润。如为亏损，以“－”号填列。该项目应根据上一步骤计算出的利润总额减去表中的所得税费用项目计算得出。

（4）“其他综合收益的税后净额”项目，反映企业根据会计准则规定未在损益中确认的各项利得和损失扣除所得税影响后的金额。

（5）“综合收益总额”项目，反映企业净利润与其他综合收益（税后净额）的合计金额。

（6）“每股收益”项目，反映基本每股收益和稀释后每股收益、普通股或潜在普通股已公开交易的企业，以及正处在公开发行普通股或潜在普通股过程中的企业的每股收益信息。

任务实施

【业务 77】赵玲玲应按照如下步骤编制利润表。

步骤 1：根据天成电子设备有限责任公司 20××年 12 月有关“损益类账户本期净发生额表”（见表 9－2）编制利润表，如表 9－5 所示。

步骤 2：审核，加盖公章，对外报送。根据规定，企业对外提供的财务会计报告，应当由单位负责人、主管会计工作的负责人、会计机构负责人（会计主管人员）签名并盖章。

编制利润表（实操）

表 9－5　　利润表

编制单位：天成电子设备有限责任公司　　20××年 12 月　　单位：元

项　目	行次	本月数	本年累计数
一、营业收入	1	1 788 000.00	（略）
减：营业成本	2	1 277 600.00	（略）
税金及附加	3	10 377.10	（略）
销售费用	4	218 600.00	（略）
管理费用	5	162 990.00	（略）
研发费用	6		（略）
财务费用	7	6 000.00	（略）
加：其他收益	8		（略）
投资收益（损失以“－”号填列）	9	3 000.00	（略）
公允价值变动收益（损失以“－”号填列）	10		（略）
信用减值损失（损失以“－”号填列）	11		（略）
资产减值损失（损失以“－”号填列）	12		（略）
资产处置收益（损失以“－”号填列）	13		（略）
二、营业利润（亏损以“－”号填列）	14	115 432.90	（略）
加：营业外收入	15	700.00	（略）
减：营业外支出	16	22 900.00	（略）
三、利润总额（亏损以“－”号填列）	17	93 232.90	（略）
减：所得税费用	18	23 308.23	（略）
四、净利润（净亏损以“－”号填列）	19	69 924.67	（略）
五、其他综合收益的税后净额	20		（略）
六、综合收益总额	21	69 924.67	（略）
七、每股收益	22	（略）	（略）

续表

项　目	行次	本月数	本年累计数
（一）基本每股收益	23	（略）	（略）
（二）稀释每股收益	24	（略）	（略）

单位负责人：李佳韦　　财务负责人：赵玲玲　　复核：钱丽丽　　制表：赵玲玲

其中：

营业收入＝主营业务收入（1 748 000 元）＋其他业务收入（40 000 元）＝1 788 000（元）。

营业成本＝主营业务成本（1 249 600 元）＋其他业务成本（28 000 元）＝1 277 600（元）。

营业利润＝营业收入（1 788 000 元）－营业成本（1 277 600 元）－税金及附加（10 377.10 元）－销售费用（218 600 元）－管理费用（162 990 元）－财务费用（6 000 元）＋投资收益（3 000 元）＝115 432.90（元）。

利润总额＝营业利润（115 432.90 元）＋营业外收入（700 元）－营业外支出（22 900 元）＝93 232.90（元）。

净利润＝利润总额（93 232.90 元）－所得税费用（23 308.23 元）＝69 924.67（元）。

学习评价

专业能力测评表

业务能力	评价指标	自测结果	要求
财务会计报告编制前的准备工作	1. 财务会计报告的概念与作用 2. 财务会计报告的分类 3. 财务会计报告的编制要求	□A　□B　□C □A　□B　□C □A　□B　□C	掌握财务会计报告的概念、作用及分类，掌握财务会计报告的编制要求，掌握财务会计报告编制前的准备工作
编制资产负债表	1. 资产负债表的概念 2. 资产负债表的结构和内容 3. 资产负债表的编制方法	□A　□B　□C □A　□B　□C □A　□B　□C	掌握资产负债表的概念，掌握资产负债表的结构与内容，会编制资产负债表
编制利润表	1. 利润表的概念 2. 利润表的结构和内容 3. 利润表的编制方法	□A　□B　□C □A　□B　□C □A　□B　□C	掌握利润表的概念，掌握利润表的结构与内容，会编制利润表
说明	（在□中打√，A 掌握，B 基本掌握，C 未掌握）		
教师评语：			
成绩		教师签字	

项目十

应用账务处理程序实例

知识目标

- ◆ 熟悉账务处理程序的概念和种类；
- ◆ 掌握记账凭证账务处理程序的特点、记账程序、优缺点和适用范围；
- ◆ 掌握科目汇总表账务处理程序的特点、记账程序、优缺点和适用范围；
- ◆ 掌握汇总记账凭证账务处理程序的特点、记账程序、优缺点和适用范围。

能力目标

- ◆ 能根据不同企业情况选择合适的账务处理程序；
- ◆ 能正确地运用记账凭证账务处理程序全面处理企业的经济业务；
- ◆ 能正确地运用科目汇总表账务处理程序全面处理企业的经济业务；
- ◆ 能运用汇总记账凭证账务处理程序全面处理企业的经济业务。

素养目标

- ◆ 通过记账程序，培养规则意识；
- ◆ 通过不同账务处理程序的记账程序，培养严谨细致的工作作风。

思维导图

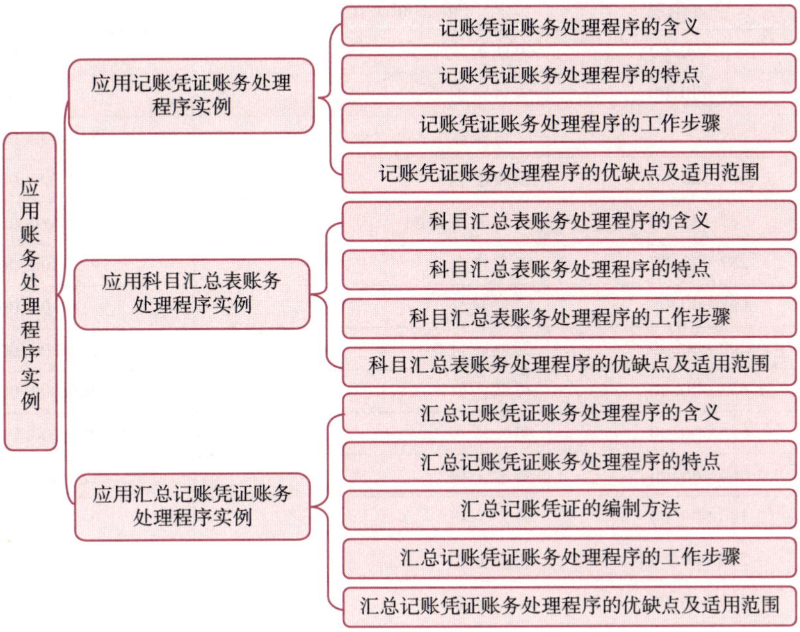

模块一　应用记账凭证账务处理程序实例

任务描述

一、公司概况

泰禾电子设备有限责任公司属于生产型企业，有一个基本生产车间，生产A、B两种产品。公司属于增值税一般纳税人，增值税税率为13%、城市维护建设税税率为7%、教育费附加征收比率为3%、企业所得税税率为25%。

公司设有基本生产车间、销售科、供应科、仓库保管，另有财务科等行政管理部门。公司基本信息如表10-1所示。

表10-1　　公司基本信息表

公司名称	泰禾电子设备有限责任公司
法人代表	朱大勇
企业财务科（5人）	会计主管：刘晶晶；复核员：赵亮亮；出纳员：郑兰兰；记账员：叶艳艳；制证：丁倩倩

二、账户余额

泰禾电子设备有限责任公司20××年12月1日有关总分类账户的期初余额如表10-2所示。

表 10－2 总账账户期初余额表 单位：元

资产	借方余额	负债和所有者权益	贷方余额
库存现金	4 800.00	短期借款	3 400 000.00
银行存款	1 348 000.00	应付票据	240 000.00
交易性金融资产		应付账款	817 830.00
应收账款	682 520.00	预收账款	560 000.00
预付账款	82 145.00	应付职工薪酬	370 480.00
在途物资	287 000.00	应交税费	421 300.00
原材料	698 000.00	应付利息	6 200.00
周转材料	200 900.00	其他应付款	160 000.00
库存商品	1 653 000.00	长期借款	280 000.00
生产成本	625 000.00	实收资本	12 000 000.00
长期股权投资	2 064 445.00	资本公积	120 000.00
固定资产	12 120 000.00	盈余公积	1 049 000.00
累计折旧	－250 000.00	利润分配	100 000.00
无形资产	400 000.00	本年利润	241 000.00
累计摊销	－150 000.00		
资产总计	19 765 810.00	负债和所有者权益总计	19 765 810.00

三、有关明细账户余额

（1）应收账款——兴业公司 293 800 元；

——群泰公司 388 720 元。

（2）预付账款——灵江公司 82 145 元。

（3）原材料各明细账户余额，如表 10－3 所示。

表 10－3 原材料各明细账户余额表

材料名称	计量单位	数量	单价	金额（元）
甲材料	吨	100	2 600.00（元/吨）	260 000.00
乙材料	吨	60	4 300.00（元/吨）	258 000.00
丙材料	件	400	450.00（元/吨）	180 000.00
合计				698 000.00

（4）库存商品各明细账户余额，如表 10－4 所示。

表 10－4 库存商品各明细账户余额表

产品名称	计量单位	数量	单价（元/台）	金额（元）	售价（元）
A 产品	台	120	8 600.00	1 032 000.00	12 000.00
B 产品	台	90	6 900.00	621 000.00	9 800.00
合计				1 653 000.00	

（5）生产成本各明细账户余额，如表10－5所示。

表10－5　生产成本各明细账户余额表

在产品	单位	数量	直接材料（元）	直接人工（元）	制造费用（元）	合计（元）
A产品	台	130	169 000.00			169 000.00
B产品	台	140	456 000.00			456 000.00
合计			625 000.00			625 000.00

（6）应付账款——民兴公司168 480.00元；
——信达公司649 350.00元。

四、20××年12月发生的经济业务

【实例业务1】1日，采购员张辉出差预借差旅费4 000元，以现金支付。

【实例业务2】1日，从银行提取现金5 000元备用。

【实例业务3】2日，收到上月购入的已经付款的乙材料60吨，单价4 300元，已经验收入库。

【实例业务4】3日，由民兴公司购进甲材料100吨，单价2 600元，价款260 000元，增值税税额33 800元，款项以银行存款支付，材料当日已经验收入库。

【实例业务5】4日，收到群泰公司货款180 000元，款项存入银行。

【实例业务6】5日，以银行存款支付上月应付信达公司购买乙材料货款共计291 540元。

【实例业务7】6日，由信达公司购进乙材料80吨，单价4 300元，价款344 000元，增值税税额44 720元，开出商业承兑汇票一张388 720元并予以承兑，材料当日已经验收入库。

【实例业务8】7日，生产A产品领用甲材料110吨，乙材料50吨，丙材料320件；生产B产品领用甲材料60吨，乙材料30吨；车间一般耗用丙材料50件，行政管理部门领用丙材料10件。甲材料单价2 600元/吨，乙材料单价4 300元/吨，丙材料单价450元/件。

【实例业务9】8日，以银行存款支付上月应付职工薪酬370 480元。

【实例业务10】9日，以银行存款支付上月应交税费421 300元。

【实例业务11】12日，以银行存款支付广告费20 000元，增值税税率6%。

【实例业务12】13日，张辉出差归来报销差旅费3 850元，余款150元交回现金。

【实例业务13】14日，销售给兴业公司A产品60台，销售单价12 000元，价款720 000元，增值税税额93 600元；B产品30台，销售单价9 800元，价款207 000元，增值税税额26 910元，货款尚未收到。

【实例业务14】15日，2个月前开出的商业承兑汇票100 000元到期，以

银行存款承付货款。

【实例业务 15】16 日，以库存现金支付行政部门零星办公用品购置费 800 元，增值税税率 13%，增值税税额 104 元。

【实例业务 16】17 日，销售给群泰公司 A 产品 50 台，销售单价 12 000 元，价款 600 000 元，增值税税额 78 000 元；B 产品 50 台，销售单价 9 800 元，价款 490 000 元，增值税税额 63 700 元，货款暂欠。

【实例业务 17】19 日，出售甲材料 20 吨，每吨 3 200 元，价款 64 000 元，增值税税额 8 320 元，款项收到，存入银行。

【实例业务 18】21 日，结转上述已售甲材料成本，每吨购进成本 2 600 元。

【实例业务 19】22 日，销售给正阳公司 A 产品 10 台，销售单价 12 000 元，价款 120 000 元，增值税税额 15 600 元，款项收到，存入银行。

【实例业务 20】25 日，收到职工交来违纪罚款 1 000 元，存入银行。

【实例业务 21】27 日，收到灵江公司发来丙材料 300 件，单价 450 元，价款 135 000 元，增值税税额 17 550 元，价税合计 152 550 元，上月已预付款 82 145 元，余款以存款支付。

【实例业务 22】31 日，计提本月应付职工薪酬 470 000 元，其中：A 产品生产工人工资 160 000 元，B 产品生产工人工资 120 000 元，车间管理人员工资 56 000 元，行政管理人员工资 48 000 元，专设销售机构人员工资 86 000 元。

【实例业务 23】31 日，按工资总额的 30% 提取各种社会保险费及住房公积金。

【实例业务 24】31 日，分别按工资总额的 2%、8% 提取工会经费、职工教育经费。

【实例业务 25】31 日，以银行存款支付本月电费 22 000 元，增值税税额 2 860 元，其中：基本生产车间耗用 16 500 元，行政管理部门耗用 3 000 元，销售部门耗用 2 500 元。

【实例业务 26】31 日，以银行存款支付本月水费 4 600 元，增值税税额 598 元，其中：基本生产车间耗用 3 600 元，行政管理部门耗用 600 元，销售部门耗用 400 元。

【实例业务 27】31 日，计提本月固定资产折旧费 24 000 元，其中：基本生产车间用固定资产折旧费 19 000 元，行政管理部门用固定资产折旧费 3 000 元，销售机构用固定资产折旧费 2 000 元。

【实例业务 28】31 日，计提本月无形资产摊销费用 2 000 元。

【实例业务 29】31 日，以银行存款支付本月短期借款利息 17 000 元。

【实例业务 30】31 日，计提本月长期借款利息 1 400 元。

【实例业务 31】31 日，经盘点，发现短缺办公用笔记本电脑一台，原价 5 000 元，已提折旧 1 800 元，经批准，作营业外支出处理。

【实例业务 32】31 日，结转本月制造费用（按生产工人工资比例分配）。

【实例业务 33】31 日，本月实际完工 A 产品 110 台、B 产品 70 台，均验收入库。分别计算其实际成本。在产品成本仅计算直接材料成本，已知本月初 A 在产品成本 169 000 元，B 在产品成本 456 000 元；本月末 A 在产品直接材料定额成本为 169 000 元，B 在产品直接材料定额成本为 486 000 元。

【实例业务 34】31 日，结转本月销售 A 产品成本、B 产品成本。A 产品每件成本为 8 600 元，B 产品每件成本为 6 900 元。

【实例业务 35】31 日，分别按照本月应交增值税的 7%、3% 计算应交城市维护建设税和教育费附加。

【实例业务 36】31 日，结转本月损益类账户余额。

【实例业务 37】31 日，假定公司无纳税调整事项，按 25% 的税率计算结转本月应交企业所得税。

【实例业务 38】31 日，将全年实现的净利润结转到“本年利润”明细账户（1～11 月份已经实现利润 241 000 元）。

【实例业务 39】31 日，按净利润的 10% 计提法定盈余公积。

【实例业务 40】31 日，按净利润的 20% 计算应付投资者现金股利。

【实例业务 41】31 日，将“利润分配——未分配利润”账户其他明细账户的余额转入“利润分配——未分配利润”明细账户。

任务布置

请采用记账凭证账务处理程序，完成泰禾电子设备有限责任公司有关 12 月份的经济业务处理，完成“编制记账凭证——登记日记账——登记明细账——登记总账——编制会计报表”的全过程。

知识学习

德技并修

诚信兴商宣传月

任何一项工作都有先后顺序，会计工作亦然。为了合理地组织会计核算工作，使记账工作有条不紊地进行，确保账簿记录准确无误，为企业经营管理提供有用的会计信息，就有必要将填制与审核会计凭证、设置与登记会计账簿、编制会计报表等会计工作，按照合理的要求和一定的形式有机组织起来，构成一个完整的体系，这就形成了账务处理程序。企业的类型不同、规模不同、经济业务不同，采用的账务处理程序也有所不同，主要有记账凭证账务处理程序、科目汇总表账务处理程序、汇总记账凭证账务处理程序。

账务处理程序，又称为会计核算组织程序和会计核算形式，是指会计凭证、会计账簿、财务报表等有机结合的方式，具体来说，账务处理程序是指从整理、审核原始凭证及填制记账凭账开始，到登记日记账、明细分类账及总分类账，再到编制会计报表的全过程的组织程序和方法。

账务处理程序是生成会计数据和会计信息的步骤和方法，包括凭证账簿组织和记账程序。其中凭证账簿组织，是指会计凭证和会计账簿的种类、格式，以及会计凭证与账簿之间的联系方法；记账程序，则是指由填制、取得和审核原始凭证到填制、审核记账凭证，登记日记账、明细分类账和总分类账，编制财务报表的工作步骤和方法等。

凭证和账簿组织、记账程序等结合的方式不同，就形成了不同的账务处理程序，不同的账务处理程序又有不同的核算步骤、特点和适用范围。科学、合理地选用会计核算程序，有利于会计工作程序的规范化，提高会计核算的质量，保证会计信息加工过程的严密性，提升会计信息质量；有利于保证会计记录的完整性和正确性，增强会计信息的可靠性；有利于减少不必要的会计核算环节，提高会计工作效率，保证会计信息的及时性。

实际工作中，各单位规模大小和业务繁简程度不尽相同，经济活动也各具特点。因此，各单位必须从各自的实际情况出发，科学、合理地选用会计核算程序，以确保会计核算工作规范、及时、高效地进行。选用会计核算程序，一般应符合以下要求：

（1）要与本单位经济活动的性质、规模大小、业务繁简程序及经济管理的特点相适应。

（2）要能够准确、及时、完整、系统地提供会计资料，全面系统地反映企业经济活动情况，以满足企业内部及外部各有关会计信息使用者的需要。

（3）既要保证会计资料的质量，又要简化会计核算的手续，节约人力物力，提高工作效率。

（4）要有利于建立会计工作的岗位责任制，以及会计人员的分工和协作。

常用的账务处理程序主要有：记账凭证账务处理程序、科目汇总表账务处理程序、汇总记账凭证账务处理程序等。其主要区别是登记总账的依据和方法不同。

温馨提示

各种账务处理程序最大的不同是登记总账的依据和方法不同。

学习提升

我们要以科学的态度对待科学、以真理的精神追求真理，坚持马克思主义基本原理不动摇，坚持党的全面领导不动摇，坚持中国特色社会主义不动摇，紧跟时代步伐，顺应实践发展，以满腔热忱对待一切新生事物，不断拓展认识的广度和深度，敢于说前人没有说过的新话，敢于干前人没有干过的事情，以新的理论指导新的实践。

——摘自党的二十大报告

各单位从各自的实际情况出发，科学、合理地选用会计核算程序，以确保会计核算工作规范、及时、高效地进行。同学们通过学习账务处理程序，明确了各种账务处理程序内涵、工作步骤及适用范围等，这体现了作为会计人员在工作中顺应实践发展，拓展认识的广度和深度，也为同学们的未来工作提供了科学借鉴。

一、记账凭证账务处理程序的含义

记账凭证账务处理程序，是指对发生的每项经济业务，都要根据原始凭证或原始凭证汇总表填制记账凭证，然后根据记账凭证直接登记总分类账的一种账务处理程序，是最基本的一种账务处理程序。

二、记账凭证账务处理程序的特点

与其他会计账务处理程序相比较，记账凭证核算程序的主要特点是：直接根据每张记账凭证逐笔登记总分类账。

在凭证账簿组织上，采用该种账务处理程序下，记账凭证一般可以采用收款凭证、付款凭证和转账凭证专用凭证格式，也可以采用通用记账凭证格式。会计账簿的设置一般包括日记账、总分类账和明细分类账。日记账包括库存现金日记账和银行存款日记账。其中日记账、总分类账一般采用三栏式账页格式，明细分类账根据管理的需要，采用三栏式、多栏式或数量金额式等账页格式。

三、记账凭证账务处理程序的工作步骤

（1）根据审核无误的原始凭证或原始凭证汇总表，填制收款凭证、付款凭证和转账凭证，也可以采用通用记账凭证。

（2）根据收款凭证、付款凭证逐笔登记库存现金日记账和银行存款日记账。

（3）根据原始凭证或汇总原始凭证和记账凭证，登记各种明细分类账。

（4）根据记账凭证逐笔登记总分类账。

（5）期末，将库存现金日记账、银行存款日记账余额，以及各种明细分类账余额的合计数，分别与总分类账中有关账户的余额核对相符。

（6）期末，根据总分类账户和明细分类账的记录，编制会计报表。

记账凭证账务处理程序的具体工作步骤，如图 10－1 所示。

记账凭证账务处理程序的工作步骤

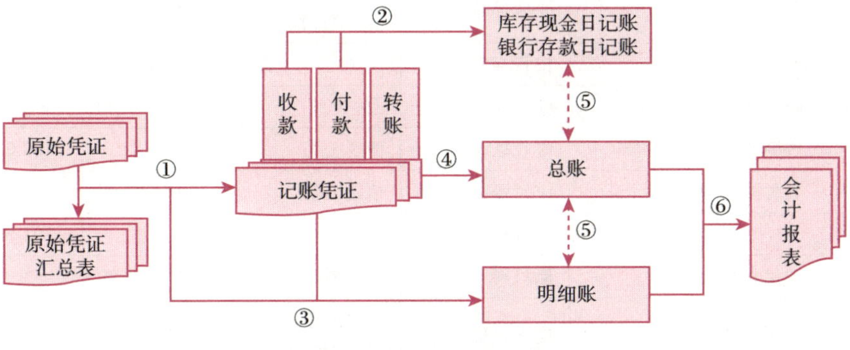

图 10－1　记账凭证核算程序的具体工作步骤

说明：

——→ 表示填制凭证、过账和编表。

←------→ 表示账账核对。

四、记账凭证账务处理程序的优缺点及适用范围

（一）优缺点

记账凭证账务处理程序简单明了，易于理解，技术方法易于掌握，记账层次清楚，其总分类账可以比较详细地反映经济业务的发生和完成情况，便于查账。

其缺点是：登记总账的工作量较大；对于经济业务较多的企业，既不利于记账，也不利于对账。

（二）适用范围

采用记账凭证账务处理程序适用于规模较小、业务量较少、记账凭证不多的企业和单位。

任务实施

步骤1：根据任务描述实例业务1～41的原始凭证或原始凭证汇总表编制收款凭证、付款凭证和转账凭证。用会计分录纸代替记账凭证，如表10－6所示。

表10－6 会计分录纸（代替记账凭证） 单位：元

序号	20××年		凭证字号		摘要	总账科目	明细科目	借方金额	贷方金额
	月	日	字	号					
1	12	1		1	预借差旅费	其他应收款	张辉	4 000.00	
					预借差旅费	库存现金			4 000.00
2		1		2	提现备用	库存现金		5 000.00	
					提现备用	银行存款			5 000.00
3		2		3	上月购买材料入库	原材料	乙材料	258 000.00	
					上月购买材料入库	在途物资			258 000.00
4		3		4	购买材料	原材料	甲材料	260 000.00	
					购买材料	应交税费	应交增值税（进项税额）	33 800.00	
					购买材料	银行存款			293 800.00
5		4		5	收到群泰公司货款	银行存款		180 000.00	
					收到群泰公司货款	应收账款	群泰公司		180 000.00
6		5		6	支付前欠货款	应付账款	信达公司	291 540.00	
						银行存款			291 540.00
7		6		7	购买材料	原材料	乙材料	344 000.00	
					购买材料	应交税费	应交增值税（进项税额）	44 720.00	
					购买材料	应付票据			388 720.00
8		7		8	领用材料	生产成本	A产品	645 000.00	
					领用材料	生产成本	B产品	285 000.00	
					领用材料	制造费用		22 500.00	

续表

序号	20××年		凭证字号		摘要	总账科目	明细科目	借方金额	贷方金额
	月	日	字	号					
					领用材料	管理费用		4 500.00	
					领用材料	原材料	甲材料		442 000.00
					领用材料	原材料	乙材料		344 000.00
					领用材料	原材料	丙材料		171 000.00
9		8		9	支付上月职工工资	应付职工薪酬		370 480.00	
					支付上月职工工资	银行存款			370 480.00
10		9		10	缴纳上月税费	应交税费		421 300.00	
					缴纳上月税费	银行存款			421 300.00
11		12		11	支付广告费	销售费用		20 000.00	
					购买材料	应交税费	应交增值税（进项税额）	1 200.00	
					支付广告费	银行存款			21 200.00
12		13		12	报销差旅费	管理费用		3 850.00	
					余款交回现金	库存现金		150.00	
					报销差旅费	其他应收款	张辉		4 000.00
13		14		13	销售产品	应收账款	兴业公司	1 047 510.00	
					销售产品	主营业务收入	A 产品		720 000.00
					销售产品	主营业务收入	B 产品		207 000.00
					销售产品	应交税费	应交增值税（销项税额）		120 510.00
14		15		14	票据到期付款	应付票据		100 000.00	
					票据到期付款	银行存款			100 000.00
15		16		15	报销办公用品费	管理费用		800.00	
						应交税费	应交增值税（进项税额）	104.00	
					报销办公用品费	库存现金			904.00
16		17		16	销售产品	应收账款	群泰公司	1 231 700.00	
					销售产品	主营业务收入	A 产品		600 000.00
					销售产品	主营业务收入	B 产品		490 000.00
					销售产品	应交税费	应交增值税（销项税额）		141 700.00
17		19		17	销售材料	银行存款		72 320.00	
					销售材料	其他业务收入			64 000.00
					销售材料	应交税费	应交增值税（销项税额）		8 320.00
18		21		18	结转销售成本	其他业务成本		52 000.00	
					结转销售成本	原材料	甲材料		52 000.00

续表

序号	20××年		凭证字号		摘要	总账科目	明细科目	借方金额	贷方金额
	月	日	字	号					
19		22		19	销售商品	银行存款		135 600.00	
					销售商品	主营业务收入	A产品		120 000.00
					销售商品	应交税费	应交增值税（销项税额）		15 600.00
20		25		20	收职工违纪罚款	库存现金		1 000.00	
					收职工违纪罚款	营业外收入			1 000.00
					款存银行	银行存款		1 000.00	
					款存银行	库存现金			1 000.00
21		27		21	收到预付款材料	原材料	丙材料	135 000.00	
					收到预付款材料	应交税费	应交增值税（进项税额）	17 550.00	
					收到预付款材料	预付账款	灵江公司		152 550.00
					补付货款	预付账款	灵江公司	70 405.00	
					补付货款	银行存款			70 405.00
22		31		22	计提应付职工薪酬	生产成本	A产品	160 000.00	
					计提应付职工薪酬	生产成本	B产品	120 000.00	
					计提应付职工薪酬	制造费用		56 000.00	
					计提应付职工薪酬	管理费用		48 000.00	
					计提应付职工薪酬	销售费用		86 000.00	
					计提应付职工薪酬	应付职工薪酬			470 000.00
23		31		23	计提社保及住房公积金	生产成本	A产品	48 000.00	
					计提社保及住房公积金	生产成本	B产品	36 000.00	
					计提社保及住房公积金	制造费用		16 800.00	
					计提社保及住房公积金	管理费用		14 400.00	
					计提社保及住房公积金	销售费用		25 800.00	
					计提社保及住房公积金	应付职工薪酬			141 000.00
24		31		24	计提工会经费、职工教育经费	生产成本	A产品	16 000.00	
					计提工会经费、职工教育经费	生产成本	B产品	12 000.00	
					计提工会经费、职工教育经费	制造费用		5 600.00	
					计提工会经费、职工教育经费	管理费用		4 800.00	
					计提工会经费、职工教育经费	销售费用		8 600.00	
					计提工会经费、职工教育经费	应付职工薪酬	工会经费		9 400.00

续表

序号	20××年		凭证字号		摘要	总账科目	明细科目	借方金额	贷方金额
	月	日	字	号					
					计提工会经费、职工教育经费	应付职工薪酬	职工教育经费		37 600.00
25		31		25	支付电费	制造费用		16 500.00	
					支付电费	管理费用		3 000.00	
					支付电费	销售费用		2 500.00	
					支付电费	应交税费	应交增值税（进项税额）	2 860.00	
					支付电费	银行存款			24 860.00
26		31		26	支付水费	制造费用		3 600.00	
					支付水费	管理费用		600.00	
					支付水费	销售费用		400.00	
					支付水费	应交税费	应交增值税（进项税额）	598.00	
					支付水费	银行存款			5 198.00
27		31		27	计提折旧	制造费用		19 000.00	
					计提折旧	管理费用		3 000.00	
					计提折旧	销售费用		2 000.00	
					计提折旧	累计折旧			24 000.00
28		31		28	无形资产摊销	管理费用		2 000.00	
					无形资产摊销	累计摊销			2 000.00
29		31		29	支付利息	财务费用		17 000.00	
					支付利息	银行存款			17 000.00
30		31		30	计提长期借款利息	财务费用		1 400.00	
					计提长期借款利息	应付利息			1 400.00
31		31		31	固定资产盘亏	待处理财产损溢		3 200.00	
					固定资产盘亏	累计折旧		1 800.00	
					固定资产盘亏	固定资产			5 000.00
					转销固定资产盘亏	营业外支出		3 200.00	
					转销固定资产盘亏	待处理财产损溢			3 200.00
32		31		32	结转制造费用	生产成本	A 产品	80 000.00	
					结转制造费用	生产成本	B 产品	60 000.00	
					结转制造费用	制造费用			140 000.00
33		31		33	结转完工产品成本	库存商品	A 产品	949 000.00	
					结转完工产品成本	库存商品	B 产品	483 000.00	
					结转完工产品成本	生产成本	A 产品		949 000.00
					结转完工产品成本	生产成本	B 产品		483 000.00

续表

序号	20××年		凭证字号		摘要	总账科目	明细科目	借方金额	贷方金额
	月	日	字	号					
34		31		34	结转销售商品成本	主营业务成本		1 584 000.00	
					结转销售商品成本	库存商品	A 产品		1 032 000.00
					结转销售商品成本	库存商品	B 产品		552 000.00
35		31		35	结转城建税及教育费附加	税金及附加		18 529.80	
					结转城建税及教育费附加	应交税费	应交城建税		12 970.86
					结转城建税及教育费附加	应交税费	应交教育费附加		5 558.94
36		31		36	结转收入	主营业务收入		2 137 000.00	
					结转收入	其他业务收入		64 000.00	
					结转收入	营业外收入		1 000.00	
					结转收入	本年利润			2 202 000.00
					结转费用支出	本年利润		1 906 379.80	
					结转费用支出	主营业务成本			1 584 000.00
					结转费用支出	其他业务成本			52 000.00
					结转费用支出	税金及附加			18 529.80
					结转费用支出	营业外支出			3 200.00
					结转费用支出	销售费用			145 300.00
					结转费用支出	管理费用			84 950.00
					结转费用支出	财务费用			18 400.00
37		31		37	计算应交所得税	所得税费用		73 905.05	
					计算应交所得税	应交税费	应交所得税		73 905.05
					结转所得税	本年利润		73 905.05	
					结转所得税	所得税费用			73 905.05
38		31		38	结转净利润	本年利润		462 715.15	
					结转净利润	利润分配	未分配利润		462 715.15
39		31		39	提取法定盈余公积	利润分配	提取法定盈余公积	46 271.52	
					提取法定盈余公积	盈余公积	法定盈余公积		46 271.52
40		31		40	分配投资者股利	利润分配	应付股利	92 543.03	
					分配投资者股利	应付股利			92 543.03
41		31		41	结转利润分配有关明细账户	利润分配	未分配利润	138 814.55	
					结转利润分配有关明细账户	利润分配	提取法定盈余公积		46 271.52
					结转利润分配有关明细账户	利润分配	应付股利		92 543.03

步骤 2：根据记账凭证逐笔登记库存现金日记账、银行存款日记账。如表 10－7 和表 10－8 所示。

表 10－7　**库存现金日记账**　单位：元

20××年		凭证种类	凭证号数	摘要	对方科目	借方	贷方	借或贷	余额
月	日								
12	1			期初余额				借	4 800.00
	1	记	1	张辉预借差旅费	其他应收款		4 000.00	借	800.00
	1	记	2	提现备用	银行存款	5 000.00		借	5 800.00
	13	记	12	报销差旅费余款交回	其他应收款	150.00		借	5 950.00
	16	记	15	购买办公用品	管理费用		904.00	借	5 046.00
	25	记	20	罚款收入	营业外收入	1 000.00		借	6 046.00
	25	记	20	罚款收入存入银行	银行存款		1 000.00	借	5 046.00
	31			本月合计		6 150.00	5 904.00	借	5 046.00

表 10－8　**银行存款日记账**　单位：元

20××年		凭证种类	凭证号数	摘要	对方科目	借方	贷方	借或贷	余额
月	日								
12	1			期初余额				借	1 348 000.00
	1	记	2	提现备用	银行存款		5 000.00	借	1 343 000.00
	3	记	4	购买材料	原材料等		293 800.00	借	1 049 200.00
	4	记	5	收到群泰公司货款	应收账款	180 000.00		借	1 229 200.00
	5	记	6	支付前欠货款	应付账款		291 540.00	借	937 660.00
	8	记	9	支付上月职工薪酬	应付职工薪酬		370 480.00	借	567 180.00
	9	记	10	缴纳上月税金	应交税费		421 300.00	借	145 880.00
	12	记	11	支付广告费	销售费用等		21 200.00	借	124 680.00
	15	记	14	票据到期付款	应付票据		100 000.00	借	24 680.00
	19	记	17	销售材料	其他业务收入	72 320.00		借	97 000.00
	22	记	19	销售产品	主营业务收入	135 600.00		借	232 600.00
	25	记	20	罚款收入存入银行	库存现金	1 000.00		借	233 600.00
	27	记	21	补付价款	预付账款		70 405.00	借	163 195.00
	31	记	25	支付电费	生产成本等		24 860.00	借	138 335.00
	31	记	25	支付水费	生产成本等		5 198.00	借	133 137.00
	31	记	29	支付短期借款利息	财务费用		17 000.00	借	116 137.00
	31			本月合计		388 920.00	1 620 783.00	借	116 137.00

步骤3：根据原始凭证或原始凭证汇总表或各种记账凭证登记有关明细分类账。限于篇幅，仅列示以下明细分类账的登记方法：应收账款明细账，如表10－9和表10－10所示；原材料明细账，如表10－11至表10－13所示；生产成本明细账，如表10－14和表10－15所示；制造费用明细账，如表10－16所示；库存商品明细账，如表10－17和表10－18所示。

表10－9 应收账款明细账

明细科目：兴业公司　　　　单位：元

20××年		凭证种类	凭证号数	摘要	借方	贷方	借或贷	余额
月	日							
12	1			期初余额			借	293 800.00
	14	记	13	销售产品	1 047 510.00		借	1 341 310.00
	31			本月合计	1 047 510.00		借	1 341 310.00

表10－10 应收账款明细账

明细科目：群泰公司　　　　单位：元

20××年		凭证种类	凭证号数	摘要	借方	贷方	借或贷	余额
月	日							
12	1			期初余额			借	388 720.00
	4	记	5	收到群泰公司货款		180 000.00	借	208 720.00
	17	记	16	销售产品	1 231 700.00		借	1 440 420.00
	31			本月合计	1 231 700.00	180 000.00	借	1 440 420.00

表10－11 原材料明细账

编号	
名称	甲材料
材质	
规格	

最高储量：　　计划价格：　　总页

最低储量：　　计量单位：吨　　分页

储备天数：　　金额单位：元

20××年		凭证种类	凭证号数	摘要	借方			贷方			余额		
月	日				数量	单价	金额	数量	单价	金额	数量	单价	金额
12	1			期初余额							100.00	2 600.00	260 000.00
	3		4	购买材料	100.00	2 600.00	260 000.00				200.00	2 600.00	520 000.00
	7		8	领用材料				170.00	2 600.00	442 000.00	30.00	2 600.00	78 000.00
	21		18	结转销售成本				20.00	2 600.00	52 000.00	10.00	2 600.00	26 000.00
	31		合计		100.00	2 600.00	260 000.00	190.00	2 600.00	494 000.00	10.00	2 600.00	26 000.00

表 10－12　　**原材料明细账**

编号	
名称	乙材料
材质	
规格	

最高储量：　计划价格：　总页
最低储量：　计量单位：吨　分页
储备天数：　金额单位：元

20××年		凭证种类	凭证号数	摘要	借方			贷方			余额		
月	日				数量	单价	金额	数量	单价	金额	数量	单价	金额
12	1			期初余额							60.00	4 300.00	258 000.00
	2		3	原材料验收入库	60.00	4 300.00	258 000.00				120.00	4 300.00	516 000.00
	6		7	购买材料	80.00	4 300.00	344 000.00				200.00	4 300.00	860 000.00
	7		8	领用材料				80.00	4 300.00	344 000.00	120.00	4 300.00	516 000.00
	31		合计		140.00	4 300.00	602 000.00	80.00	4 300.00	344 000.00	120.00	4 300.00	516 000.00

表 10－13　　**原材料明细账**

编号	
名称	丙材料
材质	
规格	

最高储量：　计划价格：　总页
最低储量：　计量单位：件　分页
储备天数：　金额单位：元

20××年		凭证种类	凭证号数	摘要	借方			贷方			余额		
月	日				数量	单价	金额	数量	单价	金额	数量	单价	金额
12	1			期初余额							400.00	450.00	180 000.00
	7		8	领用材料				380.00	450.00	171 000.00	20.00	450.00	9 000.00
	27		21	收到预付款材料	300.00	450.00	135 000.00				320.00	450.00	144 000.00
	31		合计		300.00	450.00	135 000.00	380.00	450.00	171 000.00	320.00	450.00	144 000.00

表 10－14　　**生产成本明细账**

产品名称：A 产品　　完工数量：110
单位：元

20××年		凭证种类	凭证号数	摘要	直接材料	直接人工	制造费用	合 计
月	日							
12	1			期初余额	169 000.00			169 000.00
	7		8	领用材料	645 000.00			814 000.00
	31		22	计提应付职工薪酬		160 000.00		974 000.00
	31		23	计提社保及住房公积金		48 000.00		1 022 000.00
	31		24	计提工会经费、职工教育经费		16 000.00		1 038 000.00
	31		32	结转制造费用			80 000.00	1 118 000.00
	31		33	结转完工产品成本	645 000.00	224 000.00	80 000.00	949 000.00
	31			本月合计	169 000.00			169 000.00

注：

本期完工产品成本＝期初在产品成本＋本期生产费用－在产品定额直接材料成本

表 10－15　　生产成本明细账

产品名称：B产品　　完工数量：70

单位：元

20××年 月	日	凭证种类	凭证号数	摘要	直接材料	直接人工	制造费用	合计
12	1			期初余额	456 000.00			456 000.00
	7		8	领用材料	285 000.00			741 000.00
	31		22	计提应付职工薪酬		120 000.00		861 000.00
	31		23	计提社保及住房公积金		36 000.00		897 000.00
	31		24	计提工会经费、职工教育经费		12 000.00		909 000.00
	31		32	结转制造费用			60 000.00	969 000.00
	31		33	结转完工产品成本	255 000.00	168 000.00	60 000.00	483 000.00
	31			在产品成本	486 000.00			486 000.00

表 10－16　　制造费用明细账

生产车间：基本生产车间　　单位：元

20××年 月	日	凭证种类	凭证号数	摘要	借方金额 材料费	工资	社会保险费	工会经费	职工教育经费	水电费	折旧费	其他	合计	贷方金额
12	7		8	领用材料	22 500.00								22 500.00	
	31		22	计提应付职工薪酬		56 000.00							56 000.00	
	31		23	计提社保及住房公积金			16 800.00						16 800.00	
	31		24	计提工会经费、职工教育经费				1 120.00					1 120.00	
	31		24	计提工会经费、职工教育经费					4 480.00				4 480.00	
	31		25	支付电费						16 500.00			16 500.00	
	31		26	支付水费						3 600.00			3 600.00	
	31		27	计提折旧							19 000.00		19 000.00	
	31		32	结转制造费用										140 000.00
	31			本月合计	22 500.00	56 000.00	16 800.00	1 120.00	4 480.00	20 100.00	19 000.00		140 000.00	140 000.00

表 10－17　**库存商品明细账**

编号	
名称	A 产品
材质	
规格	

最高储量：　计划价格：　总页
最低储量：　计量单位：台　分页
储备天数：　金额单位：元

20××年		凭证种类	凭证号数	摘要	借方			贷方			余额		
月	日				数量	单价	金额	数量	单价	金额	数量	单价	金额
12	1			期初余额							120.00	8 600.00	1 032 000.00
	7		33	完工入库	110	8 627.27	949 000.00				230.00	8 613.04	1 981 000.00
	31		34	结转成本				120.00	8 600.00	1 032 000.00	110.00	8 627.27	949 000.00
	31			本月合计	110		949 000.00	120.00		1 032 000.00	110.00	8 627.27	949 000.00

表 10－18　**库存商品明细账**

编号	
名称	B 产品
材质	
规格	

最高储量：　计划价格：　总页
最低储量：　计量单位：台　分页
储备天数：　金额单位：元

20××年		凭证种类	凭证号数	摘要	借方			贷方			余额		
月	日				数量	单价	金额	数量	单价	金额	数量	单价	金额
12	1			期初余额							90.00	6 900.00	621 000.00
	7		33	完工入库	70	6 900.00	483 000.00				160.00	6 900.00	1 104 000.00
	31		34	结转成本				80.00	6 900.00	552 000.00	80.00	6 900.00	552 000.00
	31			本月合计	70		483 000.00	80.00		552 000.00	80.00	6 900.00	552 000.00

步骤 4：根据记账凭证直接登记总分类账。限于篇幅，仅列示以下总账的登记方法：库存现金、银行存款、原材料、库存商品、生产成本、制造费用，如表 10－19 至表 10－24 所示。

表 10－19　**库存现金总账**

会计科目：库存现金　　单位：元

20××年		凭证种类	凭证号数	摘要	对方科目	借方	贷方	借或贷	余额
月	日								
12	1			期初余额				借	4 800.00
	1		1	张辉预借差旅费	其他应收款		4 000.00	借	800.00
	1		2	提现备用	银行存款	5 000.00		借	5 800.00
	12		12	报销差旅费余款交回	其他应收款	150.00		借	5 950.00
	16		15	购买办公用品	管理费用		904.00	借	5 046.00
	25		20	罚款收入	营业外收入	1 000.00		借	6 046.00
	25		20	罚款收入存入银行	银行存款		1 000.00	借	5 046.00
	31			本月合计		6 150.00	5 904.00	借	5 046.00

表 10－20 **银行存款总账**

会计科目：银行存款 单位：元

20××年		凭证种类	凭证号数	摘要	对方科目	借方	贷方	借或贷	余额
月	日								
12	1			期初余额				借	1 348 000.00
	1		2	提现备用	银行存款		5 000.00	借	1 343 000.00
	3		4	购买材料	原材料等		293 800.00	借	1 049 200.00
	4		5	收到群泰公司货款	应收账款	180 000.00		借	1 229 200.00
	5		6	支付前欠货款	应付账款		291 540.00	借	937 660.00
	8		9	支付上月职工薪酬	应付职工薪酬		370 480.00	借	567 180.00
	9		10	缴纳上月税金	应交税费		421 300.00	借	145 880.00
	12		11	支付广告费	销售费用等		21 200.00	借	124 680.00
	15		14	票据到期付款	应付票据		100 000.00	借	24 680.00
	19		17	销售材料	其他业务收入	72 320.00		借	97 000.00
	22		19	销售产品	主营业务收入	135 600.00		借	232 600.00
	25		20	罚款收入存入银行	营业外收入	1 000.00		借	233 600.00
	27		21	补付价款	预付账款		70 405.00	借	163 195.00
	31		25	支付电费	生产成本等		24 860.00	借	138 335.00
	31		26	支付水费	生产成本等		5 198.00	借	133 137.00
	31		29	支付短期借款利息	财务费用		17 000.00	借	116 137.00
	31			本月合计		388 920.00	1 620 783.00	借	116 137.00

表 10－21 **原材料总账**

会计科目：原材料 单位：元

20××年		凭证种类	凭证号数	摘要	对方科目	借方	贷方	借或贷	余额
月	日								
12	1			期初余额				借	698 000.00
	2		3	上月购入材料验收入库	在途物资	258 000.00		借	956 000.00
	3		4	购买甲材料入库	银行存款等	260 000.00		借	1 216 000.00
	6		7	购买乙材料	应付账款等	344 000.00		借	1 560 000.00
	7		8	领用材料	生产成本等		957 000.00	借	603 000.00
	21		18	销售材料	其他业务成本		52 000.00	借	551 000.00
	27		21	收到材料	银行存款等	135 000.00		借	686 000.00
	31			本月合计		997 000.00	1 009 000.00	借	686 000.00

表 10－22　　**库存商品总账**

会计科目：库存商品　　单位：元

20××年		凭证种类	凭证号数	摘要	对方科目	借方	贷方	借或贷	余额
月	日								
12	1			期初余额				借	1 653 000.00
	31		33	结转完工产品成本	生产成本	1 432 000.00		借	3 085 000.00
	31		34	结转产品销售成本	主营业务成本		1 584 000.00	借	1 501 000.00
	31			本月合计		1 432 000.00	1 584 000.00	借	1 501 000.00

表 10－23　　**生产成本总账**

会计科目：生产成本　　单位：元

20××年		凭证种类	凭证号数	摘要	对方科目	借方	贷方	借或贷	余额
月	日								
12	1			期初余额				借	625 000.00
	7		8	生产领用材料	原材料	930 000.00		借	1 555 000.00
	31		22	分配职工薪酬	应付职工薪酬	280 000.00		借	1 835 000.00
	31		23	计提社保及住房公积金	应付职工薪酬	84 000.00		借	1 919 000.00
	31		24	计提工会经费、职工教育经费	应付职工薪酬	28 000.00		借	1 947 000.00
	31		32	分配制造费用	制造费用	140 000.00		借	2 087 000.00
	31		33	结转完工产品成本	库存商品		1 432 000.00	借	655 000.00
	31			本月合计		1 462 000.00	1 432 000.00	借	655 000.00

表 10－24　　**制造费用总账**

会计科目：制造费用　　单位：元

20××年		凭证种类	凭证号数	摘要	对方科目	借方	贷方	借或贷	余额
月	日								
12	7		8	领用材料		22 500.00		借	22 500.00
	31		22	分配职工薪酬	应付职工薪酬	56 000.00		借	78 500.00
	31		23	计提社保及住房公积金	应付职工薪酬	16 800.00		借	95 300.00
	31		24	计提工会经费、职工教育经费	应付职工薪酬	5 600.00		借	100 900.00
	31		25	支付电费	银行存款	16 500.00		借	117 400.00
	31		26	支付水费	银行存款	3 600.00		借	121 000.00
	31		27	计提折旧	累计折旧	19 000.00		借	140 000.00
	31		32	结转制造费用	生产成本		140 000.00	平	0.00
	31			本月合计		140 000.00	140 000.00	平	0.00

步骤5：月（期）终，现金日记账、银行存款日记账余额和各种明细分类账的余额的合计数，分别与总分类账中有关账户的余额相核对。

步骤6：月（期）终，根据总分类账户和明细分类账户资料编制会计报表。编制的“资产负债表”如表10－25所示；编制的“利润表”如表10－26所示。

表 10－25 **资产负债表**

编制单位：泰禾电子设备有限责任公司　　20××年 12 月 31 日　　单位：元（列至角分）

资产	行次	期初余额	期末余额	负债和所有者权益（或股东权益）	行次	期初余额	期末余额
流动资产：	1			流动负债：			
货币资金	2	1 352 800.00	121 183.00	短期借款	33	3 400 000.00	3 400 000.00
交易性金融资产	3			交易性金融负债	34		
应收票据	4			应付票据	35	240 000.00	528 720.00
应收账款	5	682 520.00	2 781 730.00	应付账款	36	817 830.00	526 290.00
预付账款	6	82 145.00		预收账款	37	560 000.00	560 000.00
应收利息	7			应付职工薪酬	38	370 480.00	658 000.00
应收股利	8			应交税费	39	421 300.00	277 732.85
其他应收款	9			其他应付款	42	166 200.00	260 143.03
存货	10	3 463 900.00	3 071 900.00	一年内到期的非流动负债	43		
一年内到期的非流动资产	11			其他流动负债	44		
其他流动资产	12			流动负债合计	45	5 975 810.00	6 210 885.88
流动资产合计	13	5 581 365.00	5 971 813.00	非流动负债：	46		
非流动资产：				长期借款	47	280 000.00	280 000.00
可供出售金融资产	14			应付债券	48		
持有至到期投资	15			长期应付款	49		
长期应收款	16			专项应付款	50		
长期股权投资	17	2 064 445.00	2 064 445.00	预计负债	51		
投资性房地产	18			递延所得税负债	52		
固定资产	19	11 870 000.00	11 842 800.00	其他非流动负债	53		
在建工程	20			非流动负债合计	54	280 000.00	280 000.00
工程物资	21			负债合计	55	6255 810.00	6 490 885.88
固定资产清理	22			所有者权益（或股东权益）：	56		

续表

资产	行次	期初余额	期末余额	负债和所有者权益（或股东权益）	行次	期初余额	期末余额
生产性生物资产	23			实收资本（或股本）	57	12 000 000.00	12 000 000.00
油气资产	24			资本公积	58	120 000.00	120 000.00
无形资产	25	250 000.00	248 000.00	减：库存股	59		
开发支出	26			盈余公积	60	1 049 000.00	1 095 271.52
商誉	27			未分配利润	61	341 000.00	423 900.60
长期待摊费用	28			所有者权益合计	62	13 510 000.00	13 639 172.12
递延所得税资产	29						
其他非流动资产	30						
非流动资产合计	31	14 184 445.00	14 155 245.00				
资产总计	32	19 765 810.00	20 127 058.00	负债和所有者权益合计	63	19 765 810.00	20 127 058.00

单位负责人：朱大勇　　财务负责人：刘晶晶　　复核：赵亮亮　　制表：丁倩倩

表 10－26 **利润表**

编制单位：泰禾电子设备有限责任公司 20××年 12 月 单位：元

项目	行次	本月数	本年累计数
一、营业收入	1	2 201 000.00	（略）
减：营业成本	2	1 636 000.00	（略）
税金及附加	3	18 529.80	（略）
销售费用	4	145 300.00	（略）
管理费用	5	84 950.00	（略）
研发支出	6		（略）
财务费用	7	18 400.00	（略）
加：其他收益	8		（略）
投资收益（损失以“－”号填列）	9		（略）
公允价值变动收益（损失以“－”号填列）	10		（略）
信用减值损失（损失以“－”号填列）	11		（略）
资产减值损失（损失以“－”号填列）	12		（略）
资产处置收益（损失以“－”号填列）	13		（略）
二、营业利润（亏损以“－”号填列）	14	297 820.20	（略）
加：营业外收入	15	1 000.00	（略）
减：营业外支出	16	3 200.00	（略）
三、利润总额（亏损以“－”号填列）	17	295 620.20	（略）
减：所得税费用	18	73 905.05	（略）
四、净利润（亏损以“－”号填列）	19	221 715.15	（略）
五、其他综合收益的税后净额	20		（略）
六、综合收益总额	21		（略）
七、每股收益	22		（略）
（一）基本每股收益	23		（略）
（二）稀释每股收益	24		（略）

单位负责人：朱大勇 财务负责人：刘晶晶 复核：赵亮亮 制表：丁倩倩

模块二 应用科目汇总表账务处理程序实例

任务描述

泰禾电子设备有限责任公司有关资料见模块一的任务描述。

任务布置

请采用科目汇总表账务处理程序，完成泰禾电子设备有限责任公司有关

12 月份的经济业务处理，完成“编制记账凭证——登记日记账——登记明细账——登记总账——编制会计报表”的全过程。

知识学习

一、科目汇总表账务处理程序的含义

科目汇总表账务处理程序，又称记账凭证汇总表账务处理程序，是根据记账凭证定期编制科目汇总表，再根据科目汇总表登记总分类账的一种账务处理程序。

二、科目汇总表账务处理程序的特点

（一）科目汇总表核算程序的特点

（1）设置科目汇总表并定期根据记账凭证编制科目汇总表。

（2）根据科目汇总表登记总分类账。

（3）记账凭证一般采用收款凭证、付款凭证和转账凭证专用凭证格式，也可采用通用记账凭证格式。会计账簿的设置一般包括日记账、总分类账和明细分类账。日记账包括库存现金日记账和银行存款日记账。日记账、总分类账一般采用三栏式账页格式，明细分类账根据管理上的需要，采用三栏式、多栏式或数量金额式等账页格式。

科目汇总表

（二）科目汇总表的编制方法

科目汇总表，又称记账凭证汇总表，是企业定期对全部记账凭证进行汇总后，按照不同的会计科目分别列示各账户借方金额和贷方金额的一种汇总凭证。其编制方法是：

首先，将汇总期内各项经济业务所涉及的会计科目按总分类账上会计科目的先后顺序，填写在“科目汇总表”的左方；其次，根据汇总期内所有记账凭证，按会计科目分别加以汇总借方发生额和贷方发生额，并填入该科目的借方栏及贷方栏；最后，进行发生额的试算平衡。科目汇总表只反映账户的本期借方发生额和贷方发生额，不反映各个账户直接的对应关系。

科目汇总表的格式，如表 10－27 所示。

三、科目汇总表账务处理程序的工作步骤

（1）根据原始凭证或原始凭证汇总表填制记账凭证。

（2）根据收款凭证、付款凭证逐笔登记库存现金日记账和银行存款日记账。

（3）根据原始凭证及汇总原始凭证、记账凭证逐笔登记各种明细分类账。

（4）根据收款凭证、付款凭证、转账凭证或通用记账凭证定期编制科目汇总表。

表 10－27 **科目汇总表**

年　月　日　　　　编号：汇

序号	会计科目名称	本期借方发生额	本期贷方发生额	
1	库存现金			
2	银行存款			
3	应收账款			
4	其他应收款			
5	在途物资			
6	原材料			
7	生产成本			
8	制造费用			
9	应付票据			
10	应付账款			
11	应付职工薪酬			
12	应交税费			
13	主营业务收入			
14	管理费用			
15	销售费用			
合　计				

记账凭证自第　号至第　号

财务负责人：　　　　复核：　　　　制表：

说明：

（1）科目汇总表的主要作用：是作为记账凭证与总分类账的中间环节，以减少登记总分类账的工作量。

（2）科目汇总表的编制时间：根据企业经济业务量的多少来确定，可以三天、五天汇总一次，编制一张科目汇总表，登记一次总账，也可以按十天汇总一次，登记一次总账，更可以按月编制一张科目汇总表，一个月登记一次总账。

（3）为了便于登记总账，科目汇总表上的科目排列应按总分类账上科目排列的顺序来定。

（5）根据科目汇总表登记总分类账。

（6）期末，将库存现金日记账和银行存款日记账的余额，及各种明细分类账的余额合计数，分别与总分类账余额核对相符。

（7）期末，根据总分类账、明细分类账编制会计报表。

科目汇总表核算程序的具体工作步骤如图 10－2 所示。

科目汇总表账务处理程序的工作步骤

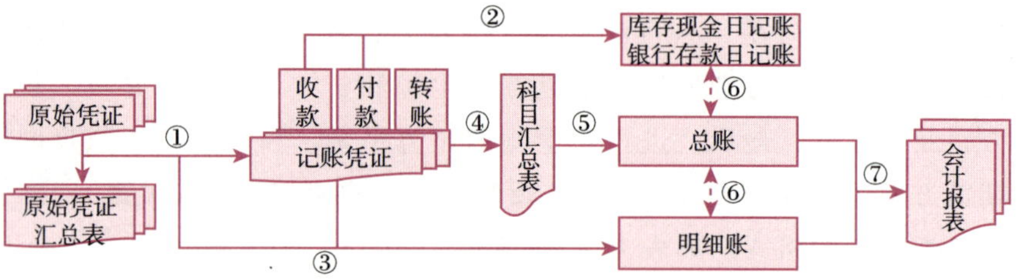

图 10－2　科目汇总表核算程序的具体工作步骤

说明：

——→ 表示填制凭证、过账和编表。

←-----→ 表示账账核对。

四、科目汇总表账务处理程序的优缺点及适用范围

（一）优缺点

由于科目汇总表账务处理程序是根据科目汇总表登记总分类账，因而可

以大大减轻登记总分类账的工作量；而且因为进行了借方与贷方发生额的试算平衡，可以保证会计核算资料的质量；同时科目汇总表的编制并不复杂，易于理解和掌握。其缺点是：科目汇总表无法表明账户之间的对应关系，因而不便于对企业的经济活动进行分析和检查。

（二）适用范围

适用于规模较大、经济业务较多，记账凭证数量较多的企业和单位。

想一想

科目汇总表账务处理程序与记账凭证账务处理程序有什么区别？

任务实施

步骤1：根据背景资料实例业务1～实例业务41的原始凭证或原始凭证汇总表编制收款凭证、付款凭证和转账凭证。（同模块一记账凭证账务处理程序会计分录）

步骤2：根据收款凭证、付款凭证逐笔登记库存现金日记账、银行存款日记账。（同模块一）

步骤3：根据原始凭证或原始凭证汇总表或各种记账凭证登记有关明细分类账。（同模块一）

科目汇总表的编制方法

注：

前3个步骤与记账凭证账务处理程序相同。

步骤4：根据1～15日共14笔经济业务的收款凭证、付款凭证、转账凭证编制科目汇总表，如表10－28所示；根据16～31日共27笔经济业务的收款凭证、付款凭证、转账凭证编制科目汇总表，如表10－29所示。

表10－28　　**科目汇总表**

20××年12月15日

编号：汇23
单位：元

序号	会计科目名称	本期借方发生额	本期贷方发生额	记账符号
1	库存现金	5 150.00	4 904.00	
2	银行存款	180 000.00	1 503 320.00	
3	应收账款	1 047 510.00	180 000.00	
4	其他应收款	4 000.00	4 000.00	
5	在途物资		258 000.00	
6	原材料	862 000.00	957 000.00	
7	生产成本	930 000.00		
8	制造费用	22 500.00		
9	应付票据	100 000.00	388 720.00	
10	应付账款	291 540.00		
11	应付职工薪酬	370 480.00		
12	应交税费	501 124.00	120 510.00	
13	主营业务收入		927 000.00	
14	管理费用	9 150.00		
15	销售费用	20 000.00		
合计		4 343 454.00	4 343 454.00	

记账凭证自第1号至第15号

财务负责人：刘晶晶　　复核：赵亮亮　　制表：丁倩倩

表 10－29

科目汇总表

20××年 12 月 31 日

编号：汇 24

单位：元

序号	会计科目名称	本期借方发生额	本期贷方发生额	记账符号
1	库存现金	1 000.00	1 000.00	
2	银行存款	208 920.00	117 463.00	
3	应收账款	1 231 700.00		
4	预付账款	70 405.00	152 550.00	
5	原材料	135 000.00	52 000.00	
6	库存商品	1 432 000.00	1 584 000.00	
7	生产成本	532 000.00	1 432 000.00	
8	制造费用	117 500.00	140 000.00	
9	待处理财产损溢	3 200.00	3 200.00	
10	固定资产		5 000.00	
11	累计折旧	1 800.00	24 000.00	
12	累计摊销		2 000.00	
13	应付股利		92 543.03	
14	应付利息		1 400.00	
15	应付职工薪酬		658 000.00	
16	应交税费	21 008.00	258 054.85	
17	盈余公积		46 271.52	
18	利润分配	277 629.10	601 529.70	
19	本年利润	2 443 000.00	2 202 000.00	
20	主营业务收入	2 137 000.00	1 210 000.00	
21	主营业务成本	1 584 000.00	1 584 000.00	
22	其他业务收入	64 000.00	64 000.00	
23	其他业务成本	52 000.00	52 000.00	
24	销售费用	125 300.00	145 300.00	
25	管理费用	75 800.00	84 950.00	
26	财务费用	18 400.00	18 400.00	
27	税金及附加	18 529.80	18 529.80	
28	营业外收入	1 000.00	1 000.00	
29	营业外支出	3 200.00	3 200.00	
30	所得税费用	73 905.05	73 905.05	
合计		10 628 296.95	10 628 296.95	

记账凭证自第16号至第41号

财务负责人：刘晶晶　　复核：赵亮亮　　制表：丁倩倩

步骤5：12月15日，根据科目汇总表登记总分类账。限于篇幅，仅列示库存现金总账的登记方法，如表10－30所示。

表10－30　**库存现金总账**

会计科目：库存现金　单位：元

20××年		凭证种类	凭证号数	摘要	对方科目	借方	贷方	借或贷	余额
月	日								
12	1			期初余额				借	4 800.00
	15	汇	23	1～15日汇总		5 150.00	4 904.00	借	5 046.00
	31	汇	24	16～31日汇总		1 000.00	1 000.00	借	5 046.00
	31			本月合计		6 150.00	5 904.00	借	5 046.00

步骤6：期末，根据对账的具体要求将现金日记账和银行存款日记账的余额及各种明细分类账的余额合计数，分别与总分类账余额核对相符。

步骤7：期末，根据总分类账、明细分类账编制会计报表。（同模块一）

模块三　应用汇总记账凭证账务处理程序实例

任务描述

泰禾电子设备有限责任公司有关资料见模块一的任务描述。

任务布置

请采用汇总记账凭证账务处理程序，完成泰禾电子设备有限责任公司有关12月份的经济业务处理，完成“编制记账凭证——登记日记账——登记明细账——登记总账——编制会计报表”的全过程。

知识学习

一、汇总记账凭证账务处理程序的含义

汇总记账凭证账务处理程序，是指先根据原始凭证或汇总原始凭证填制记账凭证，定期根据记账凭证分类汇总编制汇总收款凭证、汇总付款凭证、汇总转账凭证，然后再根据汇总记账凭证登记总分类账的一种账务处理程序。

二、汇总记账凭证账务处理程序的特点

（1）设置汇总记账凭证，包括汇总收款凭证、汇总付款凭证、汇总转账

凭证。

（2）根据汇总记账凭证登记总分类账。

（3）记账凭证一般采用收款凭证、付款凭证和转账凭证专用凭证格式，不采用通用记账凭证格式。会计账簿的设置一般包括日记账、总分类账和明细分类账。日记账包括库存现金日记账和银行存款日记账。日记账、总分类账一般采用三栏式账页格式，明细分类账根据管理上的需要，采用三栏式、多栏式或数量金额式等账页格式。

三、汇总记账凭证的编制方法

汇总记账凭证账务处理程序的关键在于汇总记账凭证的编制。汇总记账凭证包括汇总收款凭证、汇总付款凭证、汇总转账凭证。汇总记账凭证一般定期（每5日或10日）根据收款凭证、付款凭证和转账凭证分别编制，这3种汇总记账凭证的编制方法有所不同。

（一）汇总收款凭证

汇总收款凭证，是按“库存现金”“银行存款”科目的借方设置，定期根据收款凭证的贷方科目归类、汇总，月终结出合计数，据以登记总账。即总分类账根据汇总收款凭证的合计数进行登记，分别记入“库存现金”“银行存款”总分类账户的借方，并将汇总收款凭证上各账户贷方的合计数分别记入有关总分类账户的贷方。汇总收款凭证的格式，如表10－31所示。

表10－31 **汇总收款凭证**

借方科目： 年 月 汇收字

贷方科目	金额				总账页数	
	1～10日 银收第 号 至第 号	11～20日 银收第 号 至第 号	21～31日 银收第 号 至第 号	合 计	借方	贷方
合 计						

（二）汇总付款凭证

汇总付款凭证，是按“库存现金”“银行存款”科目的贷方设置，定期根据付款凭证的借方科目归类、汇总，月终结出合计数，据以登记总账。即总分类账根据汇总付款凭证的合计数进行登记，分别记入“库存现金”“银行存款”总分类账户的贷方，并将汇总付款凭证上各账户借方的合计数分别记入有关总分类账户的借方。汇总付款凭证格式，如表10－32所示。如果库存现金和银行存款之间存在相互划转的业务，则视同汇总转账凭证处理。

表 10－32　**汇总付款凭证**

贷方科目：　　年　月　　汇付字

借方科目	金额				总账页数	
	1～10 日 现付第　号 至第　号	11～20 日 现付第　号 至第　号	21～31 日 现付第　号 至第　号	合　计	借方	贷方
合　计						

（三）汇总转账凭证

汇总转账凭证，是按每一科目的贷方分别设置，并根据转账凭证的借方科目定期归类、汇总，月终结出合计数据以登记总账。总分类账登记是根据各汇总转账凭证的合计数进行登记，分别记入对应账户的总分类账户的贷方，并将汇总转账凭证上各账户的借方的合计数分别记入有关总分类账户的借方。值得注意的是，汇总转账凭证只能是一贷一借或一贷多借，而不能相反。为简化会计核算，如果在一个会计期间内，某一贷方科目的转账凭证不多，可直接根据转账凭证登记总分类账。汇总转账凭证格式，如表 10－33 所示。

表 10－33　**汇总转账凭证**

贷方科目：　　年　月　　汇转字

借方科目	金额				总账页数	
	1～10 日 转字第　号 至第　号	11～20 日 转字第　号 至第　号	21～31 日 转字第　号 至第　号	合　计	借方	贷方
合　计						

四、汇总记账凭证账务处理程序的工作步骤

汇总记账凭证账务处理程序工作步骤

（1）根据原始凭证或原始凭证凭证汇总表编制记账凭证。

（2）根据收款凭证、付款凭证逐笔登记库存现金日记账和银行存款日记账。

（3）根据原始凭证及原始凭证汇总表、各种记账凭证逐笔登记各种明细分类账。

（4）根据收款凭证、付款凭证、转账凭证定期编制汇总收款凭证、汇总

付款凭证和汇总转账凭证。

（5）期末，根据汇总收款凭证、汇总付款凭证和汇总转账凭证登记总分类账。

（6）期末，根据对账的具体要求将库存现金日记账和银行存款日记账的余额及各种明细分类账的余额合计数，分别与总分类账余额核对相符。

（7）期末，根据总分类账、明细分类账编制会计报表。

汇总记账凭证核算程序的具体工作步骤如图 10－3 所示。

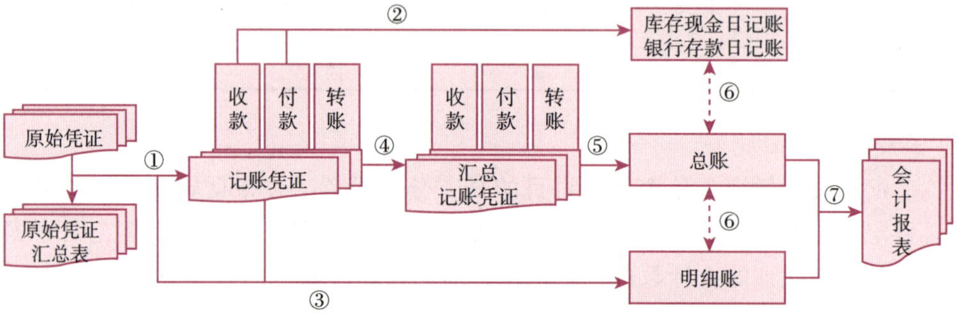

图 10－3　汇总记账凭证核算程序的具体工作步骤

说明：

——→ 表示填制凭证、过账和编表。

←---→ 表示账账核对。

五、汇总记账凭证账务处理程序的优缺点及适用范围

（一）优缺点

账务处理程序

汇总记账凭证账务处理程序的优点是：减轻了登记总分类账的工作量；便于核对账目。其缺点是：当记账凭证较多时，汇总记账凭证的编制工作量很大；按每一贷方科目编制汇总转账凭证，不利于会计核算工作的日常分工；总分类账中的记录比较简略，难以具体反映企业的经营活动。

（二）适用范围

汇总记账凭证核算程序适用于规模较大、经济业务较多的企业和单位。

任务实施

步骤 1：根据背景资料实例业务 1～41 的原始凭证或原始凭证汇总表编制收款凭证、付款凭证和转账凭证。（同模块一）

步骤 2：根据收款凭证、付款凭证逐笔登记库存现金日记账、银行存款日记账。（同模块一）

步骤 3：根据原始凭证或原始凭证汇总表或各种记账凭证登记有关明细分类账。（同模块一）

注：

前3个步骤和记账凭证账务处理程序是一样的，可直接采用模块一中的记账凭证，以及登记的日记账、明细账。

步骤4：根据经济业务的收款凭证、付款凭证、转账凭证，每10天汇总编制一次汇总收款凭证、汇总付款凭证、汇总转账凭证。

步骤5：期（月）末，编制汇总收款凭证、汇总付款凭证、汇总转账凭证，登记总分类账。

步骤6：期（月）末，根据对账的具体要求将现金日记账和银行存款日记账的余额及各种明细分类账的余额合计数，分别与总分类账余额核对相符。

步骤7：期（月）末，根据总分类账、明细分类账编制会计报表。（同模块一）

学习评价

专业能力测评表

业务能力	评价指标	自测结果	要求
记账凭证账务处理程序	1. 记账凭证账务处理程序的概念 2. 记账凭证账务处理程序的特点 3. 记账凭证账务处理程序的工作步骤 4. 记账凭证账务处理程序的优缺点及适用范围	□A　□B　□C □A　□B　□C □A　□B　□C □A　□B　□C	掌握记账凭证账务处理程序的概念、特点、工作步骤、优缺点及适用范围。能按记账凭证账务处理程序工作步骤完成一个会计期间完整的会计处理
科目汇总表账务处理程序	1. 科目汇总表账务处理程序的概念 2. 科目汇总表账务处理程序的特点 3. 科目汇总表账务处理程序的工作步骤 4. 科目汇总表账务处理程序的优缺点及适用范围	□A　□B　□C □A　□B　□C □A　□B　□C □A　□B　□C	掌握科目汇总表账务处理程序的概念、特点、工作步骤、优缺点及适用范围。能按科目汇总表账务处理程序工作步骤完成一个会计期间完整的会计处理
汇总记账凭证账务处理程序	1. 汇总记账凭证账务处理程序的概念 2. 汇总记账凭证账务处理程序的特点 3. 汇总记账凭证的编制方法 4. 汇总记账凭证账务处理程序的工作步骤 5. 汇总记账凭证账务处理程序的优缺点及适用范围	□A　□B　□C □A　□B　□C □A　□B　□C □A　□B　□C □A　□B　□C	掌握汇总记账凭证账务处理程序的概念、特点、工作步骤、优缺点及适用范围。掌握汇总记账凭证的编制方法，能按汇总记账凭证账务处理程序工作步骤完成一个会计期间完整的会计处理
说明	（在□中打√，A掌握，B基本掌握，C未掌握）		
教师评语：			
成绩		教师签字	

参考文献

[1] 财政部会计资格评价中心．初级会计实务．北京：经济科学出版社，2023.

[2] 赵丽生．会计基础（第三版）．北京：高等教育出版社，2021.

[3] 程怀中．会计职业基础（第五版）．北京：高等教育出版社，2022.

[4] 孔德兰．会计基础（第三版）．北京：高等教育出版社，2020.

[5] 高丽萍，梅研．会计基础（第三版）．北京：高等教育出版社，2022.

[6] 任延东，禹阿平．新编会计基础（第六版）．北京：高等教育出版社，2021.

[7] 李爱红，施先旺，马荣贵．会计学基础．北京：机械工业出版社，2021.

[8] 中联集团教育科技有限公司．智能财税基础业务 1. 北京：高等教育出版社，2020.

[9] 中联集团教育科技有限公司．智能财税基础业务 2. 北京：高等教育出版社，2020.

[10] 新道科技股份有限公司．业财一体信息化应用（中级）．北京：高等教育出版社，2020.

[11] 新道科技股份有限公司．业财一体信息化应用（初级）．北京：高等教育出版社，2020.

[12] 新道科技股份有限公司．财务数字化应用（中级）．北京：高等教育出版社，2020.

[13] 新道科技股份有限公司．财务数字化应用（初级）．北京：高等教育出版社，2021.

附录　微课资源索引表

项目	微课名称	页码
项目一	从“会计”二字看会计诚信	2
	会计的产生与发展	4
	会计职业道德	7
	会计主体假设	9
	会计基本假设	9
	货币计量假设	10
	会计核算的方法	12
项目二	会计对象	17
	会计要素	21
	资产	22
	资产要素	23
	负债要素	23
	会计基本等式	28
	经济业务对会计等式的影响	29
	会计科目	33
	设置会计科目	33
	爱国华侨陈嘉庚重信义“子还父债”	35
	会计科目设置原则	37
	设置会计账户	40
	会计科目与会计账户的区别与联系	42
项目三	中国经济走向世界，会计准则国际趋同	48
	复式记账法	48
	借贷记账法	49
	记账规则	54
	会计分录	55
	借贷记账法的试算平衡	59
项目四	虚开增值税专用发票被判刑	73
	预借差旅费	76
	报销差旅费	76
	记账凭证的概念与分类	86

续表

续表

项目	微课名称	页码
项目七	财产物资的盘存制度	237
	实物资产的清查方法	238
	存货清查结果的账务处理	238
	往来款项的清查方法	244
项目八	利润的构成	248
	损益结转业务的核算	251
	认识企业所得税	254
	所得税的计算与账务处理	254
	利润分配的账务处理	256
	利润分配结转业务的核算	258
项目九	编制虚假财务报告，财务人员被判刑	265
	认识财务报告	265
	编制资产负债表	270
	利润表的编制方法	276
	编制利润表（实操）	280
项目十	诚信兴商宣传月	287
	记账凭证账务处理程序的工作步骤	289
	科目汇总表	305
	科目汇总表账务处理程序的工作步骤	306
	科目汇总表的编制方法	307
	汇总记账凭证账务处理程序工作步骤	311
	账务处理程序	312